Giorgio Vasari

Das Leben der Sangallo-Familie

Antonio da Sangallo der Jüngere: Cappella Paolina. Rom, Vatikanischer Palast

GIORGIO VASARI

DAS LEBEN DER SANGALLO-FAMILIE

Neu ins Deutsche übersetzt von Victoria Lorini
Herausgegeben, kommentiert und eingeleitet
von Matteo Burioni (Antonio da Sangallo der Jüngere)
und Daniel Mädler (Giuliano und Antonio da Sangallo,
Sebastiano da Sangallo)

Verlag Klaus Wagenbach Berlin

Zu dieser Neuausgabe

Kaum ein anderes literarisches Werk hat auf die Kunstgeschichtsschreibung folgender Generationen einen so nachhaltigen Einfluß ausgeübt wie die von Giorgio Vasari (1511–1574) verfaßten und erstmals 1550 im Druck erschienenen *Lebensbeschreibungen der berühmtesten Maler, Bildhauer und Architekten*, die achtzehn Jahre später in einer revidierten und erweiterten Fassung noch einmal herausgegeben wurden. Heute ist das Hauptwerk Vasaris vor allem unter dem Titel *Le vite* bekannt.

Vasaris Text wurde in der Fassung von 1568 (nach der kritischen Ausgabe von Rosanna Bettarini und Paola Barocchi) neu übersetzt – textgetreu, ungekürzt und vollständig auch da, wo Vasari sich zu wiederholen scheint.

Eine Einführung stellt die jeweilige Künstlervita vor. Der Anmerkungsapparat behandelt nicht nur die jeweiligen kunsthistorischen, literarischen und zeitgeschichtlichen Aspekte auf neuestem wissenschaftlichem Stand, sondern benennt auch die heutigen Standorte (und Zustände) der Kunstwerke, die wichtigsten Abweichungen gegenüber der ersten Ausgabe der *Vite* sowie die uns heute bekannten Lebensdaten des Künstlers. Jeder Band enthält außerdem Abbildungen der wichtigsten Kunstwerke, die von Vasari erwähnt wurden.

Herausgegeben von Alessandro Nova
mit Matteo Burioni, Katja Burzer und Sabine Feser

Inhalt

Anhang

Antonio da Sangallo der Jüngere: Bauaufnahme des Mausoleums des Theoderich in Ravenna. Florenz, Uffizien, Gabinetto Disegni e Stampe.

Einleitung zum Leben der Sangallo-Familie

Die Familie Sangallo hat es wie keine andere Architektenfamilie der italienischen Renaissance verstanden in äußerst cleverer und durchdachter Weise ihr Familienerbe zu wahren. Dabei spielt auch die Inszenierung der Familientradition eine wichtige Rolle, die auf unübertreffliche Weise im Doppelporträt der Familienahnen von Piero di Cosimo realisiert wurde [siehe Seite 10 und 11]. Vor heimischer Landschaft posieren die beiden Begründer des Geschlechts, Francesco Giamberti und Giuliano da Sangallo, mit den sprechenden Attributen ihrer Zunft. Nicht nur dieses außergewöhnliche Familienporträt, das wohl erst nach dem Tod Giulianos entstanden ist,[1] sondern auch der Familienpalast im Borgo Pinti, dem heutigen Palazzo Panciatichi-Ximenes, sind Ausdruck eines lebendigen Familienstolzes. Darüber hinaus häuften die Familienmitglieder eine beträchtliche Sammlung von Kunstgegenständen und Architekturzeichnungen an, die Vasari vermutlich noch im Florentiner Familienpalast bewundern konnte.

Schon die beiden Brüder, Antonio da Sangallo der Ältere und Giuliano da Sangallo, waren ein gut eingespieltes und effektives Team. Die beeindruckende Fülle von prominenten Auftraggebern, für die sie arbeiteten, und die lange Liste bedeutender Bauwerke, die sie errichten konnten, veranlaßten Vasari, ihnen eine faktenreiche Doppelvita zu widmen. Vasari zählte sie unter die bedeutendsten Baumeister der dritten Epoche. Um aus den ›Brüdern‹ eine ›Architektendynastie‹ zu machen, bedurfte es aber eines ehrgeizigen jungen Mannes, dessen Vater in die wohlhabende Familie eingeheiratet hatte. Als eigentlicher Begründer der Familientradition muß Antonio da Sangallo der Jüngere gelten, der nach dem Tod Giuliano da Sangallos 1516 zum Ober-

Piero di Cosimo: Porträt des Giuliano da Sangallo. Amsterdam, Rijksmuseum

haupt der Familie geworden war. Für Antonio, der die Position des Architekten von Sankt Peter von seinem Onkel ›geerbt‹ hatte, verbanden sich familiäre Pietät und der Wunsch zu reüs-

Piero di Cosimo: Porträt des Francesco Giamberti. Amsterdam, Rijksmuseum

sieren auf unzertrennliche Weise. Ihm mußte daran gelegen sein, den Nimbus des gelehrten Architekten, der seinen Onkel Giuliano umgab, auf sich zu ziehen. Dies war ihm umso mehr ein Anliegen, als er den Beginn seiner Karriere als einfacher Schreinermeister in Rom vergessen machen wollte.

Familientradition und künstlerische Leistung sind für Vasari Gegensätze.[2] Der Aretiner war davon überzeugt, daß die Gemeinschaft der Künstler selbst eine große Familie ist, in der über Meister-Schüler-Verhältnisse ›Verwandtschaften‹ gestiftet werden können. Wer also zu viel auf seine Familie gibt, verwirkt laut Vasari seinen Anspruch, in die Annalen der Kunstgeschichte einzugehen. Insofern ist es bezeichnend, daß Vasari die Erfindung des Namens ›Sangallo‹ auf Lorenzo den Prächtigen zurückführt. Anstatt die recht unspektakuläre Tatsache zu berichten, daß die Architekten nach ihrem Wohnsitz bei der Porta San Gallo benannt wurden, macht Vasari daraus einen ›Künstlernamen‹, der ihnen von niemand Geringerem als Lorenzo de' Medici verliehen worden sei. Er vermochte so nicht nur die beiden Sangallo-Brüder, die nach dem Sturz der Medici auch für die Republik tätig waren, als Mediceer zu vereinnahmen. Ihm ist auch daran gelegen, durch die Fiktion des ›Künstlernamens‹ die Familie zur Künstlerdynastie zu stilisieren. Die Sangalli dienten Vasari dank ihres reichen Erinnerungsschatzes sicherlich auch als Informanten für wesentliche Teile seiner Kunstgeschichte. Die Bedeutung der Familie in Florenz schlägt sich nicht zuletzt darin nieder, daß Vasari neben ihren berühmtesten Vertretern auch den weniger bekannten Aristotile da Sangallo mit einer eigenen Lebensbeschreibung beehrt, die vor allem Bühnenbildern und Festapparaten gewidmet ist.

MB

Einleitung zum Leben des Giuliano und des Antonio da Sangallo

Die florentinische Holzschnitzer- und Architektenfamilie Giamberti, die sich seit der Mitte des 15. Jahrhunderts »da Sangallo« nannte, war eine der bedeutendsten Künstlerfamilien der italienischen Renaissance. Der Aufstieg ihrer Mitglieder zu angesehenen Architekten und Künstlern und die Strategien, mit denen sie einflußreiche Positionen über mehrere Generationen besetzen konnten, verdeutlichen exemplarisch die Funktionsweise der familiären Netzwerke, wie sie für die italienischen Künstler- und Kunsthandwerkerfamilien der frühen Neuzeit charakteristisch sind. Vasari trägt also nicht nur dem Ruhm und Ansehen der einzelnen Sangalli, sondern auch diesem Umstand Rechnung, wenn er den Brüdern Giuliano und Antonio des Älteren, dessen Neffen Antonio dem Jüngeren und dem Aristotile genannten Sebastiano da Sangallo drei einzelne Viten widmet und zusätzlich in den Lebensbeschreibungen der Mitglieder der florentinischen Akademie über Giulianos Sohn Francesco da Sangallo schreibt.

Die Brüder Giuliano und Antonio da Sangallo stehen am Anfang dieser Erfolgsgeschichte. Sie vollziehen den Schritt von Holzschnitzern zu Architekten und Festungsbaumeistern – letzteres eine Tätigkeit, die im politisch zersplitterten Italien höchstes Ansehen genoß und zahlreiche Aufträge versprach. Anders als bei ihrem Vater Francesco Giamberti, der bereits als Baumeister tätig war, sind bei ihnen nicht allein die Beherrschung handwerklicher Traditionen, sondern auch ihre beim Studium antiker Bauwerke erworbenen Kenntnisse ihr größtes Kapital.

Giuliano da Sangallo, der ältere der Brüder, war einer der ersten florentinischen Architekten, der nach Rom ging, um dort umfangreiche Antikenstudien zu betreiben. Sie ermöglichten es ihm, Vitruv besser zu deuten als andere vor ihm und diese Erkenntnisse bei seinen eigenen Bauten anzuwenden. Das muß von den Zeitgenossen auch durchaus so wahrgenommen worden sein, denn Vasari verweist ausdrücklich auf die diesbezüglichen Verdienste der Brüder, wobei er die richtige Proportionierung der dorischen Säulenordnung durch Giuliano da Sangallo nicht zuletzt deshalb besonders hervorhebt, weil Michelangelo sie nach seinen Zeichnungen studierte. Diesem Wissen verdankte Giuliano da Sangallo nach seiner Rückkehr nach Florenz den Aufstieg zum ›Hausarchitekten‹ und persönlichen Vertrauten Lorenzo de' Medicis, für den er wichtige Bauwerke – wie die Villa Poggio a Caiano – errichtete. Gleichzeitig hebt Vasari immer wieder die ingenieurtechnischen Kenntnisse der Brüder hervor. Darüber hinaus scheint Giuliano da Sangallo ein umsichtig agierender Taktiker gewesen zu sein, was sich nicht zuletzt im wirtschaftlichen Erfolg der Sangalli widerspiegelt. Der rund zehn Jahre jüngere Antonio da Sangallo, der erst in Rom als Architekt eigenes Profil gewann, erwarb sich zunächst als Holzschnitzer Verdienste und leitete die bestens eingeführte Werkstatt der Familie, die, Synergien nutzend und gewinnsteigernd, an vielen Bauprojekten Giulianos beteiligt wurde.

Die Werkstatt der Sangalli war aber nicht nur eine Quelle kontinuierlicher Einnahmen für die Familie. Vor allem lieferte sie zahlreiche Holzmodelle, auf die Vasari in der Vita immer wieder verweist, auch wenn er das heute berühmte Modell für den Palazzo Strozzi nicht zu kennen scheint [siehe rechts]. Sie wurden von den Sangalli nicht nur zur Veranschaulichung realer Bauvorhaben angefertigt, sondern erhielten in dieser Zeit als Kunstobjekte und Mittel der Diplomatie einen Eigenwert, denn einige der in teilweise jahrelanger Arbeit entstandenen Modelle wären wohl kaum als Bauten zu verwirklichen gewesen. Lorenzo de' Medici nutzte sie zur Herstellung und Verbesserung politischer Kontakte und Exempel für die künstlerischen Innovationen der Stadt, so wie er Giuliano da Sangallo als seinen ›kul-

Giuliano da Sangallo: Modell des Palazzo Strozzi. Florenz, Museo del Bargello

turellen Botschafter‹ an die Höfe von Neapel oder Mailand entsandte.

Vasaris wichtigste Quelle dürfte sein Akademiekollege Francesco da Sangallo, der Sohn Giulianos, gewesen sein, der in der Vita nur am Rande erwähnt wird. In seinem Besitz befanden sich nicht nur das florentinische Haus der Sangalli und ihre große Antikensammlung, die Francesco noch erweitert hatte, sondern auch die Skizzenbücher Giulianos (der heutige *Codex Barberini* und das *Taccuino Senese*) und wahrscheinlich auch weitere wichtige Dokumente, zu denen Vasari auf diese Weise Zugang gehabt haben dürfte. Möglicherweise war dieser Kontakt ein weiterer Grund dafür, daß Vasari Giuliano da Sangallo, der als Architekt von Poggio a Caiano, des Palazzo Gondi sowie als Architekt in der Bauhütte von Sankt Peter zweifellos zu den wichtigsten Baumeistern an der Schwelle vom 15. zum 16. Jahrhundert gehörte, den größten Raum in der Vita einräumt. Nachvollziehbar ist auch, daß Vasari die Beziehungen zu Lorenzo de' Medici besonderes Gewicht gab und ein spezielles Augenmerk auf die Bauwerke der Sangalli in Florenz legt. Dabei unterlaufen ihm jedoch immer wieder kleinere Fehler. So datiert er den Baubeginn der

Kirche Santa Maria delle Carceri in Prato, für die Giuliano da Sangallo von Lorenzo de' Medici persönlich als Architekt ausgewählt worden war, fälschlicherweise nach dessen Tod und verwechselt Giuliano da Sangallos Palastentwurf für König Ferdinand I. von Neapel mit Giuliano da Maianos Villa Poggio Reale für dessen Sohn, den Herzog von Kalabrien. Vasari schreibt sogar die Urheberschaft am Namen »da Sangallo« Lorenzo de' Medici zu.

Diese Zuschreibung ist durch Quellen unschwer zu widerlegen. Der Name leitet sich tatsächlich von dem Stadtviertel ab, in dem die Sangalli wohnten, und wurde von den Giamberti bereits viel früher verwendet. Es muß sich also hierbei um eine bewußte Erfindung Vasaris handeln, mit der er ein bestimmtes Ziel verfolgt. Offensichtlich ist Vasari bemüht, die Rolle Lorenzo de' Medicis als Auftraggeber ins rechte Licht zu rücken und Giuliano da Sangallo zu idealisieren. Besonders deutlich wird dies in der Passage, in der er Giulianos vermeintliches Desinteresse am Reichtum beschreibt. Er läßt diesen die wertvollen Geschenke und eine Bezahlung in Gold, die ihm der König von Neapel anbietet, ablehnen und sich statt dessen Antiken erbitten, die er dann wiederum an Lorenzo de' Medici verschenkt. Mit dieser Geste des Großmuts, die Giuliano da Sangallo, wenn sie tatsächlich stattgefunden haben sollte, nicht schwergefallen sein dürfte, da Lorenzo de' Medici ihn ja schon bezahlt hatte, betont Vasari die Ausnahmestellung des Künstlers. Überhaupt hebt Vasari das ›freundschaftliche‹ Verhältnis hervor, das zwischen Giuliano da Sangallo und Lorenzo de' Medici oder seinem nachfolgenden Patron Giuliano della Rovere, dem späteren Papst Julius II., geherrscht haben soll, und verweist auf Giulianos Rolle als Ratgeber und Förderer anderer Künstler, zu denen selbst Leonardo da Vinci und Michelangelo gehört haben. Er erklärt sogar die Verteidigung der belagerten Stadt Castellina durch Giuliano da Sangallo – den vermeintlichen Beginn seiner Karriere –, die realiter eine militärische Niederlage der Florentiner war, zu einem etwas diffus umschriebenen Sieg.

Sein Bruder Antonio bleibt dagegen farbloser und erscheint

wie ein Anhängsel seines älteren Bruders. Zwar spart Vasari auch bei ihm nicht mit Lob für seine Vielseitigkeit sowie die Qualität seiner Holzschnitzereien und Bauten. Er beschreibt sie aber wesentlich knapper und erzählt auch kaum Anekdoten über ihn. Das lag möglicherweise daran, daß er weniger über Antonio wußte, weil dessen selbständige Tätigkeit als Architekt erst nach dem Tod Lorenzo de' Medicis im Dienst von Papst Alexander VI. begann und er später vor allem in der toskanischen Provinz gebaut hat, nicht aber in Florenz. Für Antonio da Sangallo stellte der nach dem Tod Lorenzo de' Medicis und dem Zusammenbruch der Mediciherrschaft über Florenz notwendig gewordene Wechsel nach Rom den größten Schub in seiner Karriere dar. Während Giuliano da Sangallo in Kardinal Giuliano della Rovere einen neuen Patron und Auftraggeber fand, für diesen aber im provinziellen Ostia oder Savona Bauten errichtete, wurde Antonio da Sangallo Architekt des Papstes und mit den wichtigsten Bauprojekten betraut. Vasari weiß zwar von diesen Bauwerken und kennt auch die wesentlichen Ereignisse in Antonios Leben, bringt aber manches in einen falschen zeitlichen oder kausalen Zusammenhang. Vielleicht ist die Vita Antonio da Sangallos für Vasari auch weniger ergiebig, weil er keinen so offensichtlichen Bezug zu den Medici hatte. Vielmehr stand Antonio da Sangallo nach dem Tod des Papstes – wie übrigens auch zeitweilig Giuliano – in den Diensten der Florentinischen Republik und folgte seinem Bruder, als dieser wieder nach Rom ging, um an der Leitung der Bauhütte von Sankt Peter mitzuwirken. Auch seine späteren Aufträge führten ihn nicht wieder nach Florenz. Dennoch erscheint er in der Vita genauso wie sein Bruder Giuliano als exemplarische Verkörperung jenes Künstlerideals, an dessen Vermittlung Vasari besonders interessiert ist.

Vasari entwirft in seiner Vita ein Bild von den Brüdern Giuliano und Antonio da Sangallo, in dem sich seine eigenen Idealvorstellungen widerspiegeln. Für ihn gehören durch Fleiß und intensives Studium von Vorbildern erworbenes handwerkliches Können gleichermaßen zu den Tugenden eines Künstlers wie der Wille, durch eigene Leistung künstlerische Innovationen zu schaffen und den Respekt anderer Künstler und ihrer Auftraggeber zu verdienen. Er sieht in diesen Tugenden den Schlüssel zu Ruhm und Erfolg. Giuliano und Antonio da Sangallo haben sich aus Sicht Vasaris nicht nur durch ihr Studium antiker Monumente und mit ihren eigenen Bauwerken Verdienste erworben, sondern trugen mit ihrer Heimatverbundenheit und ihrer – vermeintlichen und schwer zu überprüfenden – Treue zu den Medici auch zum Ruhm der Stadt Florenz bei.

DM

Giorgio Vasari
Das Leben der Florentiner Architekten Giuliano und Antonio da Sangallo

Vita di Giuliano e Antonio da San Gallo. Architetti Fiorentini (1568)

Zur Zeit Cosimo de' Medicis[1] war Francesco di Paolo Giamberti[2] ein guter Architekt und wurde häufig von ihm eingesetzt. Er hatte zwei Söhne, Giuliano[3] und Antonio,[4] die er in eine Holzschnitzerlehre gab.[5] Den einen seiner beiden Söhne, Giuliano, brachte er bei dem Zimmermeister Francione[6] unter, einem findigen Mann, der sich in gleicher Weise mit Holzschnitzereien und perspektivischen Einlegearbeiten beschäftigte und den mit Francesco eine große Vertrautheit verband, da sie für Lorenzo de' Medici[7] viele Schnitzwerke und Architekturprojekte gemeinsam ausgeführt hatten.[8] Giuliano eignete sich alles, was Francione ihm beibrachte, so gut an, daß die Holzschnitzereien und wunderschönen perspektivischen Einlegearbeiten, die er anschließend für den Domchor von Pisa[9] ohne Hilfe ausführte, unter vielen neuen Holzperspektiven auch heute nicht ohne Bewunderung betrachtet werden.

Während Giuliano sich der Zeichenkunst widmete und jugendliches Heißblut in seinen Adern kochte, lagerte vor Castellina das Heer des Herzogs von Kalabrien,[10] der voller Haß auf Lorenzo de' Medici war.[11] Sein Ziel war es, das Hoheitsgebiet der Signoria von Florenz zu besetzen und, wenn ihm dies gelingen sollte, ein noch größeres Vorhaben zu verwirklichen. Als Lorenzo il Magnifico sich gezwungen sah, einen Ingenieur nach Castellina zu entsenden, der die Mühlen[12] und Bollwerke errichten, für die Artillerie sorgen und sie manövrieren sollte – worauf sich zu jener Zeit nur wenige verstanden –, schickte er als den geeignetsten, fähigsten und schnellsten Mann Giuliano,

Giuliano da Sangallo: Santa Maria Maddalena de' Pazzi, genannt Il Cestello. Florenz, Kreuzgang

den er überdies als Sohn Francescos kannte, der ein hingebungsvoller Diener der Medici-Familie gewesen war.

In Castellina eingetroffen, befestigte er den Ort von innen und außen mit starken Mauern und sorgte für Mühlen und andere Maßnahmen zu seiner Verteidigung.[13] Als ihm dann auffiel, daß die Männer sich von den Kanonen fernhielten, sie ängstlich handhabten, luden und abfeuerten, stürzte er sich in dieses Unternehmen und sorgte dafür, daß sich von da an niemand mehr verletzte, nachdem zuvor viele Personen beim Abfeuern getötet worden waren, da sie in ihrer Unerfahrenheit nicht wußten, wie sie die Verletzungsgefahr beim Rückstoß vermeiden konnten.

Giuliano da Sangallo: Studienblatt mit verschiedenen Kapitellen. Rom, Vatikan, Codex Barberini

Giuliano nahm sich also der Geschütze an und setzte sie so gezielt und voller Klugheit ein, daß das Lager des Herzogs in Angst und Schrecken versetzte wurde und er es wegen dieser und anderer Hindernisse vorzog, einzulenken und abzuziehen.[14] Giuliano brachte dies in Florenz kein geringes Lob von seiten Lorenzos ein, der ihm von da an stets wohlgesinnt war und ihn voller Liebenswürdigkeit behandelte.

Unterdessen wandte er sich architektonischen Projekten zu und begann den ersten Kreuzgang von Cestello [siehe links], wo er jenen Teil schuf, der eine ionische Ordnung zeigt: Er setzte die Kapitelle so auf die Säulen, daß die Wölbung der Volute bis zum Säulenhals am oberen Ende der Säule reichte, nachdem er unterhalb von Echinus und Eierstab einen Fries angebracht hatte, der in seiner Höhe ein Drittel des Säulendurchmessers betrug. Jenes Kapitell war einem sehr alten Marmorkapitell nachgebildet, das der ansässige Bischof, Messer Leonardo Salutati,[15] in Fiesole entdeckt und zusammen mit anderen Altertümern eine Zeitlang in seinem Haus und Garten in der Via San Gallo gegenüber von Sant'Agata aufbewahrt hatte [siehe Seite 21]. Dieses Kapitell ist heute im Besitz von Messer Giovanbattista da Ricasoli,[16] dem Bischof von Pistoia, der es aufgrund seiner Schönheit und Formenvielfalt, die unter den antiken Beispielen keine Entsprechung hat, sehr schätzte.[17] Besagter Kreuzgang blieb allerdings unvollendet, da sich die ansässigen Mönche seinerzeit keine großen Ausgaben erlauben konnten.[18]

Giuliano genoß immer größeres Ansehen bei Lorenzo, der sich mit dem Gedanken trug, in Poggio a Caiano, einem Ort zwischen Florenz und Pistoia, zu bauen, und dafür Francione und andere eine Reihe von Modellen hatte ausführen lassen.[19] Seine eigenen Vorstellungen ließ Lorenzo von Giuliano in einem Modell umsetzen, das in seiner Ausführung so sehr von der Form der anderen abwich und den Einfall Lorenzos so gut wiedergab, daß dieser es als das beste befand und sogleich seine Realisierung in Angriff nehmen ließ[20] [siehe unten]. Giuliano

Lorenzo de' Medici und Giuliano da Sangallo: Villa Medici. Poggio a Caiano

Giuliano da Sangallo: Villa Medici, Poggio a Caiano, Saal mit Tonnengewölbe

stieg dadurch noch weiter auf und erhielt von ihm künftig eine regelmäßige Provision.[21]

Als er den großen Saal dieses Palasts mit einem sogenannten Tonnengewölbe überspannen wollte, war Lorenzo der Meinung, daß die Spannweite nicht zu überwölben war. Um den Magnifico zu überzeugen, wölbte Giuliano einen Saal in dem Haus, das er in Florenz für sich baute, in ähnlicher Weise ein,[22] woraufhin dieser ihn das Gewölbe in Poggio erfolgreich ausführen ließ[23] [siehe oben]. Sein Ruhm stieg dadurch in einer Weise, daß er auf Bitten des Herzogs von Kalabrien das Modell eines Palasts schuf, der im Auftrag von Lorenzo il Magnifico in Neapel ent-

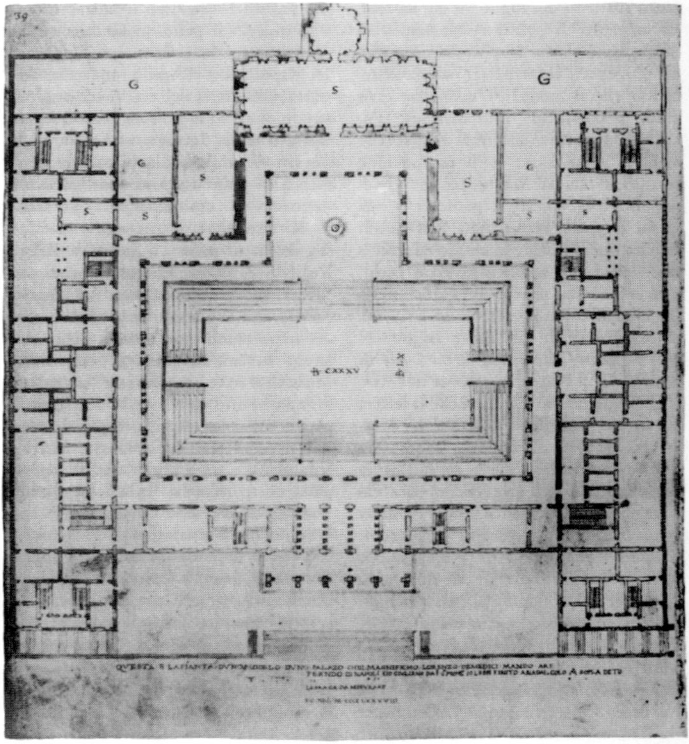

Giuliano da Sangallo: Palast für den König von Neapel, Grundriß.
Rom, Vatikan, Codex Barberini

stehen sollte und für dessen Ausführung er sehr viel Zeit aufwendete [siehe oben].

Während er daran arbeitete, hörte der damalige Bischof della Rovere, Burgherr von Ostia und spätere Papst Julius II.,[24] von Giulianos Ruhm. Da er jene Festung [von Ostia] herrichten und instand setzen wollte, schickte er in Florenz nach ihm, wies ihm einen großzügigen Lohn an und behielt ihn zwei Jahre bei sich, wo jener für alles Nützliche und alle Bequemlichkeit sorgte, zu der seine Kunst imstande war.[25]

Damit das Modell für den Herzog von Kalabrien nicht darunter zu leiden habe und fertiggestellt werden würde, übergab er es seinem Bruder Antonio, der es nach seinen Anweisungen vollenden sollte. Antonio, in jener Kunst nicht weniger fähig als Giuliano, führte die Arbeit sorgfältig weiter und brachte sie zu Ende. Lorenzo der Ältere riet Giuliano, es persönlich zu präsentieren, damit er die schwierigen Lösungen, die er in seinem Modell realisiert hatte, würde darlegen können.

Er brach also nach Neapel auf und stellte das Werk vor. Man empfing ihn in Ehren, wobei die liebenswürdige Art, mit welcher Lorenzo il Magnifico ihn entsandt hatte, nicht weniger Staunen hervorrief als die meisterhafte Arbeit des Modells bewundert wurde. Jenes gefiel so gut, daß man den Bau in der Nähe des Castel Nuovo unverzüglich in Angriff nahm.[26]

Als sich Giulianos Aufenthalt in Neapel bereits geraume Zeit hinzog, bat er den Herzog um Erlaubnis, nach Florenz zurückkehren zu dürfen. Der König[27] machte ihm daraufhin Pferde und Gewänder zum Geschenk und unter anderem eine silberne Schale, die mit einigen hundert Dukaten gefüllt war.[28] Giuliano wollte sie nicht annehmen, indem er wissen ließ, daß der Herr, in dessen Diensten er stand, weder Gold noch Silber nötig habe. Wolle man ihm trotz allem ein Geschenk oder Zeichen der Erkenntlichkeit als Zeugnis für seinen Aufenthalt machen, so solle er ihm nach seiner Wahl einige seiner Altertümer überlassen. Dies gewährte der König aus Zuneigung zu Lorenzo il Magnifico und in Anerkennung von Giulianos Talent auf großzügigste Weise. Jener wählte einen Kopf Kaiser Hadrians, der heute über dem Gartenportal im Hause Medici steht, eine mehr als naturgetreue nackte Frauengestalt und einen schlafenden Cupido, allesamt rundplastische Marmorskulpturen. Giuliano schickte sie als Präsent an Lorenzo, der sich darüber unendlich erfreut zeigte und nicht enden wollte, die unsagbar großzügige Geste des Künstlers zu loben, der für die Kunst Gold und Silber abgelehnt hatte, was nur wenige getan hätten. Der Cupido befindet sich heute in Herzog Cosimos *guardaroba*.[29]

Giuliano da Sangallo: Palazzo Gondi. Florenz

Bei seiner Rückkehr nach Florenz wurde er vom Magnifico voller Dankbarkeit empfangen. Um dem Wunsch von Bruder Mariano da Ghinazzano[30] zu entsprechen, einem hochgebildeten Mitglied des Eremitanerordens vom Heiligen Augustinus, war ihm die Idee gekommen, ihm außerhalb der Porta San Gallo ein Kloster errichten zu lassen, das hundert Ordensbrüder würde aufnehmen können. Viele Architekten führten daraufhin Modelle aus, wobei zu guter Letzt Giulianos Entwurf realisiert wurde, was zur Folge hatte, daß Lorenzo ihn nach diesem Werk Giuliano »da San Gallo« nannte. Als Giuliano sich nun von jedem »San Gallo« nennen hörte, sagte er eines Tages im Scherz zu Lorenzo: »Weil Ihr mich San Gallo nennt, ist es Euer Verschulden, daß ich den Namen meines alten Geschlechts verliere und im Glauben, eine alte Tradition fortzusetzen, tatsächlich rückwärts gehe.« Lorenzo gab ihm zur Antwort, daß er ihn aufgrund seines Talents viel lieber als Begründer eines neuen Geschlechts sehen wolle als abhängig von einem anderen, worüber Giuliano zufrieden war.[31]

Die Arbeiten an dem San-Gallo-Kloster gingen zusammen mit anderen Bauvorhaben Lorenzos weiter, doch weder das eine noch die anderen wurden aufgrund von Lorenzos Ableben zu Ende geführt. Auch jener Bau von San Gallo blieb danach nicht mehr lange stehen, da er bei der Belagerung von Florenz 1530 zerstört und zusammen mit dem Ort, dessen Platz ringsum sehr schöne Gebäude säumten, dem Erdboden gleichgemacht wurde, so daß dort heute keine Spur mehr von Häusern, Kirche und Kloster zu finden ist.[32]

Seinerzeit starb der König von Neapel, weshalb der sagenhaft reiche Florentiner Kaufmann Giuliano Gondi[33] nach Florenz zurückkehrte, wo er sich gegenüber von San Firenze und oberhalb der Stelle, wo die Löwen untergebracht waren,[34] einen Palast in Rustikaoptik von Giuliano erbauen ließ, mit dem ihn seit der Zeit in Neapel eine enge Freundschaft verband. Nach seiner Vollendung sollte dieser Palast die Straßenecke bilden und mit der Fassade auf das Alte Zunftgericht der Händler[35] blicken, doch der Tod Giuliano Gondis unterbrach das Bauvorhaben.[36] [siehe links]. Im Inneren des Palasts schuf er unter anderen Werken einen sehr reich skulptierten Kamin mit einer derart abwechslungsreichen und schönen Komposition, daß man bis dahin nichts Vergleichbares gesehen hatte, das darüber hinaus eine solche Fülle an Figuren zeigte.[37]

Für einen Venezianer schuf er außerhalb der Porta Pinti in Camerata ebenfalls einen Palast[38] [siehe Seite 28] und für Privatleute eine große Zahl Häuser, die nicht weiter erwähnt werden müssen.[39] Als Lorenzo il Magnifico plante, zum Nutzen der Öffentlichkeit und zur Zierde des Stadtstaats neben vielem anderen noch ein weiteres ruhmvolles Denkmal zu hinterlassen und oberhalb von Poggibonsi auf dem Weg nach Rom die Festung Poggio Imperiale zu errichten, um eine Stadt daraus zu machen, wollte er den Entwurf dazu nicht ohne Giulianos Rat und Pläne anfertigen. Dieser begann also jenen hochberühmten Bau, den er mit einer wohldurchdachten Einteilung von Befestigungselementen in jener Schönheit hervorbrachte, die wir heute sehen.[40]

Giuliano da Sangallo: Palazzo della Gherardesca. Florenz, Innenhof

Jene Werke brachten ihm solchen Ruhm ein, daß der Herzog von Mailand[41] ihn dank Lorenzos Vermittlung nach Mailand holte, damit er für ihn das Modell eines Palasts anfertigen würde, und Giuliano erfuhr dort seitens des Herzogs nicht weniger Ehrbezeugungen als zuvor durch den König, als dieser ihn nach Neapel hatte kommen lassen. Als er das Modell im Namen des Magnifico präsentierte, war der Herzog voller Staunen und Bewunderung beim Anblick der Anordnung und Verteilung so vieler schöner Ornamente, die allesamt mit Kunstfertigkeit und Liebreiz ihren Platz zugewiesen bekommen hatten, und so wurde alles Notwendige für eine Realisierung beschafft und mit der Durchführung begonnen.[42]

In derselben Stadt hielt sich auch Leonardo da Vinci auf,[43] der wie Giuliano für den Herzog arbeitete. Leonardo sprach mit ihm über den geplanten Guß seines Pferdes und erhielt von ihm sehr wertvolle Hinweise. Jenes Werk [das Tonmodell] wurde beim Einzug der Franzosen in Stücke geschlagen, so daß das Pferd nicht realisiert wurde[44] und auch der Palast nicht vollendet werden konnte.

Bei seiner Rückkehr nach Florenz stellte Giuliano fest, daß sein Bruder Antonio, der ihm bei seinen Modellen half, zu einem so ausgezeichneten Holzschnitzkünstler geworden war,

Giuliano da Sangallo: Holzkruzifix. Florenz, Santissima Annunziata

daß er in seiner Zeit von keinem übertroffen wurde. Vor allem galt dies für seine großen Holzkruzifixe, wovon jenes über dem Hauptaltar der Annunziata[45] in Florenz Zeugnis gibt [siehe oben]; dann ein weiteres, das die Brüder von San Gallo in San Jacopo tra' Fossi[46] besitzen und noch eines in der Bruderschaft der Barfüßer,[47] die allesamt als ganz hervorragend gelten. Er [Giuliano] aber ließ ihn diese Tätigkeit aufgeben und zusammen mit ihm als Architekt tätig werden, da er viele private und öffentliche Aufträge auszuführen hatte.

Giuliano da Sangallo: Santa Maria delle Carceri. Prato

Dann aber trat etwas ein, was immer wieder geschieht: Das Schicksal, allem Talent feindlich gesinnt, beraubte die Künstler mit dem Tod Lorenzo de' Medicis der Grundlage ihrer Hoffnungen; und nicht nur die begabten Künstler und seine Heimatstadt hatten darunter zu leiden, sondern ganz Italien.[48] Wie alle anderen Geistesgrößen war Giuliano untröstlich darüber und siedelte in seinem Kummer in das nahe Florenz gelegene Prato über, um dort die Kirche der Madonna delle Carceri zu errichten [siehe links],[49] da in Florenz alle öffentlichen und privaten Bauten gestoppt worden waren. Er blieb drei aufeinanderfolgende Jahre in Prato, wo er die Ausgaben, Entbehrungen und den Kummer ertrug, so gut er konnte.

Als daraufhin die Kirche der Madonna von Loreto gedeckt und die Kuppel eingewölbt werden sollte, die Giuliano da Maiano[50] vormals begonnen, aber nicht fertiggestellt hatte, waren die Zuständigen im Zweifel darüber, ob die Pfeiler nicht zu schwach waren, ein so großes Gewicht zu tragen. Sie schrieben deshalb an Giuliano, ob er jenen Bau nicht übernehmen und sich anschauen wolle. Beherzt und fähig, wie er war, begab er sich dorthin und zeigte auf, wie der Bau mit Leichtigkeit überwölbt werden konnte, und erklärte, sich durchaus imstande zu fühlen, dies zu übernehmen. Er brachte dann noch so viele weitere gute Argumente vor, daß ihm das Werk übertragen wurde.[51]

Nachdem er diesen Auftrag angenommen hatte, trieb er die Arbeiten in Prato voran und begab sich im Anschluß mit denselben Maurer- und Steinmetzmeistern nach Loreto. Um den Steinen am Bau Festigkeit zu geben, sie massiv zu vermauern und ihnen eine stabile, dauerhafte Form zu verleihen, ließ er aus Rom Pozzolanerde kommen, ohne die er keinen Mörtel anmischen und keinen Stein vermauern ließ. Nach Ablauf von drei Jahren wurde sie [die Kuppel] auf diese Weise vollendet und wies nach dem Freirüsten eine perfekte Form auf.[52]

Anschließend begab er sich nach Rom, wo er für Papst Alexander VI.[53] das beschädigte Dach von Santa Maria Maggiore restaurierte und die gegenwärtig zu sehende Decke schuf.[54] Da er am Hof verkehrte, ließ ihn Bischof della Rovere, der zum Kardinal von San Pietro in Vincoli ernannt worden war und schon seit seiner Zeit als Kastellan von Ostia mit Giuliano befreundet war, das Modell für den Palast von San Pietro in Vincoli ausführen.[55] Als er dann kurz darauf in seiner Heimat Savona einen Palast errichten lassen wollte, wünschte er dafür ebenfalls einen

Giuliano da Sangallo: Palazzo della Rovere. Savona

Plan und die Gegenwart Giulianos[56] [siehe oben]. Diese Reise gestaltete sich allerdings schwierig, da die Decke noch nicht fertig war und Papst Alexander ihn nicht gehen lassen wollte.

Aus diesem Grund ließ er sie durch seinen hochtalentierten und vielseitigen Bruder Antonio vollenden, der durch seinen Umgang am Hof in den Dienst des Papstes trat. Dieser faßte eine tiefe Zuneigung zu ihm, die er ihm auf folgende Weise bewies: Als er den Um- und Neubau der Befestigungsanlage um das Hadriansgrabmal plante, das in eine Festung umgewandelt werden sollte und heute als Engelsburg bezeichnet wird, unterstellte er dieses Unternehmen Antonios Leitung. So schuf man die unteren Wachtürme, die Gräben und andere Befestigungselemente, die gegenwärtig zu sehen sind.[57] Diese Arbeit brachte ihm großes Ansehen beim Papst und seinem Sohn, dem Herzog Valentino,[58] ein und war der Grund, daß dieser ihn die Burg errichten ließ, die heute in Civita Castellana zu sehen ist[59] [siehe unten]. Auf diese Weise war er zu Lebzeiten jenes Papstes kontinuierlich mit Bautätigkeiten beschäftigt und erhielt von ihm für seine Arbeit nicht weniger Lohn als Anerkennung.

Giuliano hatte die Arbeiten in Savona schon weit vorangetrieben, als der Kardinal aufgrund seiner Verpflichtungen nach Rom zurückkehren mußte. Er ließ viele Arbeiter am Bau zurück, die ihn nach Giulianos Anweisungen und Plänen fertigstellen sollten, und nahm ihn mit sich nach Rom. Gerne unternahm jener diese Reise, weil er Antonio und seine Arbeiten wiedersehen wollte, und blieb dort für einige Monate. Der Kardinal aber fiel in jener Zeit beim Papst in Ungnade und verließ Rom, um dem Gefängnis zu entgehen, wobei Giuliano stets an seiner Seite blieb. Zurück in Savona, erhöhten sie an der Baustelle die Zahl der Maurermeister und anderen Handwerker.[60]

Antonio da Sangallo d. Ä.: Civita Castellana, Burg

Die Anklagen des Papstes gegen den Kardinal wurden unterdessen jedoch immer lauter, und wenig später ging dieser nach Avignon[61] und ließ das Modell eines Palasts, das Giuliano für ihn ausgeführt hatte, dem König[62] als Geschenk überreichen. Es handelte sich um einen wunderbaren, unglaublich reich verzierten Entwurf, der so geräumig war, das er den gesamten Königshof beherbergen konnte. Der königliche Hof befand sich, als Giuliano das Modell vorstellte, in Lyon, und es fand beim König so viel Gefallen und Zustimmung, daß dieser ihn großzügig belohnte, mit Lob überhäufte und dem in Avignon weilenden Kardinal seinen großzügigen Dank aussprach.[63]

In der Zwischenzeit erhielten sie Nachricht, daß der Palast in Savona bereits der Vollendung entgegensah. Der Kardinal beschloß daraufhin, daß Giuliano das Werk besichtigen gehen sollte, und als dieser in Savona angekommen war, wurde es kurze Zeit nach seinem Eintreffen fertiggestellt. Giuliano hatte nun den Wunsch, nach Florenz zurückzukehren, wo er lange Zeit nicht gewesen war, und machte sich mit seinen Handwerksmeistern auf den Weg. Da der französische König zu dieser Zeit Pisa die Freiheit wiedergegeben hatte und der Krieg zwischen Florenz und Pisa noch immer andauerte, ließ sich Giuliano, der dort vorbeiziehen mußte, in Lucca einen Schutzbrief ausstellen, da ihm die Pisaner Soldaten nicht geheuer waren. Dennoch wurden sie nahe Altopascio von den Pisanern gefangengenommen, die sich weder um ihren Schutzbrief noch um sonst etwas kümmerten. Sechs Monate hielt man ihn bei einem Kopfgeld von dreihundert Dukaten in Pisa fest, und erst als er sie bezahlt hatte, konnte er nach Florenz zurückkehren.[64]

Antonio hatte in Rom von diesen Dingen gehört, und da er den Wunsch verspürte, seine Heimat und den Bruder wiederzusehen, verließ er mit Erlaubnis Rom und entwarf auf der Durchreise für Herzog Valentino die Burgfeste von Montefiascone.[65] 1503 kam er in Florenz an, wo sie sich und ihre Freunde voller Freude wiedertrafen.[66]

Damals verstarb Alexander VI., und seine Nachfolge wurde von Pius III.[67] angetreten, der nur noch kurze Zeit lebte. Daraufhin ernannte man den Kardinal von San Pietro in Vincoli unter dem Pontifikalnamen Julius II. zum Papst.[68] Dies geschah zur großen Freude Giulianos, der seit langem in seinen Diensten stand und nun beschloß, zu ihm zu gehen, um ihm die Füße zu küssen. In Rom eingetroffen, wurde sein Kommen freudig begrüßt, ihm ein liebenswürdiger Empfang bereitet und sogleich die Durchführung seiner ersten Bauprojekte übertragen, die er vor der Ankunft Bramantes[69] in Angriff nahm.

Antonio, der in Florenz zurückgeblieben war, wo Piero Soderini[70] als Gonfaloniere amtierte, führte anstelle von Giuliano den Bau von Poggio Imperiale weiter,[71] wohin man alle gefangengenommenen Pisaner zum Arbeiten geschickt hatte, um den Bau rasch zu vollenden. Infolge der Vorfälle von Arezzo wurde dann die alte Festung zerstört, und Antonio schuf das Modell für eine neue, mit Giulianos Zustimmung, der dafür eigens aus Rom gekommen war und sofort wieder abreiste.[72] Dieser Bau brachte Antonio die Ernennung zum Architekten der Gemeinde Florenz und die Leitung über alle Befestigungsanlagen ein.[73]

Bei Giulianos Rückkehr nach Rom verhandelte man gerade darüber, ob der göttliche Michelangelo Buonarroti[74] Julius' Grabmal ausführen sollte. Giuliano bestärkte den Papst in diesem Vorhaben und fügte hinzu, daß man seiner Meinung nach für diesen Bau eine eigene Kapelle außerhalb von Sankt Peter und nicht im Inneren der alten Kirche errichten sollte, wo kein Platz dafür sei: Eine solche Kapelle würde dem Werk vollkommenere Wirkung verschaffen. Viele Architekten führten daraufhin Entwürfe aus, und nach und nach bildete sich die Überlegung heraus, anstelle einer Kapelle einen Neubau von Sankt Peter in Angriff zu nehmen[75] [siehe Seite 36].

Zufällig kam in jenen Tagen der aus Castel Durante stammende Architekt Bramante nach Rom.[76] Er hatte gerade die Lombardei verlassen und brachte sich nun dank der Unterstützung von Baldassarre Peruzzi,[77] Raffael von Urbino[78] und anderen Architekten in einer Weise mit seinen Vorschlägen, außergewöhnlichen Methoden und Einfällen ein, daß er das ganze Projekt durcheinanderbrachte und viel Zeit mit Diskussionen ver-

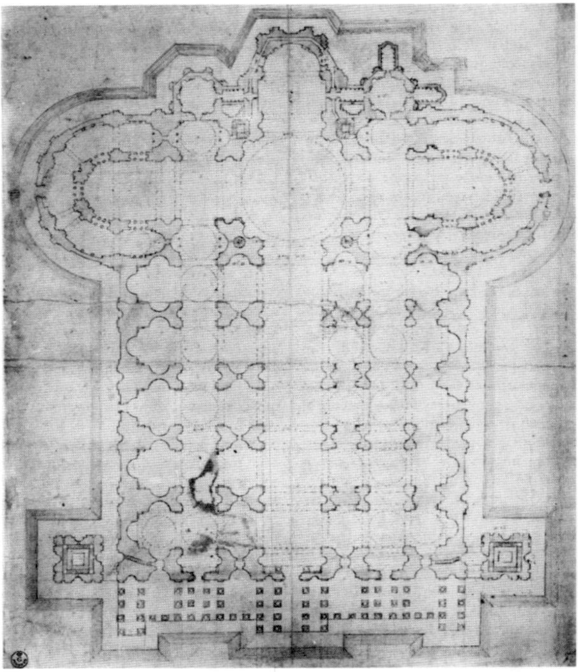

Giuliano da Sangallo: Vatikan, Codex Barberini, Projekt für St. Peter, Grundriß

lorenging. Schließlich wurde das Werk – so sehr wußte er sich einzubringen – ihm selbst übertragen, als dem Mann mit dem überlegensten Urteil, dem besten Talent und der vorzüglichsten Erfindungsgabe.[79]

Giuliano war darüber sehr verärgert, da er sich vom Papst ungerecht behandelt fühlte, dem er treue Dienste geleistet hatte, als er noch eine unbedeutendere Position innehatte, und der ihm jenen Bau versprochen hatte. Er bat deshalb um seine Entlassung, obwohl man ihn bei anderen laufenden Bauprojekten in Rom zu Bramantes Kompagnon ernannt hatte, und kehrte, mit Geschenken des Papstes überhäuft, nach Florenz zurück.[80]

Dies geschah zur großen Freude Piero Soderinis, der ihm sofort Arbeit gab. Kaum waren sechs Monate vergangen, schrieb Messer Bartolomeo della Rovere,[81] Enkel des Papstes und ein Freund von Giuliano, ihm im Namen Seiner Heiligkeit, er solle im eigenen Interesse nach Rom zurückkehren. Doch weder Vereinbarungen noch Versprechungen vermochten Giuliano, der sich vom Papst hintergangen fühlte, umzustimmen. Schließlich aber teilte man Piero Soderini in einem Schreiben mit, daß Giuliano auf jeden Fall nach Rom gesandt werden müsse, da Seine Heiligkeit plane, die Befestigung des Rundturms zu vollenden,[82] die Nikolaus V.[83] begonnen hatte, wie auch jene von Borgo und Belvedere sowie weitere Werke.[84] Giuliano ließ sich von Soderini überreden und ging nach Rom, wo er vom Papst freundlich und mit vielen Geschenken empfangen wurde.[85]

Als der Papst sich daraufhin nach Bologna begab, nachdem die Bentivoglio[86] von dort vertrieben worden waren, beschloß er auf Giulianos Rat hin, Michelangelo Buonarroti eine Bronzestatue seiner selbst im päpstlichen Ornat ausführen zu lassen. Dies wurde, wie wir in Michelangelos Vita berichten werden,[87] in die Tat umgesetzt. Giuliano folgte dem Papst auch nach Mirandola, und als die Stadt eingenommen war und er viel Unannehmlichkeit und Mühsal erduldet hatte, kehrte er mit dem Hof nach Rom zurück.[88]

Noch immer aber wurden die Gedanken des Papstes von dem rasenden Wunsch beherrscht, die Franzosen aus Italien zu vertreiben, weshalb er Piero Soderini die Regierungsgewalt über Florenz zu entreißen versuchte, da jener für die Durchführung seines Vorhaben kein geringes Hindernis darstellte. Diese Gründe hatten dazu geführt, daß sich der Papst in Kriege verwickelte und von seiner Bautätigkeit ablenken ließ, weshalb Giuliano, müde geworden, beschloß, den Papst um seine Entlassung zu ersuchen, da er sah, daß dieser sich nur noch dem Bau von Sankt Peter widmete und auch diesem nicht besonders intensiv. Zornig erwiderte jedoch der Papst: »Glaubst du denn, es finden sich keine anderen Giuliano da Sangallos?« Dieser gab zur Antwort, daß es niemals jemanden gegeben habe, der ihm treuer zu Diensten gestanden habe als er, er hingegen aber wohl Fürsten finden könne, die in ihren Versprechungen ihm gegenüber zuverlässiger sein würden als der Papst. Am Ende verwehrte ihm der Papst seine Entlassung und sagte, man würde ein anderes Mal darüber sprechen.

In der Zwischenzeit hatte Bramante Raffael von Urbino nach Rom geholt und ihm die Ausmalung der päpstlichen Gemächer übertragen.[89] Als Giuliano sah, wieviel Freude der Papst an diesen Malereien hatte, und er von seinem Wunsch wußte, das Gewölbe der Kapelle seines Onkels Sixtus ausmalen zu lassen, sprach er mit ihm über Michelangelo und fügte hinzu, daß jener ja bereits die Bronzestatue in Bologna für ihn ausgeführt hatte. Dem Papst gefiel dieser Gedanke, und so schickte man nach Michelangelo, dem nach seiner Ankunft in Rom das Gewölbe besagter Kapelle übertragen wurde.[90]

Kurz darauf ging Giuliano erneut zum Papst, um seine Entlassung zu erbitten. Als Seine Heiligkeit seine Entschlossenheit sah, gewährte er ihm, mit seiner Gnade nach Florenz zurückzukehren. Anschließend gab er ihm den Segen, überreichte ihm einen roten Beutel aus Satin mit fünfhundert Scudi und sagte ihm, er solle nach Hause gehen, sich ausruhen und seiner immerwährenden Zuneigung versichert sein.[91]

Giuliano küßte ihm folglich den geheiligten Fuß und kehrte zu dem Zeitpunkt nach Florenz zurück, als Pisa vom florentinischen Heer umzingelt und belagert wurde.[92] Er war deshalb kaum eingetroffen, als Piero Soderini ihn gleich nach der Begrüßung ins Feld zu den Kommissaren schickte, denen es nicht gelingen wollte, die Pisaner daran zu hindern, über den Arno Verpflegung nach Pisa zu bringen. Giuliano entschied, bei besserem Wetter eine schwimmende Brücke zu konstruieren, und kehrte wieder nach Florenz zurück. Bei Frühlingsbeginn brach er mit seinem Bruder Antonio nach Pisa auf, wo sie eine äußerst raffinierte Brücke bauten, die nicht nur hoch- und heruntergelassen werden konnte, sondern auch bei Hochwasser sicher und stabil war, da sie fest verankert wurde.[93] Auf diese Weise führten die Kommissare ihren Plan durch, Pisa vom Arno aus zu belagern und der Stadt den Weg zum Meer abzuschneiden. Die Pisaner konnten ihrem Elend nun keine Abhilfe mehr verschaffen und waren gezwungen, einer Einigung mit den Florentinern zuzustimmen und sich zu ergeben.[94]

Nur wenig später schickte nämlicher Piero Soderini Giuliano erneut mit einer endlosen Schar Handwerksmeister nach Pisa, wo sie mit außerordentlicher Schnelligkeit die aktuelle Festung an der Porta San Marco errichteten, wie auch das namentliche Stadttor in dorischer Ordnung.[95] Während Giuliano diese Arbeiten bis ins Jahr 1512 weiterführte, bereiste Antonio das gesamte Hoheitsgebiet, um die Festungen und andere öffentliche Bauten zu inspizieren und Restaurierungen durchzuführen.

Dann wurde durch die Gunst Papst Julius' die Familie Medici wieder in Florenz etabliert und mit der Regierungsgewalt betraut, nachdem sie beim Einmarsch des französischen Königs Karl VIII.[96] in Italien von dort vertrieben worden war. Nachdem Piero Soderini aus dem Rathaus entfernt worden war, würdigten die Medici die Dienstfertigkeit, die Giuliano und Antonio ihrer hochberühmten Familie gegenüber in früheren Zeiten gezeigt hatten.

Als nun bald nach dem Tod von Julius II. Kardinal Giovanni de' Medici[97] [zum Papst] gewählt wurde, sah sich Giuliano erneut gezwungen, nach Rom zu gehen, wo man ihm in der Nachfolge des kurz nach seiner Ankunft verstorbenen Bramante die Leitung über den Bau von Sankt Peter übertragen wollte.[98] Giuliano aber fühlte sich durch die Anstrengungen aufgerieben, das Alter hatte ihn entkräftet und ein Steinleiden quälte ihn, so daß er mit Erlaubnis Seiner Heiligkeit nach Florenz zurückkehrte und jene Aufgabe dem höchst anmutigen Raffael von Urbino übertragen wurde.[99] Nach Ablauf von zwei Jahren hatte ihm sein Leiden derart zugesetzt, daß er 1517 im Alter von vierundsiebzig Jahren verstarb, der Welt seinen Namen, der Erde seinen Körper und Gott seine Seele hinterlassend.[100]

Er ließ nach seinem Tod den tief bekümmerten Antonio zurück, der ihn innig geliebt hatte, und einen Sohn namens Francesco,[101] der trotz seines noch recht zarten Alters schon die Bildhauerei ausübte. Besagter Francesco hat bis heute alle Werke seiner Altvorderen aufbewahrt und hält sie hoch in Ehren.[102]

Neben vielen anderen Werken der Bildhauerei und Architektur in Florenz und andernorts stammt von seiner Hand die Madonna in Orsanmichele, die er dort mit dem Kind im Arm auf dem Schoß der Heiligen Anna in Marmor dargestellt hat. Dieses rundplastische Bildwerk ist aus einem einzigen Block gehauen und gilt seit jeher als eine schöne Arbeit.[103] Desgleichen hat er das Grabmal geschaffen, das Papst Clemens[104] in Montecassino für Piero de' Medici[105] ausführen ließ, und viele weitere Werke, die wir aber nicht erwähnen, da Francesco noch am Leben ist.[106]

Nach Giulianos Tod schuf Antonio, der ungern untätig war,[107] zwei große Kruzifixe aus Holz, von denen das eine nach Spanien gesandt und das andere von Domenico Buoninsegni[108] im Auftrag vom Kardinal und Vizekanzler Giulio de' Medici[109] nach Frankreich gebracht wurde.[110] Als daraufhin die Festung von Livorno erbaut werden sollte, schickte Kardinal de' Medici Antonio dorthin, um den Entwurf auszuführen. Er legte ihn vor, doch wurde er dann nicht vollständig und nicht in der Weise realisiert, wie Antonio es geplant hatte.[111]

Dann beschlossen die Menschen in Montepulciano, für ein wundertätiges Bild der Madonna mit großem Kostenaufwand eine Kirche bauen zu lassen. Antonio führte das Modell aus und bekam die Leitung übertragen. Zweimal im Jahr besichtigte er den Bau, den man heute zu letzter Vollendung gebracht sieht. In der Tat hat Antonios Talent hier eine wunderschöne, abwechslungsreiche Komposition geschaffen, die er mit höchster Anmut ausführte, und alle Steine sind aus einer Gesteinsart gewonnen, die in der Art von Travertin zum Weiß tendiert. Der Bau liegt außerhalb der Porta di San Biagio, rechter Hand auf halber Höhe des Hügels[112] [siehe rechts].

Außerdem nahm er in dieser Zeit in der befestigten Ortschaft von Monte San Savino den Bau des Palasts für Antonio del Monte, Kardinal von Santa Prassede,[113] in Angriff, für den er einen weiteren in Montepulciano errichtete; beide sind in ihrer Ausführung und Vollendung von herausragender Anmut.[114] Für die Häuser der Servitenbrüder schuf er auf ihrem Platz eine Fassadenordnung, die er dem Stil der Loggia degli Innocenti an-

Antonio da Sangallo d. Ä.: San Biagio. Montepulciano

glich.[115] In Arezzo führte er die Modelle für die Seitenschiffe der Kirche Madonna delle Lacrime aus, was aber fehlschlug, da sie im Mißverhältnis zum früheren Gebäude stehen und die Eingangsbögen nicht stimmig ausgerichtet sind[116] [siehe Seite 43]. Desgleichen schuf er ein Modell für die Madonnenkirche in Cortona, die meiner Ansicht nach nicht realisiert wurde.[117]

Während der Belagerung [von Florenz] setzte man ihn für die Errichtung von Befestigungsbauten und Bollwerken ein, eine Aufgabe, der er sich zusammen mit seinem Neffen Francesco widmete.[118] Noch zu Lebzeiten von Antonios Bruder Giuliano war Michelangelos Kolossalstatue auf dem Platz aufgestellt worden,[119] und als nun jene Baccio Bandinellis[120] ebenfalls dorthin transportiert werden sollte, übertrug man Antonio die Aufgabe ihrer sicheren Überführung. Er zog Baccio d'Agnolo[121] hinzu, transportierte sie mittels sehr starker Vorrichtungen und stellte sie sicher auf den Sockel, den man dafür vorbereitet hatte.[122]

Zuletzt, als er schon alt geworden war, fand er nur noch Vergnügen an der Landwirtschaft, in der er äußerste Klugheit an den Tag legte.[123] Als ihm dann aufgrund seines Alters die Beschwerlichkeiten der Welt zu viel geworden waren, legte er 1534 seine Seele in Gottes Hände und fand zusammen mit seinem Bruder Giuliano in der Kirche Santa Maria Novella in der Grabstätte der Giamberti seine letzte Ruhestätte.[124]

Die herrlichen Werke dieser beiden Brüder werden der Welt ein Zeugnis von ihrem bewunderungswürdigen Talent, ihrem Leben, ihren ehrenwerten Umgangsformen und Handlungen geben, die von aller Welt geschätzt werden. Giuliano und Antonio hinterließen der Baukunst als Erbe einen in seiner Form verbesserten toskanischen Baustil, der von den anderen zuvor so nicht praktiziert worden war,[125] und eine dorische Ordnung mit vorteilhafteren Abmessungen und Proportionen als jene, die früher infolge der vitruvianischen Lehrmeinung und Regeln zur Anwendung kam.[126] In ihren Häusern in Florenz häuften sie eine Unmenge wunderschöner antiker Marmorwerke an, die Florenz nicht weniger Prestige und Zierde verleihen, als sie ihnen selbst zur Zierde und der Kunst zur Ehre gereichen.[127]

Giuliano brachte aus Rom die Technik mit, Gewölbe aus einem Material zu gießen, das anschließend wie skulptiert aussah. Zeugnis davon geben ein Raum in seinem Haus und das Gewölbe des großen Saals, das heute in Poggio a Caiano zu sehen ist. Verpflichtet sind wir ihnen für ihre Mühen bei der Befestigung des florentinischen Hoheitsgebiets und der Verschöne-

Antonio da Sangallo d. Ä.: Santissima Annunziata. Arezzo, Innenraum

rung der Stadt und dafür, daß sie an ihren zahlreichen Wirkungsstätten Florenz und den toskanischen Künstlern zu Ansehen verholfen haben. Zu ihrer ehrwürdigen Erinnerung haben jene folgende Verse verfaßt: TRETET AB, RÖMISCHE ERBAUER, WEICHET GRIECHEN UND AUCH DU, BEGRÜNDER DER ARCHITEKTONISCHEN LEHRE, VITRUV. FEIERT DIESE TOSKANISCHEN MÄNNER, DENN IHRE KASSETTIERTEN GEWÖLBE, IHRE GRABMÄLER, KUPPELN, STATUEN, KIRCHENTEMPEL UND HÄUSER GEBIETEN ES.

Porträtholzschnitt Antonio da Sangallos d.J. aus der 1568er Ausgabe der ›Vite‹

Einleitung zum Leben des Antonio da Sangallo des Jüngeren

Antonio da Sangallo geht aus einer der wichtigsten Architektenfamilien der Renaissance hervor. Sein Vater, ein Böttcher, lebte wohl im Haus der Sangalli im Borgo Pinti in Florenz.[1] Dort wuchs auch Antonio auf, bis er von seinen Onkeln, Giuliano und Antonio dem Älteren, nach Rom geholt wurde. Durch die Vermittlung seiner Onkel gelangte er schnell an Aufträge, ersetzte Giuliano als Hilfsarchitekt von Sankt Peter unter Raffael und wurde von Papst Clemens VII. für viele päpstliche Bauten eingesetzt. Sein wichtigster Förderer war dabei Kardinal Alessandro Farnese, der spätere Papst Paul III., der ihn schon früh mit dem Bau des Palazzo Farnese betraute.

Da Antonio zuverlässig und äußerst effektiv baute, oblag ihm die Planung einer ganzen Reihe von Gebäuden und päpstlichen Festungen. Mit dem Palazzo Farnese, dem Modell für Sankt Peter und dem umgebauten Vatikanspalast hat Antonio zweifellos Meisterwerke der Baukunst geschaffen. Schnell gelangte Antonio zu Wohlstand, kaufte sich ein Haus und beteiligte sich an der Immobilienspekulation im päpstlichen Rom. Über sein Selbstverständnis geben die beiden prächtigen Paläste Auskunft, die er sich in Rom erbauen ließ [Seite 76 und 77]. Darin verwahrte er nicht nur seine umfangreiche Sammlung von Architekturzeichnungen, sondern auch einige antike Kapitelle und Gesimse.[2] Wie zahlreiche Zeichnungen belegen, nutzte er seine Reisen zu den über ganz Italien verteilten Baustellen, um immer wieder antike Denkmäler vor Ort zu vermessen. Auch beschäftigte er sich intensiv mit dem Architekturtraktat des Vitruv und beabsichtigte wohl, gemeinsam mit seinem Bruder, Giovanni Battista, eine kommentierte und illustrierte Ausgabe des antiken Traktats in Druck zu geben.

Vasari entwirft aber nicht das Bild eines gelehrten und kultivierten Künstlers, er betont vielmehr, was für ein treu ergebener und disziplinierter Baumeister Antonio war, jederzeit bereit, die Befehle der Päpste umzusetzen. Dieses Bild Vasaris wird durch eine lateinische Inschrift bestätigt, die Antonio an seinem römischen Palazzo anbringen ließ. Darin vergleicht sich Antonio in Anlehnung an Vergils *Aeneis* mit dem Windgott Aeolus, der auf Befehl der Götter die grausame und vernichtende Gewalt der Winde entfesselt.[3] Offensichtlich wollte der Baumeister hier seine Schnelligkeit in der Bauausführung öffentlichkeitswirksam annoncieren. Von der Windeseile, mit der Antonio seine Projekte abschließen konnte, spricht auch Vasari in seiner Vita. So nimmt darin der Begriff der Schnelligkeit, *prestezza*, eine wichtige Rolle ein. Darüber hinaus paßt der Vergleich mit dem Windgott hervorragend auf einen Baumeister, der seine Baustellen oftmals unter Einsatz von Zwangsarbeit leitete und mehrere Zwingburgen errichtete. Bestes Beispiel dafür ist die in nur zwei Jahren errichtete Fortezza da Basso, die das Ende der Florentiner Republik besiegelte. Die Gewalt, die der Windgott Aelous bei Vergil entfesselt, der wie ein Prätorianer den ungestümen Legionären freien Lauf läßt, war für die mit militärischer Disziplin geführten Baustellen des Florentiner Meisters ein sprechender Vergleich. Vasari dagegen nutzte die dreifache Bedeutung des italienischen Wortes *fortezza* für seine Würdigung des Festungsbaus: als statische Standfestigkeit, als Kardinaltugend und als Bezeichnung für eine Befestigungsanlage. Der Architekt, der diese Herrschertugend verkörpert, wird in einem Atemzug mit namhaften Feldherren und Befestigungsspezialisten genannt, deren unterschiedliche und widerstreitende Meinungen durch seine Zeichnungen beigelegt worden seien. Durchgehend scheint es so, als läge die Sicherheit der päpstlichen Herrschaft in den Händen Antonios.

Daß dieser treue Diener der Päpste aber auch zu phantasievollen, ja geradezu phantastisch anmutenden Bauten in der Lage war, zeigt nicht nur sein riesiges Holzmodell für Sankt Peter, sondern auch der von Vasari ausführlich gewürdigte *Pozzo*

Antonio da Sangallo der Jüngere: Pozzo di San Patrizio. Orvieto

del Papa in Orvieto [siehe links]. Dieser Brunnen, ein Wunderwerk der Ingenieurtechnik, diente während des Exils von Papst Clemens VII. der Wasserversorgung von Orvieto. Dabei ist das hohe Lob Vasaris für diesen Brunnen nur im Zusammenhang mit einer weiteren Stelle zu verstehen, die in der zweiten Ausgabe in die Vita Nicola Pisanos eingefügt wird:

»Aber die schönste, geistreichste und kapriziöseste Architektur, die Nicola je geschaffen hat, war der Campanile von San Nicola in Pisa [...]. Er ist außen achteckig und innen rund, mit Wendeltreppen, die spiralförmig bis nach oben führen und die mittige Spindel wie bei einem Brunnen offen lassen. [...] So geht man in einer Weise bis zur Höhe empor, daß derjenige, der am Boden ist, immer alle jene sieht, die hinaufsteigen. Jene, die aufwärtsgehen, sehen diejenigen, die am Boden sind, und diejenigen, die sich in der Mitte befinden, sehen nach oben die einen und nach unten die anderen. Diese kapriziöse Erfindung wurde dann in besserer Weise, mit richtigen Proportionen und mit mehr Zierde, von dem Architekten Bramante in Rom im Belvedere für Papst Julius II. und von Antonio da Sangallo im Auftrag Clemens' VII. im Brunnen, der in Orvieto ist, ins Werk gesetzt, wie noch zu sagen sein wird.«[4]

Bramante und Sangallo sind dabei einander entsprechende Rollen zugewiesen, die zwar beide notwendig, aber nicht in gleicher Weise ruhmreich sind. Während es Bramante vergönnt war, im glänzenden und sorglosen Rom der Hochrenaissance

Donato Bramante: Wendeltreppe. Rom, Vatikanischer Palast

mit seiner vatikanischen Wendeltreppe einen bequemen Weg in den Himmel zu erbauen [siehe oben], wendet sich Antonio da Sangallo nach der Plünderung Roms dem unterirdischen Reich zu und macht durch seinen Brunnen in Orvieto einen einfachen und effektiven Aufstieg aus der Tiefe möglich. Dieser topische Vergleich erhellt schlagartig die Rollen, die Vasari Sangallo und Bramante in seiner literarisch gelungenen Schilderung zuweist. Während es dem einen vorbehalten war, mit seinen glänzenden Bauwerken die dritte Epoche in der Architektur einzuleiten, kam Sangallo die Ausbesserung und statische Absicherung dieser Bauten zu, deren Resultate weitgehend unsichtbar und verborgen bleiben. Vasari würdigt jedoch diese ›unsichtbaren Tugenden des Baumeisters‹ ausdrücklich, da seine Werke – wenn sie auch meist für den Laien verborgen blieben – maßgeblich zur Standfestigkeit und zur Langlebigkeit der Bauten beitrügen.

Die Auseinandersetzung zwischen Michelangelo und Sangallo bildet schließlich in der zweiten Ausgabe das Hauptthema des letzten Teils der Lebensbeschreibung. In den Jahren zwischen den beiden Ausgaben der Viten von 1550 und 1568 war

Michelangelo als Architekt erst richtig hervorgetreten; dadurch ergab sich die Notwendigkeit, Antonio gegenüber Michelangelo herabzusetzen. Zudem gestaltete sich die Anfangszeit von Michelangelos Wirken an der Baustelle von Sankt Peter extrem schwierig, da die ehemaligen Mitarbeiter Sangallos erhebliche Bedenken und Widerstände gegen die neue Bauführung hatten.[5] Der polemische Unterton dieser Passagen zum Ende der Vita ist nur mit den Konflikten an Sankt Peter und am Palazzo Farnese zu erklären. So hatte Giovanni Battista da Sangallo versucht, die Ausführung von Michelangelos Kranzgesims für den Palazzo Farnese mit einem vernichtenden Brief an den Papst zu verhindern, indem er behauptete, der Entwurf folge nicht den Regeln Vitruvs und sei eher als ›barbarisch‹ zu bezeichnen.[6] Es ist also kein Wunder, daß Michelangelo ebenjenen Vorwurf der mangelnden Befolgung der Antike, sozusagen als Retourkutsche, gegen das Holzmodell von Sangallo richtete. Diese Kritik Michelangelos nimmt Vasari in der zweiten Ausgabe beinahe wörtlich auf; dabei hatte er noch in der ersten Ausgabe genau dieses Modell in höchsten Tönen gelobt. So dient ihm auch die Passage zum Wettbewerb für das Kranzgesims als Vehikel, um Sangallo gegenüber Michelangelo deutlich herabzusetzen. Die Gegnerschaft zwischen Antonio da Sangallo und Michelangelo geht vermutlich auf die Belagerung von Florenz im Jahr 1530 zurück, bei der Michelangelo auf der Seite der Republik Befestigungsanlagen entwarf, während Antonio die Zwingburg der Medici errichtete.

Der einzige gravierende Fehler dieses beispielhaften Architekten besteht in den Augen Vasaris darin, geheiratet zu haben.[7] Dies ist keineswegs verwunderlich, wettert der Aretiner doch oft in seinen *Vite* gegen die Ehefrauen der Künstler. Wer sich zu sehr auf seine Familie konzentriere und darum keinen vollen Einsatz für die Kunst bringe, achte seine Kunst nicht auf angemessene Weise. Für Vasari wiegt noch schwerer, daß Antonio durch die Hochzeit mit der Patriziertochter Isabella Deti seinen sozialen Rang verbessern wollte, wo er doch seine Tugend als Künstler hätte mehren sollen. Die Kritik an Antonios Ehefrau, die man nur in der ersten Ausgabe findet, ist jedoch in diesem Fall durchaus berechtigt. Denn nach dem Tod Antonios versuchte seine Ehefrau, die sogleich wieder geheiratet hatte, dem eigenen Sohn, Orazio, durch Betrug und Falschaussage einen Teil des Erbes zu entwenden; schließlich landete sie deswegen im Gefängnis.

In der Vita Antonio da Sangallos des Jüngeren zeigt sich Vasari bestens informiert: Er kennt die Zeichnungen, die unausgeführten Entwürfe und die Archivquellen. Er kann eine Chronik der Tätigkeit des bewunderten Architekten geben, die Jahr für Jahr genau die ausgeführten Werke anführt. Diese Informationen muß Vasari bereits für die erste Ausgabe von Antonios Bruder, Giovanni Battista, erhalten haben, der zum Ende der Vita auf äußerst freundliche Weise Erwähnung findet. Was bleibt, ist eine hervorragend belegte, präzise und teils auch amüsante Schilderung des Werdegangs eines der wichtigsten Architekten im Rom der Renaissance, dessen Machtfülle und Professionalität Vasari aufrichtig bewunderte.

MB

Giorgio Vasari
Das Leben des Florentiner Architekten Antonio da Sangallo

Vita d'Antonio da San Gallo. Architettore fiorentino (1568)

Wie viele berühmte große Herrscher mit ihren unermeßlichen Reichtümern würden sich ein leuchtendes Andenken verschaffen, wenn sie die Fülle ihres Vermögens großherzig für solche Dinge einsetzen würden, die nicht nur die Welt verschönern, sondern ausnahmslos für alle Menschen unendlich nützlich und vorteilhaft sind? Und was könnten, was sollten die Fürsten und bedeutenden Männer besseres verwirklichen als die herrlichen, großen Bauprojekte und Gebäude, die im Verlauf ihrer Konstruktion viele verschiedene Menschen beschäftigen und, einmal fertiggestellt, von fast grenzenloser Dauer sind? Und ist uns von den großen Leistungen der alten Römer, die damals auf dem Gipfel ihrer Macht waren, etwas anderes geblieben als jene Überreste von Bauwerken, die wir wie Heiligtümer verehren und als die einzig nachahmungswürdigen Wunderwerke empfinden? Wie sehr einige Fürsten aus der Zeit des Florentiner Architekten Antonio Sangallo[1] ihren Sinn auf solche Dinge gerichtet hatten, wird man nun ganz deutlich an seiner Lebensbeschreibung sehen, die wir hier niederlegen. Antonio war der Sohn von Bartolomeo Picconi,[2] einem Faßbinder aus dem Mugello. Als Kind erlernte er das Tischlerhandwerk und verließ dann Florenz, weil er von seinem Onkel Giuliano da Sangallo[3] gehört hatte, der zusammen mit seinem Bruder Antonio[4] in Rom beschäftigt war.[5] Mit großem Enthusiasmus wandte er sich dort der Kunst der Architektur zu und ließ, geschult von jenen Meistern, die Fülle an Werken erwarten, die er dann in reifem Alter schuf und die wir in ganz Italien sehen. Nun begab es sich, daß Giuliano aufgrund seines Steinleidens gezwungen war, nach Florenz zurückzukehren, wodurch Antonio die Bekanntschaft des Architekten Bramante[6] aus Casteldurante machte. Da jener schon alt war und das Zittern ihm den Gebrauch seiner Hände erschwerte, wodurch er nicht mehr so wie früher arbeiten konnte, begann er, ihm bei seinen aktuellen Entwürfen zu helfen. Dabei arbeitete Antonio so präzise und sauber, daß Bramante, als er die Übereinstimmung in den Maßen sah, ihm die Aufsicht über die zahllosen Arbeiten überließ, die er übernommen hatte, wobei Bramante ihm die gewünschte Anordnung vorgab sowie alle Erfindungen und Kompositionen, die an jedem Werk auszuführen waren.[7] Als er sah, mit wieviel Urteil, Schnelligkeit und Sorgfalt Antonio ihm zu Diensten war, übertrug Bramante ihm 1512 die Bauaufsicht über den Gang, der zum Burggraben der Engelsburg führte.[8] Für dieses Werk begann er einen Lohn von zehn Scudi im Monat zu beziehen, das Werk blieb allerdings nach dem Tod Julius' II.[9] unvollendet liegen. Antonio hatte sich mittlerweile aber den Ruf eines talentierten Architekten erworben, der die Technik des Mauerbaus hervorragend beherrschte. So kam es, daß der erste Farnese-Kardinal Alessandro, späterer Papst Paul III.,[10] den Einfall hatte, seinen alten Palast am Campo de' Fiori, den er mit seiner Familie bewohnte, wiederherstellen zu lassen [siehe Seite 54].[11] Weil er sich durch dieses Werk Geltung verschaffen wollte, machte Antonio mehrere Entwürfe unterschiedlicher Art. Einer davon sah dort zwei Appartements vor, und dieser war es, der Seiner erlauchten Herrschaft gefiel, weil er zwei Söhne hatte, Herrn Pier Luigi[12] und Herrn Ranuccio,[13] und er sie mit einem solchen Gebäude gut versorgt zu hinterlassen gedachte. Der Bau wurde begonnen und jedes Jahr regelmäßig ein Abschnitt davon gebaut.

Zu dieser Zeit errichtete man am Macello de' Corbi in Rom nahe der Trajanssäule eine Kirche, die der Heiligen Maria zu Loreto[14] geweiht war und die Antonio mit Verzierungen von großer Schönheit zur Vollendung brachte. Im Anschluß daran ließ Messer Melchiorre Baldassini[15] in der Nähe von Sant'Agostino nach Antonios Modell und unter seiner Leitung einen

Antonio da Sangallo der Jüngere: Hof des Palazzo Baldassini. Rom

Palast errichten [siehe oben], der so eingeteilt ist, daß er trotz seiner geringen Ausmaße als die beste und komfortabelste Unterkunft Roms gilt und dies mit seinen Treppen, dem Hof, den Loggien, Türen und Gängen, alle mit größter Anmut gestaltet,

Antonio da Sangallo der Jüngere und Michelangelo:
Fassade des Palazzo Farnese. Rom

tatsächlich auch ist.[16] Aufs höchste zufrieden, entschloß sich Messer Melchiorre, den Florentiner Maler Perino del Vaga[17] dort einen Saal mit farbigen Szenen und Figuren ausmalen zu lassen, wie es in dessen Vita berichtet werden wird.[18] Diese Verzierungen haben dem Palast unendlich viel Anmut und Schönheit verliehen. Nahe der Torre di Nona plante und vollendete er das Haus der Familie Centelli,[19] das klein, aber überaus komfortabel ist. Kurze Zeit darauf begab er sich nach Gradoli, einen zum Herrschaftsgebiet des ehrwürdigen Kardinal Farnese gehörenden Ort, wo er für jenen einen sehr schönen und zweckmäßigen Palast erbauen ließ [siehe rechts].[20] Im Verlauf dieser Reise lieferte er wertvolle Dienste bei der Restaurierung der Burg von Capodimonte, wo er eine niedrige, wohlgestaltete Ringmauer anlegen ließ.[21] Außerdem entwarf er damals die Festung von Caprarola.[22] Und weil der ehrwürdige Monsignore Farnese von Antonio in so vielen Werken derart zufriedenstellende Dienste erfahren hatte, mußte er ihn notgedrungen liebgewinnen, eine Zuneigung, die stetig wuchs und ihn veranlaßte, jede seiner Unternehmungen zu unterstützen, wo er nur konnte.

Anschließend wünschte Kardinal Albornoz[23] ein Andenken von sich in der Kirche seiner Nation zu hinterlassen und ließ

Antonio da Sangallo der Jüngere: Palazzo Farnese. Gradoli

sich von Antonio in San Giacomo degli Spagnoli eine Kapelle aus Marmor und ein Grabmal erbauen und zu Ende führen.[24] Wie bereits gesagt worden ist, hat Pellegrino da Modena[25] die Wände jener Kapelle zwischen den Pilastern vollständig ausgemalt, während Jacopo Sansovino[26] für den Altar einen wunderschönen Heiligen Jakobus aus Marmor schuf. Diese architektonische Leistung gilt dank dem Gewölbe aus Marmor mit einer wunderschönen Einteilung in Achtecke als wirklich äußerst lobenswert. Kurz darauf ließ Messer Bartolomeo Ferratini[27] sich zu seiner Annehmlichkeit und zum Wohl seiner Freunde von Antonio in Amelia an der Piazza einen Palast errichten, der ein höchst ehrbares und schönes Werk ist, durch das Antonio sich nicht wenig Ruhm und Gewinn verschaffte.[28] Seinerzeit hielt sich Antonio del Monte,[29] der Kardinal von Santa Prassede, in Rom auf und wünschte, daß selbiger ihm den Palast[30] errichtete, den er später bewohnte und der an der Stelle, wo die Statue von Meister Pasquino[31] steht, auf die Piazza Navona geht. In der Mitte, die zum Platz zeigt, baute er einen Turm [siehe Seite 56], den Antonio ihm mit einer wunderschönen Anordnung von Pilastern und Fenstern vom ersten bis zum dritten Stock voller Anmut und *disegno* plante und vollendete, und Francesco dell'In-

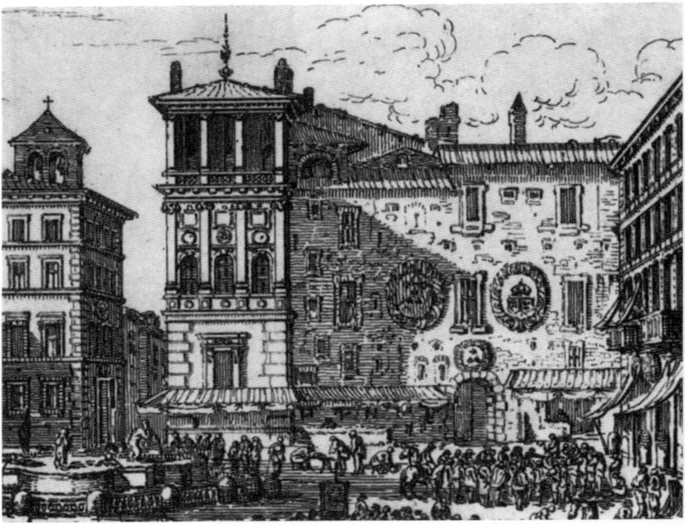

Israel Silvestre, Ansicht des Palazzo Orsini mit der Torre del Monte. Rom, Gabinetto delle Stampe

daco[32] an der Innen- und Außenseite mit figürlichen Szenen in *terretta* ausgestaltete. In der Zwischenzeit war Antonio ein ergebener Diener des Kardinals von Rimini[33] geworden, weshalb jener Herr ihn in Tolentino in den Marken einen Palast errichten ließ, wofür der Kardinal Antonio belohnte und ihm darüber hinaus für immer verpflichtet blieb.[34] Während die Nachricht von diesen Werken umlief und sich Antonios wachsender Ruf verbreitete, machten Alter und Gebrechlichkeit Bramante zu einem Bewohner des Jenseits. Sogleich setzte Papst Leo[35] drei Architekten als Leiter für den Bau von Sankt Peter ein: Raffael von Urbino,[36] Antonios Onkel Giuliano da Sangallo und Fra Giocondo[37] aus Verona. Nur wenig später verließ Fra Giocondo Rom und Giuliano bekam aufgrund seines Alters die Erlaubnis, nach Florenz zurückkehren zu dürfen. Antonio bedrängte daraufhin den hochehrwürdigen Farnese, dessen ergebener Diener er war, Papst Leo inständig darum zu ersuchen, ihm die Stelle seines Onkels Giuliano zu geben. Dies wurde mit größter Leichtigkeit bewilligt, weil erstens Antonios Verdienste jenes Ortes würdig waren und dann auch das Wohlwollen zwischen dem Papst und dem hochehrwürdigen Farnese ins Gewicht fiel. Auf diese Weise wurde jener Bau zusammen mit Raffael von Urbino ziemlich gleichgültig vorangetrieben.[38] Anschließend begab sich der Papst nach Civitavecchia, um die Stadt zu befestigen, in seinem Gefolge zahllose Edelleute, unter anderem Giovan Paolo Baglioni[39] und Herr Vitello;[40] außerdem Personen mit Erfindungsgeist wie Pietro Navarra[41] und Antonio Marchisi,[42] der damalige Architekt der Befestigungsanlagen, der im Auftrag des Papstes aus Neapel angereist war. In der Diskussion über die Befestigung jenes Ortes wurden zahllose verschiedene Ansichten zu diesem Thema vorgetragen und von diversen Personen Entwürfe vorgelegt. Unter den vielen Vorschlägen erläuterte auch Antonio einen Entwurf, der vom Papst und den anwesenden Herren und Architekten unter ästhetischen und festungsbaulichen Aspekten von allen als der beste auserkoren wurde und als derjenige galt, der die ansprechendsten und nützlichsten Beobachtungen aufwies, womit Antonio sich unglaublich viel Ansehen bei Hof verschaffte.[43] Nach dieser Begebenheit war es Antonios Verdienst, daß ein großes Durcheinander in folgender Sache behoben werden konnte: Raffael von Urbino hatte beim Bau der päpstlichen Loggien und Räumlichkeiten, die oberhalb der Fundamente liegen, aus Gefälligkeit gegenüber einigen Leuten viele Hohlräume stehengelassen, was wegen des Gewichts, das auf ihnen aufruhte, für den gesamten Bau eine ernsthafte Bedrohung darstellte. Schon drohte das Gebäude unter dem übermäßigen Gewicht einzustürzen, was mit Sicherheit geschehen wäre, wenn Antonio diese Kammern nicht mit Hilfe von Stützen und Balken innen abgestützt und das Ganze neu fundamentiert hätte, womit er sie stabiler und widerstandsfähiger machte, als sie es ursprünglich gewesen waren.[44]

Indessen hatte die Florentiner Gemeinde [von Rom] nach einem Entwurf von Jacopo Sansovino in der Via Giulia hinter den Banchi mit dem Bau ihrer Kirche begonnen und dabei das

Aristotile da Sangallo, Reinzeichnung eines Entwurfes von Antonio da Sangallo dem Jüngeren für San Giovanni dei Fiorentini. Florenz, Uffizien, Gabinetto Disegni e Stampe

Fundament zu weit in den Fluß hineingebaut. Die Notwendigkeit zwang sie nun dazu, zwölftausend Scudi für ein Fundament im Wasser auszugeben, das Antonio auf wunderbare Weise mit großer Stabilität ausführte. Was Jacopo nicht möglich gewesen war, gelang Antonio, der einen Weg fand, das Gebäude mehrere Ellen weit ins Wasser zu bauen. Antonio schuf dafür ein so außerordentliches Modell [siehe links], daß das Werk, hätte man es zur Vollendung gebracht, unsagbar herrlich gewesen wäre.[45] Gleichwohl zeugte dies von der gravierenden Fehlplanung und dem geringen Urteil der Person, die damals der Florentiner Gemeinde in Rom vorstand. Niemals hätte man erlauben dürfen, eine derart große Kirche in einen so ungeheuren Fluß zu bauen, nur um zwanzig Ellen Länge zu gewinnen, und dabei viele tausend Scudi für das Fundament zu vergeuden, nur um bis in alle Ewigkeit mit jenem Fluß ringen zu müssen. Dabei hätte man jene Kirche ganz auf festem Grund errichten können, indem man sie nach vorne versetzt und ihr eine andere Form gegeben hätte, wodurch sie, was noch mehr zählt, mit demselben Kostenaufwand zu Ende geführt hätte werden können. Und wenn sie auf die Reichtümer der Kaufleute jener Gemeinde gebaut hatten, so hat die Zeit gezeigt, wie trügerisch diese Hoffnung war: Trotz der vielen Jahre, in denen die aus dem Florentiner Herrschaftsgebiet stammenden Medici-Päpste Leo und Clemens,[46] Julius III. und Marcellus[47] regierten, auch wenn letzterer nur sehr kurz lebte, ungeachtet so vieler bedeutender Kardinäle und der Reichtümer all der Kaufleute ist die Kirche in dem Stadium geblieben und ist es noch, in dem unser Sangallo sie zurückgelassen hat. Aus diesem Grund müssen Architekten und Auftraggeber von Gebäuden sich gut auf das Resultat konzentrieren und alle Aspekte bedenken, bevor sie derart bedeutende Werke in Angriff nehmen.

Um aber auf Antonio zurückzukommen: Im Auftrag des Papstes restaurierte er die einst von Papst Urban[48] erbaute Burg von Montefiascone,[49] als jener ihn einen Sommer mit dorthin nahm. Und auf der Insel Bisentina im Bolsenasee baute er auf Wunsch von Kardinal Farnese zwei kleine Tempel [siehe Seite 60]: Einer von ihnen war außen achtseitig und innen rund gebaut, der andere besaß einen quadratischen Außenbau und oktogonalen Innenraum, mit vier Nischen an den Ecken, also pro Ecke eine, womit die schöne Einteilung dieser beiden Tempelchen einen Beweis dafür liefert, wie sehr Antonio die ganze Bandbreite der Architektur auszuschöpfen wußte.[50] Während diese Tempel ge-

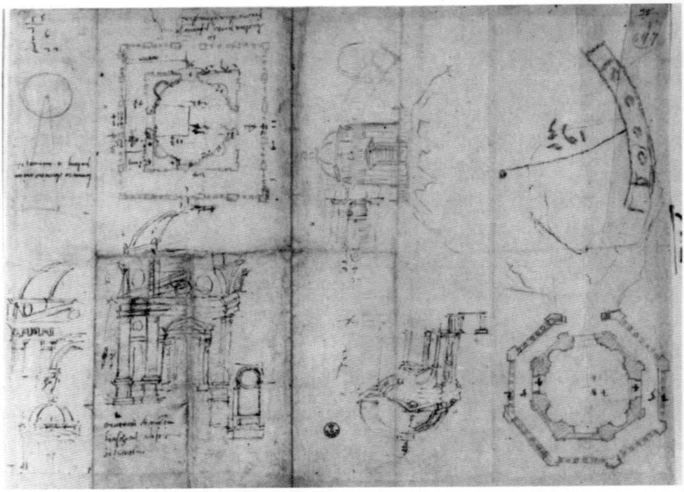

Antonio da Sangallo der Jüngere. Entwürfe für einen Tempel auf der Isola Bisentina. Florenz, Uffizien, Gabinetto Disegni e Stampe

baut wurden, kehrte Antonio nach Rom zurück, wo er an der Ecke von Santa Lucia, dort wo die Neue Münze steht, den Palast des Bischofs von Cervia[51] in Angriff nahm, der dann aber nicht vollendet wurde.[52] Nahe der Corte Savella baute er die Kirche Santa Maria di Monserrato,[53] die als wunderschön gilt, und außerdem das Haus eines Marranen [54] das hinter dem Cibò-Palast in der Nähe des Hauses der Familie Massimo liegt.

Zwischenzeitlich starb Leo und mit ihm all die schönen und guten Künste, die durch ihn und seinen Vorgänger Julius II. wieder zum Leben erweckt worden waren. Unter dem Pontifikat seines Nachfolgers Hadrian VI.[55] wurden alle Künste und alle Talente derart gebeutelt, daß in Rom, wenn er den Heiligen Stuhl noch längere Zeit innegehabt hätte, unter seinem Pontifikat geschehen wäre, was jenes andere Mal geschah, als alle Statuen, welche die Verwüstungen der Goten überlebt hatten, die guten wie die schlechten, dem Feuer geopfert worden waren. Schon trug Hadrian sich mit dem Gedanken (vielleicht den Päpsten genannter Zeiten nacheifernd), die Kapelle des göttlichen Michelangelo abreißen zu lassen, weil sie, wie er sagte, ein Badehaus von Nackten sei. In seiner Verachtung für alle guten Malereien und Statuen bezeichnete er sie als weltliche Lüsternheiten und als schändliche und abscheuliche Dinge.[56] Aus diesem Grund stellten nicht nur Antonio, sondern auch all die anderen schönen Talente ihre Arbeit ein, zumal man zur Zeit jenes Papstes nicht nur nichts arbeitete, sondern auch am Bau von Sankt Peter fast überhaupt nicht vorankam, obwohl er doch zumindest an ihm Interesse hätte haben müssen, wo er den weltlichen Dingen derart feindlich gesinnt war. Antonio beschäftigte sich folglich mit wenig bedeutenden Werken und restaurierte unter diesem Papst die kleinen Seitenschiffe der Kirche San Giacomo degli Spagnoli und öffnete in der Hauptfassade einige wunderschöne Fenster.[57] Er ließ das Tabernakel für das Brückenbild aus Travertin anfertigen, das ungeachtet seiner kleinen Dimensionen sehr viel Anmut besitzt und in das Perino del Vaga dann ein hübsches kleines Werk in Fresko gemalt hat.[58]

Schon hatte Hadrians Lebenszeit die armen Talente ins Elend gestürzt, als der Himmel aus Mitleid zu ihnen durch den Tod des einen tausend andere auferstehen lassen wollte. Er holte ihn aus der Welt und ließ ihn den Platz frei machen für einen, dem dieser Rang besser anstand und der die Geschicke der Welt mit anderer Einstellung lenken würde. So kam es zur Wahl von Clemens VII., der auf den Spuren Leos und der anderen Vorgänger seiner hochberühmten Familie wandelnd voller Großzügigkeit war und wegen der schönen Denkmäler, die er in seiner Kardinalszeit gestiftet hatte, die Hoffnung nährte, daß er sie alle im Laufe seines Pontifikats an Neubauten und Verschönerungen übertreffen würde. Jene Wahl brachte Erquickung für viele begabte Menschen und verlieh den scheuen, geistreichen Gemütern, die allen Mut verloren hatten, machtvollen Atem und innig ersehnte Lebenskraft.[59] Zu neuem Leben erwacht, schufen sie dann jene wunderschönen Werke, die wir gegenwärtig sehen. Zuallererst erneuerte Antonio im Auftrag seiner Heiligkeit im Palast einen Innenhof vor den Loggien, die einst unter Raffaels

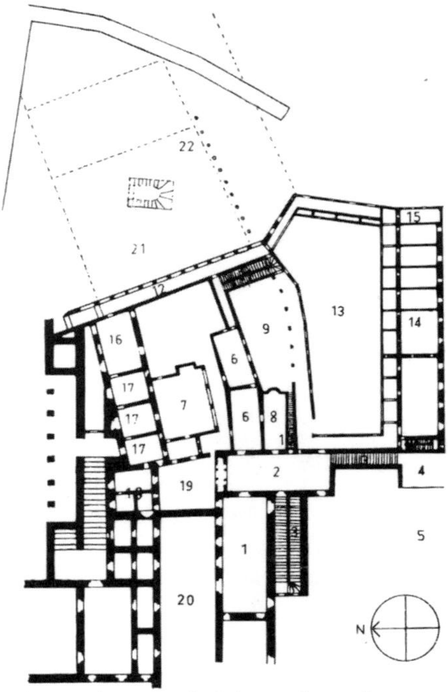

1. Cappella Sistina
2. Sala Regia
3. Scala Regia
4. Vorhalle Alt-St.-Peter
5. Gelände Alt-St.-Peter
6. Sala Ducale
7. Cortile Papagallo
8. Cappella S. Nicolai
9. Cortile Maresciallo
10. Treppe zur Sala Regia
11. Treppe zu den Loggien
12. Loggien
13. Atrium Helvetiorum
14. Palast Innozenz' VIII.
15. Benediktionsloggia Pius' II.
16. Sala dei Pontefici
17. Ap. Borgia
18. Torre Borgia
19. Cortile Borgia
20. Cortile Sentinella
21. Cortile di S. Damaso
22. Hofprojekt San Gallos (gestrichelt)

Schematischer Grundriß des Vatikanspalastes. Rom (nach C. L. Frommel)

Leitung ausgemalt worden waren. Jener Innenhof [siehe oben] war ungemein schön und praktisch, weil Antonio dort, wo man früher auf engen, verschlungenen Wegen lief, diese verbreitert und in ihrem Verlauf verbessert hatte und sie dadurch bequem und ansprechend gestaltete. Allerdings ist dieser Ort heute nicht mehr so, wie er von Antonio angelegt wurde, weil Papst Julius III. die Granitsäulen dort weggenommen hat, um mit ihnen seine *vigna* zu verschönern, und damit alles veränderte.[60] In den Banchi in Rom schuf Antonio die Fassade der alten Münze[61] [siehe rechts] mit jener wunderbar anmutig über Eck gebogenen Fassade, die als ein schwieriges und wundervolles Werk gilt, in dem er auch das Wappen des Papstes anbrachte. Er legte die Fun-

Unbekannter Zeichner: Ansicht des Palazzo di Santo Spirito in Rom (ehemals Päpstliche Münze) von Antonio da Sangallo dem Jüngeren, Biblioteca Vaticana (Ausschnitt)

damente für den Rest der päpstlichen Loggien, die durch Leos Tod nicht fertiggestellt und aufgrund Hadrians Desinteresse weder fortgeführt noch überhaupt angerührt worden waren. So wurden sie nach Clemens' Willen zur letzten Vollendung gebracht.[62]

Anschließend wünschte Seine Heiligkeit, Parma und Piacenza zu befestigen, und schickte, nachdem verschiedene andere eine Vielzahl von Entwürfen und Modellen vorgelegt hatten, Antonio an diese Orte und mit ihm Giuliano Leno,[63] welcher der Bevollmächtigte jener Festungsbauten war. Mit Antonio trafen dort sein Schüler Labbaco,[64] der äußerst fähige Ingenieur Pier Francesco aus Viterbo[65] und der Veroneser Architekt Michele Sanmicheli[66] ein, und alle zusammen realisierten dort die Entwürfe für jene Befestigungsanlangen.[67] Dies getan, blieben die anderen vor Ort, während Antonio nach Rom zurückkehrte, wo Papst Clemens ihn aufgrund des Mangels an komfortablen Räumen im Palast [siehe Seite 62] beauftragte, über der Ferraria jene Zimmer zu beginnen, in denen die öffentlichen Konsistorien abgehalten werden.[68] Sie wurden zur Zufriedenheit des Papstes ausgeführt, der dann über ihnen die Unterkünfte für die Dienerschaft Seiner Heiligkeit anlegen ließ. Außerdem errichtete Antonio über dem Dach dieser Zimmer noch weitere, äußerst komfortable Zimmer, was durch die vielen neu eingezogenen Fundamente ein sehr heikles Unternehmen war. Darin bewies Antonio allerdings seine große Kompetenz, denn niemals hat sich in seinen Bauwerken auch nur ein Haarriß gezeigt und nie hat es unter den modernen Architekten einen gegeben, der sicherere und klüger geplante Mauerverbände realisiert hätte.[69]

Zur Zeit Papst Pauls II.[70] war die Kirche Santa Maria zu Loreto [siehe Seite 66], die klein war und ein primitives, auf Backsteinpfeiler gesetztes Dach besaß, dank dem Talent und Verdienst von Giuliano da Maiano[71] in jener Größe neu gebaut worden, in der man sie heute sieht. Sixtus IV.[72] und andere haben sie dann, wie bereits gesagt, vom äußeren Gesims an nach oben fortgeführt, bis sich der Bau, der niemals zuvor auch nur den Anschein eines drohenden Einsturzes gezeigt hatte, im Jahr 1526 unter Clemens' Regierungszeit in einer Form spaltete, daß nicht nur die Kuppelbögen, sondern die ganze Kirche an vielen Stellen gefährdet waren, weil das Fundament schwach war und nicht tief genug im Boden saß. Um diesem Mißstand abzuhelfen, schickte besagter Papst Clemens Antonio dorthin, der, in Loreto eingetroffen, die Bögen abstützte und das Ganze mit der resoluten Entschlußkraft des erfahrenen Architekten befestigte und komplett erneuerte. Indem er die Mauern und Pfeiler außen und innen verbreiterte, gab er ihnen insgesamt und im Verhältnis zu den Baugliedern eine schöne Gestalt und machte die Kirche so stabil, daß sie jedes große Gewicht tragen konnte. Er bediente sich derselben Einteilung in den Kreuzarmen und den Seitenschiffen, mit superb modellierten Architraven, Friesen und Gesimsen über den Bögen. Über die Maßen schön und gut gelungen war der Sockel der vier großen Pfeiler, die entlang der acht Seiten des Kuppelraums stehen und die vier Bögen tragen, das heißt die drei an den Kreuzarmen, wo die Kapellen sind, und der große am Mittelschiff.[73] Sicher wird dieses Werk verdientermaßen als Antonios bestes gefeiert, und das aus triftigem Grund: Jene, die ein Werk neu schaffen oder vom Fundament aus hochziehen, haben es in der Hand, sich auszuzeichnen oder zu erniedrigen und es nach ihren Vorstellungen zu vollenden, ganz so, wie sie es am besten verstehen und ohne von irgend etwas daran gehindert zu werden. Dies gilt aber nicht für jene, die Werke in Ordnung bringen oder restaurieren müssen, die andere begonnen haben und die sich durch die Schuld des Künstlers oder die Fügungen des Schicksals in einem schlechten Zustand befinden. Mit Verlaub sei also gesagt, daß Antonio hier einen Toten auferstehen ließ und etwas fast Unmögliches möglich machte. Dies getan, verfügte er, die Kirche mit Blei zu decken, und gab Anweisung, wie alles übrige auszuführen war. So erlangte jenes berühmte Heiligtum dank seinem Einsatz eine bessere Gestalt und mehr Anmut als zuvor und darf auf ein langes, langes Leben hoffen.

Er kehrte anschließend nach Rom zurück, in die von der Plünderung heimgesuchte Stadt. Der Papst aber weilte in Orvieto, wo der Hofstaat unter Wassernot sehr zu leiden hatte. Auf Verlangen des Pontifex baute Antonio in jener Stadt einen ganz

Santa Maria di Loreto. Loreto

aus Stein gemauerten, fünfundzwanzig Ellen breiten Brunnen [siehe Seite 47], der über zwei in den Tuffstein geschnittene Wendeltreppen verfügte, die entlang der Brunnenwand übereinander verliefen.[74] Zum Grund des Brunnens gelangt man über besagte beide Wendeltreppen auf folgende Weise: Die zum Wasserholen eingesetzten Tiere betreten den Brunnen durch eine Tür und steigen über eine der beiden Treppen hinab; an der Brücke, wo das Wasser aufgeladen wird, wechseln sie, ohne umkehren zu müssen, auf den anderen Arm der Wendeltreppe über, der über der absteigenden Spindel verläuft, und gelangen durch eine andere, der ersten gegenüberliegenden Tür aus dem Brunnen ins Freie. Jenes Werk, so sinnreich, nützlich und herrlich schön, wie es war, wurde noch vor Clemens' Tod fast vollständig zu Ende geführt. So blieb nur noch der Brunnenrand auszuführen, den Papst Paul III. vollenden ließ, allerdings nicht, wie Clemens angeordnet hatte, gemäß Antonios Vorschlag, der für dieses so schöne Werk sehr gelobt worden war. Und sicher ist in der Antike niemals ein Bauwerk geschaffen worden, das diesem an Erfindungsreichtum und Kunstfertigkeit gleichgekommen wäre, war doch der runde Brunnenschacht so angelegt, daß durch einige Fenster bis zum Grund Licht auf die obengenannten Treppen fällt. Während man dieses Werk realisierte, plante derselbe Antonio die Festung von Ancona,[75] die im Laufe der Zeit zu Ende geführt worden ist.

Zu der Zeit, als sein Neffe Alessandro de' Medici Herzog von Florenz war, beschloß Papst Clemens, in jener Stadt eine uneinnehmbare Festung zu bauen, und Herr Alessandro Vitelli, Pierfrancesco aus Viterbo und Antonio planten und realisierten jenes Kastell beziehungsweise jene Festung [siehe Seite 68], die zwischen den Toren ›Prato‹ und ›Sangallo‹ liegt, in solcher Geschwindigkeit, daß niemals ein vergleichbares Bauwerk, sei es antik oder modern, so rasch zu Ende geführt worden ist.[76] Und in einem Wachturm, der als *Toso* bezeichnet wird und wo man den ersten Grundstein setzte, wurden mit Zeremonien und feierlichem Pomp viele Epigramme und Medaillen abgelegt.[77] Dieser Bau wird heute in der ganzen Welt gepriesen und gilt als uneinnehmbar.

Auf Antonios Befehl wurden der Bildhauer Tribolo,[78] Raffaello da Montelupo,[79] der damals junge Francesco da Sangallo[80] und Simone Cioli[81] nach Loreto geholt, die dort die von Andrea Sansovino[82] begonnenen Marmorszenen fertigstellten.[83] An denselben Ort brachte Antonio den Florentiner Mosca,[84] der

Fortezza da Basso. Florenz, Nordwestliche Bastion mit Medici-Palle

den Marmorschnitt ganz vortrefflich beherrschte und damals, wie es in seiner Vita heißen wird, einen steinernen Kamin für die Erben von Pellegrino da Fossombrone[85] schuf, der als ein göttliches Werk der Steinschneidekunst gelang.[86] Dieser begab sich, wie gesagt, auf Antonios Bitten nach Loreto, wo er Girlanden schuf, die absolut göttlich sind. So war die Ausschmückung des Madonnengemachs rasch und mit Sorgfalt vollständig beendet, obwohl Antonio damals zur selben Zeit fünf bedeutende Werke an der Hand hatte. Obgleich sie sich an verschiedenen, weit voneinander entfernten Orten befanden, kam er ihnen allen in einer Weise nach, daß keines je zurückblieb, weil er sich, wenn er bisweilen nicht selbst vor Ort sein konnte, der Hilfe seines Bruders Battista[87] bediente. Jene fünf Werke waren: besagte Festung von Florenz, jene in Ancona, der Bau in Loreto, der päpstliche Palast und der Brunnen in Orvieto. Als dann Clemens starb und der Farnese Paul III. zum Papst gewählt worden war, stieg Antonio, der noch zu dessen Kardinalszeit ein Freund jenes Papstes gewesen war, zu noch höherem Ansehen auf.

Seine Heiligkeit ernannte nun seinen Sohn Herrn Pierluigi zum Herzog von Castro und schickte Antonio, einen Entwurf für die Festung zu machen, die jener Herzog dort errichten ließ, außerdem für den Palast, der auf dem Platz steht und *Osteria* genannt wird, und für die Münze, die an diesem Ort nach dem Vorbild derjenigen in Rom aus Travertin gebaut wurde.[88] Antonio lieferte in jener Stadt aber nicht nur diese Entwürfe, sondern noch viele weitere für Paläste und andere Bauwerke für verschiedene der Burgbewohner und Leute von außerhalb, die mit so großen Ausgaben bauen ließen, daß es einem, wenn man es nicht gesehen hat, unmöglich scheint, wie reich und unglaublich komfortabel man sie ohne Rücksicht auf die Kosten ausgestattet hat. Viele haben dies zweifellos aus Gefälligkeit gegenüber dem Papst getan, denn auch dies ist, je nach Laune der Fürsten, ein Mittel, um sich Vorteile zu verschaffen. Weil daraus allerdings Bequemlichkeit, Nutzen und Vergnügen für die Allgemeinheit hervorgehen, ist dies vorbehaltlos lobenswert.[89] In jenem Jahr dann, in dem Kaiser Karl V.[90] siegreich aus Tunesien zurückkehrte und ihm in Messina, Apulien und in Neapel zur Feier jenes Sieges bereits äußerst ehrwürdige Triumphbögen errichtet worden waren, schuf Antonio, als jener auch nach Rom kommen sollte, vor dem San-Marco-Palast im Auftrag des Papstes

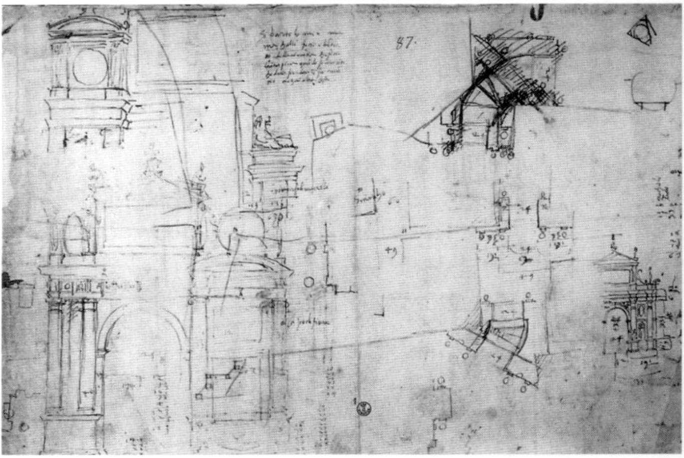

Antonio da Sangallo der Jüngere: Entwürfe für die Triumphbögen für den Einzug Kaiser Karls V. in Rom. Florenz, Uffizien, Gabinetto Disegno e Stampe

einen spitz zulaufenden Triumphbogen aus Holz [siehe oben], der dadurch mit zwei Straßen kommunizierte und so schön war, daß niemals ein erhabeneres oder besser proportioniertes Werk aus Holz zu sehen gewesen ist. Und wäre jenes Werk durch teuren Marmor geadelt worden, so wie man Eifer, Kunstfertigkeit und Sorgfalt auf seine Planung und Durchführung verwandt hat, so hätte man diesen Bogen wegen der Statuen, gemalten Szenen und anderen Verzierungen verdientermaßen zu den sieben Weltwundern zählen dürfen.[91] Dieser Bogen, an der letzten Ecke platziert, wo man auf den Hauptplatz biegt, besaß auf jeder Seite vier versilberte Rundsäulen korinthischer Ordnung, die Kapitelle mit wunderschön skulptierten Blättern, die auf beiden Seiten ganz vergoldet waren. Wunderschön waren die Architrave, Friese und Gesimse, die man vorkragend auf jede Säule gesetzt hatte, und dazwischen jeweils zwei gemalte Szenen, so daß es auf jeder Seite eine Einteilung von vier Szenen gab, beiderseits also insgesamt acht Szenen, welche die Taten des Kaisers illustrierten, über deren Maler an anderer Stelle berichtet werden wird. Zur noch größeren Pracht waren als Abschluß am Frontispiz auf jeder Seite über dem Bogen zwei je viereinhalb Ellen hohe Figuren im Relief als Allegorien der Roma angebracht. Sie wurde von zwei Kaisern aus dem Haus Österreich eingerahmt: auf der Vorderseite waren dies Albert[92] und Maximilian,[93] auf der anderen Seite Friedrich[94] und Rudolf.[95] Auf beiden Seiten gab es an den Ecken vier Gefangene, zwei auf jeder Seite, mit einer großen Zahl ebenfalls im Relief dargestellter Trophäen und den Wappen Seiner Heiligkeit und Seiner Majestät, alles nach Antonios Anweisung von vortrefflichen Bildhauern und den besten Malern ausgeführt, die seinerzeit in Rom zu finden waren. Und Antonio plante nicht nur diesen Bogen, sondern den gesamten Festapparat, den man für den Empfang dieses großen, unbezwingbaren Kaisers organisierte. Derselbe führte später für den erwähnten Herzog von Castro die Festung von Nepi[96] und die Befestigung der gesamten Stadt fort, die reizvoll und uneinnehmbar ist. In dieser Stadt begradigte er viele Straßen und entwarf für die Einwohner eine Vielzahl von Häusern und Palästen. Anschließend ließ Seine Heiligkeit in Rom äußerst massive Bollwerke anlegen, und weil sie das Tor von Santo Spirito miteinschlossen, realisierte man es nach Antonios Plan und Entwurf mit einer Verkleidung aus Travertin in Rustika-Optik, wodurch es derart massiv und außerordentlich gelang, daß es in all seiner Pracht den antiken Werken gleichkommt.[97] Nach Antonios Tod wurde wohl eher aus Neid als aus irgendeinem vernünftigen Grund der Versuch gemacht, dieses Werk auf abenteuerlichen Wegen abreißen zu lassen, was einflußreiche Mächte zu verhindern wußten. Nach seiner Anweisung wurde fast der gesamte Apostolische Palast erneuert, der neben den erwähnten Stellen noch an vielen anderen einsturzgefährdet gewesen war. Insbesondere betroffen war die Sixtus-Kapelle mit den Werken Michelangelos an der Palastflanke und gleichermaßen die vordere Fassade, und zwar ohne daß sich auch nur der Ansatz eines Risses gezeigt hätte: Hierbei ging es mehr um die Gefahr als um Ehre. Er erweiterte den großen Saal besagter Sixtus-Kapelle [siehe Seite 62 und Seite 74/75], indem

Antonio da Sangallo der Jüngere: Cappella Paolina. Rom, Vatikanischer Palast

er an der Stirnseite in zwei Lünetten jene ungeheuren Fenster öffnete, die so herrliches Licht verbreiten, und jene derart kostspielig mit Stuck verkleidete, aufwendig gearbeitete Einteilung in das Gewölbe eingießen ließ, daß man ihn als den schönsten und prachtvollsten Saal bezeichnen kann, den es bis dato auf der

Welt gegeben hat. Er ergänzte ihn mit jener Treppe, die zu Sankt Peter führt und so bequem und gut gemacht ist, daß man unter antiken und modernen Beispielen noch nichts Besseres gesehen hat.[98] Außerdem schuf er die Paulinische Kapelle [siehe links],[99] die zur Aufbewahrung des Sakraments bestimmt ist. Sie ist so unglaublich anmutig und schön, so wohl bemessen und unterteilt, daß sie den Eindruck vermittelt, dich mit einem Lachen und in Festlaune zu empfangen. Antonio baute infolge der Unstimmigkeiten zwischen den Einwohnern von Perugia und dem Papst die Festung jener Stadt [siehe unten]. Dieser Bau (für den man das Wohnhaus der Familie Baglioni abriß) wurde mit wunderbarer Schnelligkeit fertiggestellt und gelang sehr schön.[100] Er schuf außerdem die Festung von Ascoli[101] und führte sie im Verlauf weniger Tage zu einem Punkt, daß man bereits Wachposten aufstellen konnte, was die Ascolaner und andere erst nach Verlauf vieler Jahre für möglich gehalten hatten. Dann aber richtete man die Wachposten so schnell ein, daß die Bevölkerung nur so

Antonio da Sangallo der Jüngere: Rocca Paolina. Perugia

Antonio da Sangallo der Jüngere: Tonnengewölbe der Sala Regia.

Rom, Vatikanischer Palast

Antonio da Sangallo der Jüngere: Innenhof des Palazzo Sangallo. Rom

staunte und es fast nicht glauben konnte. Außerdem erneuerte er das Fundament seines Hauses in der Via Giulia in Rom [siehe oben], um es vor dem Hochwasser des Tibers zu schützen.[102] Und nicht nur begann er dann den Palast [siehe rechts],[103] den er in der Nähe von San Biagio bewohnte, sondern vollendete ihn zu weiten Teilen. Heute gehört er Kardinal Riccio aus Montepulciano,[104] der ihn mit reichgeschmückten Zimmern zu Ende führte und dafür neben den Tausenden von Scudi, die bereits Antonio ausgegeben hatte, immense Summen aufwendete. Alles aber, was Antonio zur Bereicherung und zum Nutzen der Welt geschaffen hatte, war nichts im Vergleich zu dem Modell [siehe Seite 78] für den verehrungswürdigen und herrlichen Bau der Peterskirche in Rom, der anfangs von Bramante geplant worden war und von ihm dann nach einem neuen Plan auf außeror-

Antonio da Sangallo der Jüngere: Palazzo Ricci-Sacchetti. Rom

dentliche Weise vergrößert und neu eingeteilt wurde, womit er ihm Würde und einen wohlproportionierten Aufbau verlieh, sowohl im Ganzen als auch in den einzelnen Baugliedern. Zu sehen ist dies an dem Holzmodell, das von seinem Schüler Antonio Labacco geschaffen und ganz zu Ende geführt worden ist.[105] Dieses Modell hat Antonio hochberühmt gemacht und wurde

Antonio da Sangallo der Jüngere: Blick zur Apsis des Modells von Sankt Peter. Rom, Vatikan, Museo Petriano

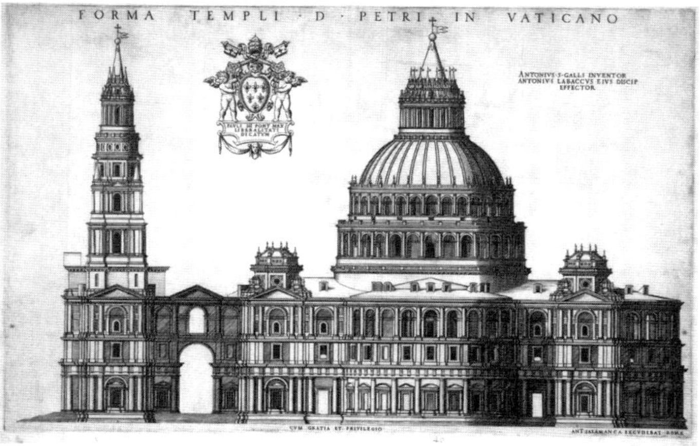

Antonio Labacco u. Antonio Salamanca: Gesamtansicht von Sankt Peter nach dem Entwurf von Antonio da Sangallo dem Jüngeren, Kupferstich. Florenz, Casa Buonarroti

nach Antonio da Sangallos Tod zusammen mit dem Grundriß des gesamten Bauwerks von besagtem Antonio Labacco in Druck gegeben [siehe oben], der auf diesem Weg Sangallos großes Talent demonstrieren und allen Menschen die Ansichten jenes Architekten bekannt machen wollte, zumal Michelangelo Buonarroti unterdessen neue, konträre Pläne vorgelegt hatte. Diese Neuplanung hat in der Folgezeit viel Zwist verursacht, worüber an entsprechender Stelle zu berichten sein wird. Michelangelo und viele andere, die Sangallos Modell und das, was er davon umgesetzt hatte, zu Gesicht bekamen, schien es so, als ob Antonios Komposition durch die Vorsprünge und andere kleine Bauglieder zu stark zerstückelt wurde, was auch für die Säulen gilt, die Bögen über Bögen und Gesimse über Gesimse. Auf wenig Gegenliebe stößt außerdem, daß die beiden Glockentürme, die er dort plante, die vier kleinen Kuppeln und die große Kuppel jenen Abschluß beziehungsweise Kranz aus vielen kleinen Säulen haben. Auch die vielen spitz zulaufenden Elemente, die dort als Verzierung angebracht sind, fanden und finden wenig Gefallen, weil dieses Modell damit eher die deutsche Stilrichtung und Bauweise nachahmt als die gute antike, die heutzutage von den besten Architekten beachtet wird.[106]

Kurz nach Antonios Tod hatte Labacco alle besagten Modelle vollendet, und es stellte sich heraus, daß das Modell der Peterskirche (und zwar allein die Arbeit der Tischler und das Holz) viertausendeinhundertundvierundachtzig Scudi gekostet hatte.[107] Antonio Labacco, der damit betraut worden war, hielt sich sehr gut, weil er sich in architektonischen Dingen bestens auskannte, wie es sein wunderschönes Buch über die Werke Roms zeigt, das im Druck erschienen ist.[108] Das Modell befindet sich heute in der Hauptkapelle der Peterskirche und mißt in der Länge fünfunddreißig und in der Breite sechsundzwanzig Spannen; hoch ist es fünfundzwanzigeinhalb. Das Bauwerk wäre gemäß diesem Modell also tausendundvierzig Spannen lang gewesen, sprich einhundertundvier Ruten und dreihundertsechzig Spannen breit, was sechsunddreißig Ruten macht, weil die römische Rute gemäß Maurermaß zehn Spannen mißt. Antonio erhielt für seine Mühe an diesem Modell und die vielen angefertigten Zeichnungen von den Baubeauftragten der Peterskirche eintausendfünfhundert Scudi, von denen er tausend in bar bekam und den Rest nicht einlöste, da er kurz nach diesem Werk aus dem Leben schied. Er verstärkte die Pfeiler in Sankt Peter, damit das Gewicht der Kuppel sicher aufruhen möge. Alle die verstreuten Fundamente füllte er mit massivem Material an und verstärkte sie in einer Weise, daß dieser Bau, und darüber gibt es keinen Zweifel, keine Risse mehr bekommen oder einzustürzen drohen wird, wie er dies zu Bramantes Zeiten tat. Würde diese meisterhafte Leistung, versteckt unter der Erde, wie sie ist, sich oberirdisch zeigen, würde sie die ungeheuersten Talente in Erstaunen versetzen. Aus diesem Grund wird dem Ruhm und Namen dieses wunderbaren Künstlers immer ein Platz unter den außerordentlichsten Köpfen gebühren. Nun ist es so, daß die Leute von Terni und die aus Rieti seit der Zeit der alten Römer bis aufs Blut verfeindet waren und es immer noch sind, weil mal die einen, mal die anderen unter der Gewalt des Marmora-Sees zu leiden haben, wenn dieser hin und wieder Hochwasser führt. Als die Bewohner von Rieti dann einen Abfluß legen wollten, waren die Leute aus Terni in keinster Form bereit, ihre Zustimmung dazu zu geben. So herrschte immer Uneinigkeit zwischen ihnen, ob sie gerade den Päpsten von Rom unterstanden oder den Kaisern. Zu Ciceros Zeiten bekamen sie durch den Senat sogar Anweisung, ihre Streitigkeiten beizulegen, trotzdem kam man zu keiner Lösung.[109] Aus demselben Grund wurden 1546 Botschafter zu Papst Paul III. gesandt, der ihnen Antonio schickte, damit er jenen Streit beenden würde. Auf seinen Rat hin wurde nun beschlossen, daß der See an der Seite mit der Mauer mit einem Abfluß zu versehen war, den Antonio unter größten Schwierigkeiten hineinschneiden ließ. Die große Hitze und andere Unannehmlichkeiten führten dazu, daß Antonio, der schon alt und kränklich war, in Terni an einem Fieber erkrankte und nur kurze Zeit später seine Seele in Gottes Hände legte.[110] Als Freunde und Verwandte davon hörten, war ihr Schmerz darüber grenzenlos, und viele Bauwerke hatten darunter zu leiden, allen voran der Farnese-Palast beim Campo de' Fiori [siehe Seite 54]. Papst Paul III. hatte den Bau dieses Palastes, als er noch Kardinal Alessandro Farnese war, weit vorangetrieben und an der Vorderseite einen Teil der ersten Fensterreihe und den innenliegenden Saal vollendet und eine Seite des Innenhofs in Angriff genommen. Der Bau war allerdings noch nicht so weit fortgeschritten, daß man seiner Vollendung nahe war, weshalb Antonio, als jener zum Papst gewählt worden war, den ersten Entwurf vollständig veränderte, da er nicht mehr den Palast eines Kardinals, sondern den eines Papstes ausführen zu müssen glaubte.[111] Zu diesem Zweck ließ er einige umstehende Häuser und alte Treppenaufgänge abreißen, die er in lieblicherer Form neu baute. Er erweiterte den Innenhof in jede Richtung und auch den gesamten Palast, indem er die Räume der Säle erweiterte, die Zahl der Zimmer erhöhte und sie mit wunderschön geschnitztem Gebälk und vielen anderen Verzierungen noch prachtvoller ausstattete. Er hatte die Hauptfassade gerade bis zur zweiten Fensterreihe vollendet, so daß nur noch das

Hauptgesims aufgesetzt werden mußte, das alles ringsum zusammenhalten würde. Und weil der Papst, der ein tatkräftiger Mann von hervorragendem Urteilsvermögen war, das schönste und prachtvollste Gesims haben wollte, das jemals einen Palast geziert hatte, forderte er neben den Entwürfen, die Antonio gemacht hatte, jeweils einen von den besten Architekten Roms, um sich dann den besten herauszugreifen und ihn gleichwohl von Antonio ins Werk setzen zu lassen.[112] Eines Mittags speiste er dann im Belvedere und ließ sich in Antonios Gegenwart alle diese Entwürfe vorlegen. Sie stammten von den Meistern Perino del Vaga, Fra Sebastiano del Piombo,[113] Michelangelo Buonarroti[114] und Giorgio Vasari,[115] der damals ein junger Mann in den Diensten von Kardinal Farnese war, in dessen Auftrag und auf Geheiß des Papstes er für besagtes Hauptgesims nicht nur einen, sondern gleich zwei verschiedene Entwürfe angefertigt hatte. Wohl wahr ist, daß Buonarroti seinen Entwurf nicht selbst vorlegte, sondern durch besagten Giorgio Vasari schicken ließ, der zu ihm gekommen war, um ihm seine eigenen Entwürfe zu zeigen, damit jener ihm als Freund seine Meinung darüber sagen würde. Bei dieser Gelegenheit gab Michelangelo ihm den seinen mit, damit er ihn zum Papst bringen würde und ihn entschuldigen sollte, da er aufgrund einer Unpäßlichkeit nicht persönlich erscheinen könne. Als man dem Papst alle diese Entwürfe präsentierte, sann Seine Heiligkeit lange über sie nach und lobte sie ausnahmslos als sinnreich und wunderschön, allen voran den Michelangelos. Diese Dinge geschahen nicht ohne Antonios Unbehagen, dem die Vorgehensweise des Papstes nicht sonderlich gefiel und der am liebsten alles nach seinen eigenen Vorstellungen realisiert hätte. Noch mehr aber mißfiel ihm zu sehen, daß der Papst große Stücke auf einen gewissen Jacopo Meleghino[116] aus Ferrara hielt, den er als Architekt am Bau von Sankt Peter einsetzte, obwohl dieser in seinen Werken weder über *disegno* noch über viel Urteilskraft verfügte, dessenungeachtet aber denselben Lohn wie Antonio bekam, obwohl diesem alle Mühen aufgebürdet waren. Der Grund hierfür war, daß dieser Meleghino viele Jahre lang ohne Gehalt ein vertrauter Diener

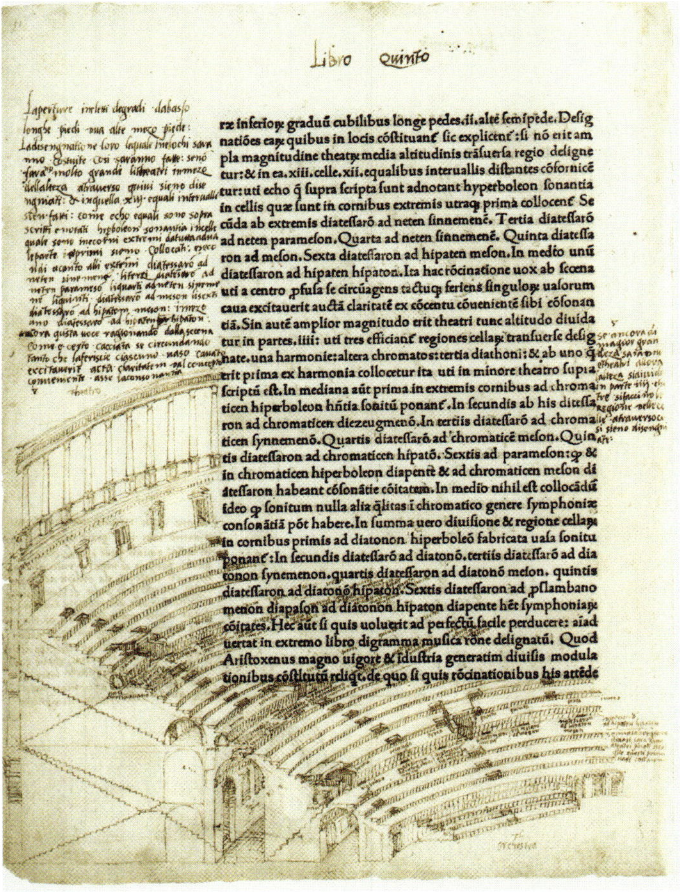

Giovanni Battista da Sangallo: Illustrationen zu Vitruvs Architekturtraktat. Rom, Biblioteca Corsiniana

des Papstes gewesen war, weshalb es Seiner Heiligkeit gefiel, ihn auf diesem Weg dafür zu belohnen.

Außerdem unterstand ihm die Aufsicht über den Belvedere und einige andere Bauprojekte des Papstes. Als der Papst alle diese Entwürfe angesehen hatte, sagte er, wie um Antonio herauszufordern: »Die sind alle schön, es wäre aber nicht schlecht, wenn wir auch einen von unserem Meleghino sehen könnten«. Darüber ärgerte Antonio sich ein wenig, und weil er den Eindruck hatte, daß der Papst seinen Spott mit ihm trieb, sagte er: »Heiliger Vater, Meleghino gibt den Architekten doch nur zum Spaß«. Als der Papst, der saß, dies hörte, wandte er sich Antonio zu, neigte den Kopf fast bis zum Boden und erwiderte: »Antonio, wir wünschen, daß Meleghino ein ernsthafter Architekt ist, was Ihr an seinem Lohn ermessen könnt«. Dies gesagt, brach er auf und entließ sie alle. Und damit wollte er zeigen, daß es häufig die Herrscher und weniger ihre Verdienste sind, welche die Menschen in die bedeutenden Positionen bringen, die sie sich wünschen.[117] Das Gesims wurde dann von Michelangelo ausgeführt, wie in seiner Vita berichtet werden wird, der fast den gesamten Palast in anderer Gestalt erneuern ließ. Nach Antonios Tod hinterblieb sein Bruder Battista Gobbo, ein geistreicher Mensch, der seine gesamte Zeit auf Antonios Baustellen verbrachte, von diesem aber nicht besonders gut behandelt wurde. Jener Battista überlebte Antonio um wenige Jahre und hinterließ nach seinem Tod seinen gesamten Besitz der Bruderschaft der Barmherzigkeit der Florentiner in Rom, mit der Auflage, daß ihre Mitglieder sein Buch mit Überlegungen zu Vitruv in Druck geben würden. Dieses Buch [siehe Seite 83] ist nie publiziert worden, es soll jedoch ein gutes Werk sein, weil er sich in der Kunst sehr gut auskannte, ein untrügliches Urteil besaß und ein ehrlicher und aufrechter Mensch war.[118] Kommen wir aber auf Antonio zurück, der in Terni starb und nach Rom gebracht wurde, wo man ihn mit größter Feierlichkeit zu Grabe trug und ihm alle Künstler des *disegno* und viele andere mehr das letzte Geleit gaben.[119] Später ließen die Oberaufseher von Sankt Peter seinen Leichnam in eine Grabnische in der Nähe der Sixtus-Kapelle in Sankt Peter überführen, wo ihm folgendes Epitaph gesetzt wurde:

Dem Florentiner Antonio Sangallo,
unstreitig der erste unter den Architekten, der die
Stadt Rom befestigt, öffentliche Gebäude errichtet
und insbesondere die Peterskirche verschönert hat
und der vorzeitig in Terni starb, als er im Auftrag des
Pontifex Maximus Paul am See von Velia einen Abfluss
legte. Seine untröstliche Ehefrau Isabella Deta hat
ihm [dieses Andenken] gesetzt.
1546 an den dritten Kalenden des Oktober.

In Wahrheit ist Antonio ein herausragender Architekt gewesen, der es, wie seine Werke deutlich machen, verdient hat, nicht weniger gelobt und gefeiert zu werden als jeder andere antike oder moderne Architekt.

Appendix I:
Der Anfang der Vita in der Edition von 1550

Welch gute Tat der Natur, wenn sie, die so unendlich viel Gutes tut, Männer in die Welt schickt, deren universal hohe Begabung sie Bauwerke erschaffen läßt, die durch sorgfältiges Mauern stark und sicher sind, auf daß sie zu allen Zeiten jedem neuen Erdenbürger ein wahres Zeugnis von der Großzügigkeit der edelmütigen Fürsten geben, weil sie ihre Standorte verschönern, ehren und adeln und dadurch auch den Schriften, die diese Werke für ihre Beweisführung heranziehen, einen höheren Wahrheitsgehalt und größere Zierde verleihen. Außerdem schützen sie uns vor der Raserei unserer Feinde, erquickt ihr Anblick durch die unendliche Schönheit ihrer Verzierungen das Auge und bieten sie uns grenzenlosen Komfort, verbringen wir doch die Hälfte unseres Lebens in ihnen, wenn nicht noch mehr. Eine Notwendigkeit stellen sie auch für die armen Leute dar, die bei ihrem Bau beschäftigt sind und sich so ihren Lebensunterhalt verdienen. Ganz zu schweigen von den Zuhauern, Steinmetzen, Maurern und Zimmerleuten, die im Namen eines einzelnen ihre Arbeit verrichten und dadurch unzähligen Menschen Ruhm verschaffen. Deshalb konkurrieren die Künstler in beruflichem Wettstreit miteinander, wodurch sie in ihren Tätigkeiten außerordentlich werden und dank ihrem Ruhm in die Ewigkeit eingehen, so daß sie wie eine strahlende Sonne über der Erde stehen und eine Welt voller Pracht und Schönheit umkreisen. Und die große Mutter, dem Samen ihrer Eltern entsprungen, wird durch diese ihre Werke dort, wo sie unbearbeitet und grob war, geschliffen, lieblich und kultiviert, und steigt dank ihrer eigenen Vorzüge zu höchsten Graden auf. Sieht dann der Himmel, der den Verstand der Menschen bei ihrer Geburt formt, diese derart schönen Bauwerke aus ihrer Vorstellung entspringen, jubelt er, weil er sieht, wie die göttlichen Geister und herrlichen Intellekte der Menschen ihre Ideen zum Ausdruck bringen. Und wenn solche Begabungen auf die Welt kommen und ihr an reicher Zahl derartige Wohltaten erweisen, dann ist es in der Tat ein unglaubliches Unrecht, wenn der grausame Tod ihren Lebensweg beendet. Allerdings wird er auch mit all seinem Neid niemals den Ruhm und das Ansehen jener vortrefflichen Menschen vernichten können, die der Ewigkeit geweiht sind. Ihr ehrwürdiges Andenken (das sie den Schriftstellern verdanken) wird ungeachtet von Tod und Zeit von Mund zu Mund weitergetragen werden, wie die Bauwerke selbst und das, was über den hochberühmten Antonio da Sangallo geschrieben steht. Jener war ein glänzender und bewundernswerter Architekt, der in jedem seiner Werke derart überlegt handelte, daß er für seine Mühen nicht weniger Ruhm verdient als jeder andere antike oder moderne Architekt, vor allem im Hinblick auf seine Fähigkeit und seinen immensen Verstand. In der Unterhaltung war er eloquent und klug, in der Problemlösung unglaublich besonnen und flink und prompt in der Umsetzung. Außerdem hat es niemals einen modernen Architekten gegeben, der mehr Arbeiter beschäftigt hat als er, noch einen, der sie ihre Tätigkeiten mit größerer Entschlossenheit ausüben ließ. Er besaß sehr viel Erfahrung dank der unzähligen Menge an Werken, die er realisiert hat. Er besaß ein gesundes, wunderbares Urteilsvermögen, wenn es darum ging, wohlproportionierte Werke zu erkennen, und es schien wirklich unmöglich, wie ein menschlicher Geist über soviel Wissen verfügen konnte. Bei allen seinen Werken achtete er darauf, daß sie den Regeln und Maßen Vitruvs nicht zuwiderliefen. Ihn hat er unentwegt bis zu seinem Tod studiert und, wie es der herrliche Bau von Sankt Peter und das dazugehörige Modell zeigen, wirklich verstanden, worauf wir an der entsprechenden Stelle eingehen werden.

Bibl.: Bettarini/Barocchi, *Vite*, Bd. V, S. 27-28.

Appendix II:
Die Kritik an Sangallos Ehefrau in der Edition von 1550

Dies getan, kehrte Antonio allein nach Rom zurück und nahm dafür den Weg über Florenz, um seine Freunde zu sehen. Diese Reise fand im Jahr 1526 statt. Und wie es so ist, wenn man in die Heimat zurückkehrt, spazierte Antonio durch die Straßen, und dabei sah er eine junge, wunderschöne Frau aus der Familie der Deti, für deren Liebreiz und Anmut er entflammte. Er erkundigte sich nach ihrer Herkunft und ihren Verwandten und glaubte, sein Ziel nur zu erreichen, wenn man sie ihm zur Frau geben würde, wobei er weder auf sein Alter noch auf seine einfachen Verhältnisse Rücksicht nahm, und auch nicht bedachte, in welche Knechtschaft und was für ein Durcheinander er seine Familie stürzte, noch viel mehr allerdings sich selbst, was noch gravierender war, weil er mehr Achtung vor der eigenen Person hätte haben sollen. Er besprach sich mit seiner Verwandtschaft, die ihm eindringlich abriet, da es in jeder Hinsicht unschicklich für ihn war und er besser meiden sollte, was er zu seinem Schaden und ohne Rücksicht auf den eigenen Bruder zu bekommen trachtete. Die Liebe machte ihn aber tatenlos, und aus Bosheit und Konkurrenzdenken gab er seiner Lust schließlich nach und setzte sein Vorhaben durch. Antonio war von Natur aus starrköpfig und grausam gegen seine Nächsten, und dieses herzlose Verhalten hatte kurz davor bereits dazu geführt, daß sein Vater, der wegen ihm in ständiger Verzweiflung gelebt hatte und sich im Alter vom eigenen Sohn verlassen sah, mehr aus diesem als aus irgendeinem anderen Grund gestorben war. Die Frau aber, die er geheiratet hatte, war stolz und hochmütig und trat durchaus nicht wie die Frau eines Architekten auf, sondern gab sich wie eine hochherrschaftliche Dame. Sie gab derart unmäßig Geld aus, daß die für seine Verhältnisse riesigen Einnahmen nichts waren im Vergleich zu ihrer Prunksucht und Vermessenheit. Und nicht nur war sie dafür verantwortlich, daß ihre

Schwiegermutter das Haus verließ und in Armut starb, sie konnte auch den Angehörigen ihres Mannes nie gerade in die Augen blicken. Sie betrieb ausschließlich den Aufstieg ihrer eigenen Verwandten, während sie alle anderen unter die Erde zu bringen versuchte. Sein Bruder Battista, ein Mensch von Geist, den die Natur mit außerordentlich guten Eigenschaften wohlausgestattet und geschmückt hatte, ließ es sich trotz alledem nicht nehmen, ihm zu dienen und ihn mit allem Eifer zu ehren, wo immer sich die Möglichkeit bot. All dies aber vergebens, weil ihm jener niemals, weder im Leben noch im Tod, auch nur einen Anschein von Zuneigung gezeigt hat.

Bibl.: Bettarini/Barocchi, *Vite*, Bd. V, S. 39–41.

Porträtholzschnitt Bastiano da Sangallos aus der 1568er Ausgabe der ›Vite‹

Einleitung zum Leben des Sebastiano genannt Aristotile da Sangallo

Die Lebensbeschreibung des Malers und Architekten Sebastiano da Sangallo, die erst in die zweite Edition der *Vite* von 1568 aufgenommen wurde, ist in jeder Hinsicht außergewöhnlich. Sebastiano da Sangallo, den seine Zeitgenossen wegen seiner wohlüberlegten Äußerungen und der ihm nachgesagten Ähnlichkeit mit einer antiken Porträtbüste – sicherlich nicht ohne Ironie – ›Aristotile‹ nannten, war einer der ersten ›Bühnenbildner‹, den wir kennen. Dies stellt gleichzeitig das Problem bei Aristotile da Sangallo dar, denn ein wesentlicher Teil seiner Werke hatte von Anfang an ephemeren Charakter. Weil Theateraufführungen in der ersten Hälfte des 16. Jahrhunderts nur zu besonderen Anlässen und relativ selten stattfanden, blieben die für sie geschaffenen Bühnenbilder kaum über einen längeren Zeitraum erhalten, zumal sie fast immer nur bei einer einzigen Aufführung Verwendung fanden. Erst in der zweiten Hälfte des 16. Jahrhunderts entstanden Bauten, wie das Teatro Olimpico von Andrea Palladio in Vicenza oder Vincenzo Scamozzis Teatro Antico in Sabbioneta, die für eine alleinige Nutzung als Theater bestimmt waren und über dauerhafte Bühneninstallationen verfügten. Zweifellos hatte Aristotile da Sangallo mit seinen Bühnenbildern für Kardinal Farnese einen erheblichen Anteil an der Entwicklung dieses Bautypus – doch sind auch sie nicht erhalten. Die einzigen Reste eines Bühnenbildes, die sich aus dem 16. Jahrhundert erhalten haben, sind die beiden in Öl auf Holz gemalten Strozzi-Tafeln, deren Verwendung auf einer Bühne aber nicht einmal zweifelsfrei nachgewiesen ist. Eine Vorstellung vom Aussehen der Bühnenbilder vermitteln uns ausschließlich Zeichnungen wie die von Baldassarre Peruzzi, Holzschnitte, etwa im zweiten Buch von Sebastiano Serlios *Architettura* (1545), oder schriftliche Quellen.

Aristotile da Sangallo ist auch als Maler und Architekt nicht faßbar. Außer seiner eminent wichtigen und berühmten Ölgrisaille-Kopie von Michelangelos *Schlacht von Cascina* in Holkham Hall konnte bisher kein weiteres seiner Gemälde sicher identifiziert werden,. Als Architekt schuf er überwiegend Befestigungsanlagen, die kaum Rückschlüsse auf seine architektonische Ausbildung zulassen. Es gibt nur wenige Zeichnungen, die ihm mit einiger Sicherheit zugeschrieben werden können, und unter diesen gibt es nur eine einzige, in ihrer Zuschreibung allerdings umstrittene Zeichnung, die eine Bühne zeigt [siehe rechts]. Es ist also nicht verwunderlich, daß Aristotile da Sangallo, trotz seiner Bedeutung zu Lebzeiten, in der kunstgeschichtlichen Forschung und der sehr umfangreichen Literatur zum Theater des 16. Jahrhunderts meist nur sehr kurz behandelt wird.

Die Vita Aristotiles ist aber, wie so oft bei Vasari, nicht nur eine wichtige Quelle zum Leben und Werk eines Künstlers, über den sonst wenig bekannt ist, sie ist gleichzeitig auch eine reiche Quelle zu den Zuständen und Ereignissen der Zeit. Mit seiner Beschreibung der bildlichen Dekorationen zur Hochzeit Cosimos I. bietet Vasari einen tiefen Einblick in die höfische Festkultur und die politische Instrumentalisierung der Kunst in der frühen Neuzeit. Außerdem nutzt Vasari die Vita intensiv für seine eigene Selbstdarstellung. In kaum einer anderen Lebensbeschreibung setzt er sich derart in Szene und bedient sich dabei so ausgiebig der direkten Rede. So reklamiert Vasari nicht nur für sich, Aristotile da Sangallo zur Anfertigung der Ölgrisaille-Kopie der *Schlacht von Cascina* überredet und somit ›die Schule der Maler‹ vor dem Vergessen bewahrt zu haben, er behauptet auch noch, ein geplantes Attentat auf Herzog Alessandro de' Medici vereitelt zu haben. Er stellt sich als Wohltäter und Beschützer seines Freundes Aristotile dar, den er mit klugen Argumenten gegen die Mißgunst und den Neid Perino del Vagas verteidigt habe, während Aristotile selbst in diesem Streit stumm bleibt. Aristotile wird von Vasari zwar als unvoreingenommen geradliniger Charakter geschätzt, der als ehemaliger Gehilfe des

Aristotile da Sangallo (?): Zeichnung mit Bühnenbild, um 1536. New York, Privatsammlung, Maße unbekannt

›göttlichen Michelangelo‹ zweifellos seinen höchsten Respekt genoß, zugleich aber mitleidig als »povero vecchio« bezeichnet, der den Herausforderungen der neuen Zeit nicht mehr gewachsen war.

So wie diese Episode Aufschluß über die Härte der Konkurrenz unter den Künstlern gibt, verrät die Schilderung des Streits zwischen Vasari und dem Jacone genannten Maler Jacopo di Giovanni Francesco viel über Vasaris Ansichten und die Lebenssituation der Künstler in seiner Zeit. In Vasaris Schilderung der Ereignisse kommt nicht nur seine persönliche Feindschaft gegenüber Jacone zum Vorschein, der (wie die in diesem Zusammenhang ebenfalls erwähnten Tasso und Piloto) zum Freundeskreis des von Vasari in den *Vite* mit keinem Wort erwähnten Konkurrenten Benvenuto Cellini gehörte. Er stellt darüber hinaus auch zwei gegensätzliche Arten der Lebensführung dar: Auf der einen Seite die des im Grunde durchaus talentierten Jacone, der sich jedoch durch seine ausschweifende, bohemienhafte Lebensweise und seine Faulheit selbst um den Erfolg bringt und deshalb in letzter Konsequenz untergehen wird; auf der anderen Seite präsentiert Vasari sich selbst als Prototyp eines erfolgreichen ›Hofkünstlers‹, dessen Erfolg und sozialer Aufstieg auf Fleiß, Beharrlichkeit und Disziplin beruhen. Vasari verkörpert also in eigener Person das Ideal, das er in seinen *Vite* beschwört und dessen Vermittlung eines der wesentlichen Motive für deren Niederschrift war – während Jacone mit seinem Verhalten eine Schande für alle Künstler darstellt und ihr Ansehen durch sein schlechtes Beispiel schädigt.

DM

Giorgio Vasari
Das Leben des Florentiner Malers und Architekten Bastiano genannt Aristotile da Sangallo

Vita di Bastiano detto Aristotile da San Gallo. Pittore e Architetto Fiorentino (1568)

Als Pietro Perugino,[1] schon hochbetagt, die Tafel für den Hauptaltar der Serviten in Florenz malte,[2] wurde ihm ein Neffe von Giuliano[3] und Antonio da Sangallo[4] namens Bastiano[5] anvertraut, damit er die Kunst der Malerei erlerne. Doch der Junge war noch nicht lange bei Perugino, als er an dem schon viele Male erwähnten Karton[6] im Saal des Hauses Medici Michelangelos Malweise sah und so beeindruckt von ihr war, daß er nicht mehr in Pietros Werkstatt zurückkehren wollte, dessen Stil ihm im Vergleich zu dem Buonarrotis[7] spröde, kleinteilig und in keiner Weise nachahmenswert erschien. Besagter Karton war einst die Schule jedes angehenden Malers, und da unter jenen, die nach diesem Karton malten, Ridolfo Ghirlandaio[8] als der tüchtigste von allen galt, wählte Bastiano ihn sich zum Freund, um von ihm das farbige Gestalten zu lernen, wodurch zwischen ihnen eine sehr enge Freundschaft entstand.

Indessen gab Bastiano seine Studien nach besagtem Karton nicht auf, kopierte weiterhin die nackten Figuren darin und schuf einen kleinen Karton mit der gesamten Komposition der Figurengruppe, was keiner der vielen, die dort gearbeitet haben, in dieser Vollständigkeit je getan hat. Dabei widmete er sich dieser Aufgabe mit solcher Inbrunst, daß er bei jeder Gelegenheit über die Kräfte, Haltungen und Muskeln jener Figuren Rechenschaft abzulegen wußte und erklären konnte, welche Beweggründe Buonarroti bei der Wahl einiger schwieriger Positionen geleitet hatten. Seine Rede war dabei so ernsthaft, bedächtig und

Aristotile da Sangallo (?): Kopie nach der Schlacht von Cascina von Michelangelo. Norfolk, Holkham Hall

klug, daß eine Schar geistreicher Künstler ihm den Spitznamen Aristotile [Aristoteles] verlieh, der ihm um so besser zu Gesicht stand, als er jenem großen Philosophen und Chronisten der Natur einem antiken Porträt nach zu urteilen sehr ähnlich sah.[9]

Doch zurück zu Aristotiles abgezeichnetem Kleinkarton: Dieser war ihm so lieb, daß er ihn, nachdem Buonarrotis Original verlorengegangen war, um keinen Preis der Welt hergeben noch kopieren lassen wollte und ihn gleich einem wertvollen Gegenstand nur seinen besten Freunden aus Gefälligkeit zeigte.[10] 1542 konnte ihn Giorgio Vasari,[11] der sehr gut mit ihm befreundet war, überreden, in *chiaroscuro* ein Ölbild von dieser Zeichnung anzufertigen [siehe oben], das dank der Vermittlung von Monsignore Giovio[12] an König Franz von Frankreich[13] geschickt wurde, der es in höchsten Ehren hielt und Sangallo angemessen dafür belohnte. Und der Beweggrund für Vasaris Initiative war gewesen, das Andenken an jenes Werk zu bewahren, da Zeichnungen leicht verlorengehen können.

Wie die anderen Mitglieder seiner Familie hatte Aristotile als junger Mann ein reges Interesse an der Architektur, widmete sich dem Vermessen von Gebäudegrundrissen und befaßte sich sehr eingehend mit den Regeln der Perspektive. Dabei war ihm sein Bruder Giovan Francesco[14] von großer Hilfe, der unter der Leitung des Generalinspektors Giuliano Leno[15] als Architekt am Bau von Sankt Peter beschäftigt war.

Giovan Francesco, der einen großen und sehr einträglichen Handel mit Brennöfen, Kalkmörtel und dem Abbau von Pozzolanerde und Tuffstein betrieb, holte Aristotile zu sich nach Rom und ließ ihn Rechnung führen. Damit war Bastiano eine Weile lang beschäftigt, ohne etwas anderes zu tun, als in der Kapelle Michelangelos[16] zu zeichnen und das Haus von Raffael von Urbino[17] aufzusuchen, wo er von Messer Gianozzo Pandolfini, dem Bischof von Troia,[18] eingeführt worden war. Nun hatte Raffael für jenen Bischof den Entwurf für einen Palazzo gezeichnet, den er in der Via San Gallo in Florenz errichten lassen wollte, und Giovan Francesco wurde mit dem Auftrag seiner Realisierung dorthin geschickt, um ihn, wie er es tat, mit größtmöglicher Sorgfalt auszuführen.

1530 aber starb Giovan Francesco und Florenz wurde durch die Belagerung eingeschlossen, so daß dieses Werk, wie noch zu sagen sein wird, unvollendet blieb. Anstelle seines Bruders wurde die Ausführung des Baus nun von Aristotile übernommen,[19] der viele Jahre zuvor nach Florenz zurückgekehrt war, nachdem er unter dem oben erwähnten Giuliano Leno auf der von seinem Bruder geebneten Bahn eine beachtliche Geldsumme angespart hatte. Mit einem Teil des Geldes kaufte Aristotile auf Zureden seiner guten Freunde Luigi Alamanni[20] und Zanobi Buondelmonti[21] ein Baugrundstück hinter dem Servitenkloster in der Nähe von Andrea del Sarto,[22] wo er sich dann ein sehr komfortables kleines Haus baute, mit der Absicht, zu heiraten und zur Ruhe zu kommen.[23]

Wieder in Florenz verschrieb Aristotile sich ganz der Perspektive, die er in Rom unter Bramantes Anleitung[24] studiert hatte, und fast schien es, als würde er sich für nichts anderes mehr interessieren. Dennoch malte er neben dem ein oder anderen naturgetreuen Porträt zwei große Leinwände in Öl, die Adam und Eva beim Essen des Apfels und ihre Vertreibung aus dem Paradies darstellen. Dabei bediente er sich der Kopien, die er von Michelangelos Werken im Gewölbe der Kapelle in Rom angefertigt hatte. Doch weil er sie zu Lasten [Michelangelos] von dort entlehnt hatte, bekam Aristotile für diese beiden Leinwände nur wenig Lob.[25] Viel Anerkennung hingegen erhielt er für alles, was er anläßlich des Einzugs von Papst Leo schuf, wo er in Zusammenarbeit mit Francesco Granacci[26] einen wunderschönen Triumphbogen gegenüber dem Portal zur Badia mit einer Vielzahl von Szenen schuf.[27]

Auch bei der Hochzeit von Herzog Lorenzo de' Medici[28] war er Franciabigio[29] und Ridolfo Ghirlandaio, die für das Ganze zuständig waren, bei allen Festdekorationen und vor allem einigen Bühnenbildern für Theateraufführungen eine große Hilfe.[30] Anschließend schuf er zahlreiche Madonnenbilder in Öl, die er teils nach eigener Erfindung, teils nach Kopien von Werken anderer Künstler ausführte. Unter anderem malte er eines ähnlich dem, das Raffael in Santa Maria del Popolo in Rom gemalt hat, wo die Madonna das Kind mit einem Schleier bedeckt;[31] dieses Bild gehört heute Filippo dell'Antella.[32] Ein anderes ist bei den Erben von Messer Ottaviano de' Medici,[33] die auch ein Porträt jenes Lorenzo besitzen, das Aristotile nach dem kopierte, das von Raffael stammt.[34] In diesem Zeitraum schuf er viele weitere Bilder, die nach England geschickt wurden.[35]

Aristotile war aber bewußt, daß er keine Erfindungsgabe besaß und die Malerei nach Studium und einer guten Grundlage im *disegno* verlangte, Qualitäten, ohne die er kaum ein besonders vortrefflicher Künstler werden würde. Aus diesem Grund beschloß er, die Architektur und perspektivische Gestaltung zu seinem Beruf zu machen, und schuf bei allen sich bietenden Gelegenheiten Bühnenbilder für das Theater, eine Arbeit, die ihm sehr lag. Als dann der bereits erwähnte Bischof von Troia den Bau seines Palastes in der Via San Gallo wieder aufnahm, wurde Aristotile die Sorge dafür übertragen, der ihn mit der Zeit zu seinem großen Lob so weit voranbrachte, wie man ihn heute sieht.[36]

In der Zwischenzeit hatte Aristotile mit seinem Nachbarn Andrea del Sarto gute Freundschaft geschlossen und sich dank seiner Unterweisung in vielen Bereichen perfektioniert. Mit großem Eifer widmete er sich der Perspektive und wurde in der folgenden Zeit bei vielen Festen diverser Gesellschaften von Edelleuten eingesetzt, die der ruhige Lebenswandel in Florenz seinerzeit hervorbrachte. Als die *Compagnia della Cazzuola*[37] im Haus von Bernardino di Giordano[38] am Canto Monteloro die höchst amüsante Komödie *Mandragola*[39] aufführen ließ, schufen Andrea del Sarto und Aristotile das wunderschöne Bühnenbild.[40] Ein weiteres Bühnenbild gestaltete Aristotile wenig später für noch eine Komödie desselben Autors im Haus des Brennerei-Besitzers Jacopo an der Porta San Frediano.[41]

Diese perspektivischen Bühnenbilder fanden allgemein großen Anklang, insbesondere bei den Herren Alessandro[42] und Ippolito de' Medici,[43] die damals in Florenz unter der Obhut von Silvio Passerini, dem Kardinal von Cortona,[44] standen, und Aristotile machte sich damit einen solchen Namen, daß dies sein Hauptberuf wurde, ja, einige behaupten sogar, er habe seinen Beinamen bekommen, weil er für die [Theater-]Perspektive offenbar dieselbe Bedeutung hatte wie Aristoteles für die Philosophie.

Doch wie so häufig auf Zeiten höchster Eintracht und Ruhe Kriege und Zwist folgen, kam das Jahr 1527, und in Florenz wandelte sich alles Glück und aller Frieden in Unglück und Pein. Auf die Vertreibung der Medici folgten die Pest und die Belagerung, und viele Jahre lang fristete man ein recht freudloses Dasein. Auch von den Künstlern wurde damals nichts Gutes vollbracht, und Aristotile vergrub sich in jenen Tagen in seinem Haus und widmete sich seinen Studien und Einfällen.[45]

Dann aber übernahm Herzog Alessandro die Regierung in Florenz und die allgemeine Lage hellte sich auf. Die jungen Leute der *Compagnia de' Fanciulli della Purificazione*[46] gegenüber von San Marco organisierten die Aufführung einer Tragikomödie von Giovan Maria Primerani,[47] die von den Büchern der Könige inspiriert war und von den Drangsalen infolge der Vergewaltigung Tamars handelte.[48] Mit dem Bühnenbild und der perspektivischen Gestaltung betraute man Aristotile, der (soweit die Räumlichkeiten es zuließen) das schönste Bühnenbild realisierte, das jemals geschaffen worden war.[49] Neben der gelungenen Dekoration war auch die Tragikomödie an sich schön und gut gespielt und gefiel Herzog Alessandro und seiner Schwester,[50] die unter den Zuschauern waren, so gut, daß Ihre Exzellenzen den im Gefängnis sitzenden Autor des Stücks befreien ließen, unter der Bedingung, daß er eine weitere Komödie seiner Wahl verfassen würde.[51]

Anschließend schuf Aristotile in der Loggia im Garten der Medici an der Piazza San Marco ein wunderschönes perspektivisches Bühnenbild voller Kolonnaden, Nischen, Tabernakel, Statuen und vielen anderen einfallsreichen Elementen, die in dieser Art von Dekoration bis dahin nicht üblich gewesen waren. Das Ganze gefiel unendlich und hat diese Art der Malerei sehr bereichert.[52] Thema der Komödie war die Geschichte von Joseph, der, fälschlich der versuchten Vergewaltigung seiner Herrin angeklagt, ins Gefängnis geworfen und dann dank der Traumdeutung für den König freigelassen wird.[53]

Auch dieses Bühnenbild gefiel dem Herzog sehr gut, und als der Moment seiner Hochzeit mit Frau Margarete von Österreich[54] gekommen war, ordnete er die Aufführung einer Komödie an, deren Bühnenbild er von Aristotile in der Via San Gallo in den Räumlichkeiten der Weberzunft aufbauen ließ, die an die Residenz des prächtigen Ottaviano de' Medici grenzen. Aristotile wandte voller Eifer die größtmögliche Sorgfalt und Mühe auf und brachte die gesamte Dekoration zur Vollendung.

Der Autor der Komödie, die gespielt werden sollte, war Lorenzo di Pier Francesco de' Medici,[55] dem die Verantwortung für die gesamte Dekoration und die Musik zukam. Ständig sann jener darüber nach, wie er den Herzog, von dem er so sehr geliebt und favorisiert wurde, ermorden konnte, und plante, ihn in der Bühnenausstattung verunglücken zu lassen. Zu diesem Zweck ließ er zu beiden Seiten der Vorhänge, dort wo die Treppen des Bühnenbilds und die Bühne enden, einige Mauerverbände um achtzehn Ellen abtragen, um dahinter einen großen Raum zu gewinnen, der in Form einer rechteckigen Apsis mit einem Podium auf gleicher Höhe mit der Bühne den Sängern

Platz bieten würde; und darüber wollte er noch einen zweiten Boden für die Clavicembali,[56] die Orgeln[57] und ähnliche Instrumente einziehen, die sich nur schwer verrücken und transportieren lassen. Die durch das Abreißen der Mauern entstandene Öffnung aber wollte er an der Vorderseite mit Leinwänden verkleiden, die mit perspektivischen Ansichten von Gebäuden bemalt werden sollten.

All dies gefiel Aristotile, weil es zur Bereicherung des Bühnenbilds beitrug und die Bühne selbst von den Musikern befreite. Was Aristotile aber überhaupt nicht gefiel, war, daß der Stützbalken des Dachs, der nun ohne tragende Mauern war, nicht, wie er es wollte, auf einem sehr stabilen großen Doppelbogen aufruhte, sondern nach Lorenzos Plan lediglich einige Stützen bekommen sollte, welche die Musik in keiner Weise behindern würden. Aristotile erkannte darin aber eine Falle, die zahllose Menschen unter sich begraben würde, und wollte Lorenzo unter keinen Umständen seine Zustimmung geben, der in Wahrheit kein anderes Ziel verfolgte, als den Herzog bei diesem Einsturz zu töten.

Als Aristotile sah, daß Lorenzo seine guten Gründe partout nicht einsehen wollte, hatte er schon beschlossen, seiner Wege zu gehen, als Giorgio Vasari sich einschaltete. Dieser stand damals als noch ganz junger Mann in Diensten von Herzog Alessandro und war ein Schützling Ottaviano de' Medicis. Während er an diesem Bühnenbild malte, hörte er die Diskussionen und Meinungsverschiedenheiten zwischen Lorenzo und Aristotile, und nachdem er beide angehört und die Gefahr erkannt hatte, die Lorenzos Vorgehensweise barg, zeigte er, wie man den Stützbalken des Dachs ohne einen Bogen und ohne in irgendeiner Form die Bühne der Musiker zu behindern problemlos abstützen konnte. Indem man nämlich entlang der Mauer zwei fünfzehn Ellen lange Doppelbalken führte und diese mit Eisenspangen gut an den anderen Dachstützen befestigte, würde der mittlere Stützbalken auf ihnen genauso sicher aufruhen wie auf einem Bogen.

Lorenzo aber wollte weder Aristotile Glauben schenken, der dieser Methode zustimmte, noch Vasari, der sie vorgeschlagen hatte, und widersetzte sich mit immer neuen Haarspaltereien, die seine schlechten Absichten für jeden offensichtlich machten. Giorgio erkannte nun, was für ein unglaubliches Durcheinander daraus erwachsen konnte, was nichts anderes bedeuten würde, als dreihundert Menschen willentlich in den Tod zu führen, und erklärte, auf jeden Fall mit dem Herzog zu sprechen, damit dieser jemanden schickte, der sich um alles kümmern würde. Lorenzo hörte davon, und aus Angst vor Entdeckung gestattete er Artistotile endlich, Giorgios Vorschlag zu folgen, wie es dann geschah.[58] Dieses Bühnenbild war nicht nur das schönste, das Aristotile bis dahin geschaffen hatte, sondern übertraf auch alle anderen, die bis dahin realisiert worden waren: Er hatte dort viele Straßenecken plastisch dargestellt und in der Mitte eines forumartigen Platzes einen wunderschönen Triumphbogen aus vorgetäuschtem Marmor geschaffen, der mit szenischen Darstellungen und Statuen geschmückt war, ganz zu schweigen von den fluchtenden Straßenzügen und vielen anderen Elementen, die er mit herrlichen Erfindungen, unglaublichem Eifer und aller Sorgfalt ins Werk setzte.[59]

Nachdem Herzog Alessandro dann von besagtem Lorenzo ermordet worden war[60] und Herzog Cosimo[61] 1536[62] an die Macht kam, heiratete er Donna Eleonora di Toledo,[63] eine ganz außerordentliche Frau von so großem und unvergleichlichem Verdienst, daß man sie unbestreitbar mit den berühmtesten Frauen der antiken Geschichte vergleichen und sie ihnen wahrscheinlich sogar voranstellen kann. Anläßlich ihrer Vermählung am 27. Juni 1539 schuf Aristotile im großen Hof des Medicipalasts, dort wo der Brunnen steht, eine weitere Bühnenszenerie, die Pisa darstellte. Hierin übertraf er sich selbst, indem er sich immer weiter verbesserte und immer wieder Neues schuf. Unmöglich kann man sich eine mannigfaltigere Anordnung von Fenstern und Türen vorstellen, noch Palastfassaden von größerer Originalität und mehr Einfallsreichtum oder besser fluchtende Straßenzüge und Hintergründe, die nach allen Regeln der Perspektive gestaltet sind.

Er schuf dort den schiefen Glockenturm des Doms, die Kuppel des Rundbaus von San Giovanni und andere Ansichten jener

Stadt. Von den Treppen, die er dort anlegte, und davon, wie sehr sie einen täuschten, will ich nichts weiter sagen, weil ich nicht den Anschein erwecken will, etwas zu wiederholen, was schon andere Male gesagt worden ist. Wohl aber erwähne ich jene, die vom Boden zur Bühnenebene hinaufführte: In der Mitte achteckig und an den Seiten quadratisch, war sie in ihrer Schlichtheit von allergrößter Kunstfertigkeit, weil sie dem Bühnenbild darüber so viel Anmut verlieh, daß man in dieser Gattung unmöglich etwas Besseres zu sehen bekommt.

Anschließend brachte er hinter der Ansammlung von Gebäuden eine bogenförmige Laterne aus Holz an, an der eine Sonne von einer Elle Durchmesser befestigt war. Diese bestand aus einer mit reinem Wasser gefüllten Glaskugel, hinter der zwei Fackeln brannten, die sie in einer Weise zum Strahlen brachten, daß sie den Himmel über der Bühne und dem Bühnenbild in einer Form erleuchtete, daß man wirklich die Sonne vor sich zu haben glaubte. Sie war umgeben von einem goldenen Strahlenkranz, der sich über den Vorhang legte, und wurde mittels einer kleinen Winde derart bewegt, daß sie zu Beginn des Stücks aufzugehen schien und nach Erreichen der Bogenmitte wieder herabstieg, um am Schluß der Komödie zu versinken und unterzugehen.[64]

Autor der Komödie war Antonio Landi,[65] ein Florentiner Edelmann, während für die Zwischenspiele und die Musik Giovanni Battista Strozzi[66] zuständig war, damals ein junger Mann von wunderschönem Talent. Über den übrigen Schmuck dieser Komödie, die Zwischenspiele und die Musik ist schon früher ausführlich geschrieben worden, deshalb sage ich hier nur, daß sie von besagtem Giovan Battista Strozzi, Tribolo und Aristotile arrangiert wurden, und beschränke mich darauf, die Urheber einiger Malereien zu erwähnen.[67]

Unterhalb der Bühne unterteilten sechs gemalte Bilder die Seitenwände: Jeweils acht Ellen hoch und fünf Ellen breit, waren sie von einem 1⅔ Ellen breiten Ornament eingefaßt, das sie wie ein Fries umgab und um die Bilder eine Zierleiste bildete. Das Ornament selbst enthielt vier kreuzförmig angeordnete Tondi, von denen zwei pro Szene lateinische Motti enthielten und die übrigen entsprechende Impresen. Darüber verlief ringsum ein Fries aus einem blauen hochflorigen Wollstoff nur dort unterbrochen, wo das Bühnenbild war, und über den ganzen Hof spannte sich ebenfalls ein Himmel aus demselben Stoff. Der gekehlte Fries selbst zeigte über jedem figürlichen Bild das Wappen einiger der prominentesten Familien, mit denen die Medici verwandt waren.

Beginnen möchte ich auf der östlichen Seite mit der ersten Szene neben der Bühne, die von Francesco Ubertini,[68] genannt Bacchiacca, stammte und die Rückkehr des prächtigen Cosimo de' Medici aus dem Exil zeigte. Als Impresen waren zwei Tauben auf einem goldenen Zweig gewählt, und das Wappen im Fries war das Herzog Cosimos. Die nächste Szene stammte vom selben Künstler und stellte die Reise Lorenzo il Magnificos nach Neapel dar.[69] Das Emblem war ein Pelikan und das Wappen jenes von Herzog Lorenzo, sprich das der Häuser Medici und Savoyen. Das dritte Bild war von Pierfrancesco di Jacopo di Sandro[70] gemalt worden und zeigte den Einzug Papst Leos X. in Florenz, der von den Bürgern seiner Heimatstadt unter dem Baldachin getragen wird.[71] Ein aufrechter Arm bildete das Emblem und das Wappen war das des Herzogs Giuliano, sprich das der Medici und Savoyer. Das nächste Bild vom selben Künstler zeigte die Einnahme von Abbiategrasso durch Herrn Giovanni, den man siegreich aus dieser Stadt ausziehen sah.[72] Das Emblem war der Blitz Jupiters und das Wappen im Fries war das von Herzog Alessandro, das heißt das der Häuser Österreich und Medici.

Im fünften Bild krönte Papst Clemens[73] Karl V. in Bologna,[74] das Emblem war eine Schlange, die sich in den Schwanz beißt, und die Wappen jene der Häuser Frankreich und Medici. Dieses Bild stammte von Domenico Conti,[75] einem Schüler Andrea del Sartos, der sich als nicht besonders fähig erwies, da ihm die Hilfe einiger junger Künstler fehlte, die er einzusetzen geplant hatte und die ausnahmslos, die guten wie die schlechten, beschäftigt waren. So wurde er, der sehr von sich eingenommen war und sich oft ohne Berechtigung über andere lustig gemacht hatte, zum Opfer des Gespötts. Die sechste und letzte Szene auf dieser Seite stammte von Bronzino[76] und zeigte den vor dem Kaiser in Neapel ausgetragenen Disput zwischen Herzog Alessandro und den Florentiner Exilanten, dazu den Fluß Sebeto und viele andere Figuren.[77] Dieses Bild war wunderschön und übertraf alle anderen; das Emblem war eine Palme und das Wappen dasjenige Spaniens.

Auf der anderen Seite war der Rückkehr des prächtigen Cosimo gegenüberliegend die glückliche Geburt von Herzog Cosimo dargestellt. Ein Phönix bildete das Emblem und das Wappen war das der Stadt Florenz, sprich eine rote Lilie. Daneben war seine Wahl zum Herzog gezeigt,[78] dazu als Emblem der Caduceus des Merkur und im Fries das Wappen des Burgkastellans. Der Entwurf zu dieser Szene stammte von Francesco Salviati,[79] der Florenz in jenen Tagen allerdings verlassen mußte, weshalb sie von Carlo Portelli aus Loro[80] auf vortreffliche Weise zu Ende geführt wurde. In der dritten sah man die drei stolzen Redner aus Kampanien, die für ihr vermessenes Anliegen aus dem römischen Senat verjagt wurden. Diese Szene ging auf einen Bericht von Titus Livius[81] im zwanzigsten Buch seiner Geschichte[82] zurück und sollte an diesem Ort auf die drei Kardinäle anspielen, die vergeblich zu Herzog Cosimo kamen, um ihn aus dem Amt zu entfernen.[83] Das Emblem war hier ein geflügeltes Pferd und das Wappen jenes der Salviati und Medici.

Im nächsten Bild war die Eroberung von Montemurlo zu sehen,[84] mit einer ägyptischen Zwergohreule auf dem Kopf von Pyrrhus als Emblem und dem Wappen der Häuser Sforza und Medici. Gemalt wurde diese Szene von Antonio di Donnino,[85] einem kühnen Bewegungsdarsteller, und im Hintergrund sah man dort ein derart schönes Reiterscharmützel, daß dieses Bild von der Hand eines vermeintlich schwachen Malers sehr viel besser gelungen war als die Werke einiger anderer, die nur dem Ruf nach tüchtige Männer waren.

Im nächsten, das von dem Venezianer Battista Franco[86] stammte, sah man Herzog Cosimo, der von seiner kaiserlichen Hoheit mit allen herzoglichen Insignien und Hoheitszeichen ausgestattet wird;[87] hier war das Emblem eine Elster mit Lorbeerblättern im Schnabel und das Wappen im Fries das der Häuser Medici und Toledo. Das letzte in der Reihe dieser Bilder zeigte die Vermählung jenes Herzogs Cosimo in Neapel;[88] das Emblem waren hier zwei Krähen, ein antikes Hochzeitssymbol, und das Wappen im Fries war das von Don Pedro di Toledo, dem Vizekönig Neapels.[89] Diese Szene hatte Bronzino ausgeführt, und zwar mit solcher Anmut, daß sie wie schon seine erste alle übrigen übertraf.

Aristotile selbst brachte über der Loggia einen Fries mit weiteren kleinen Szenen und Wappenschilden an, der viel Lob bekam und auch Seiner Exzellenz gefiel, der ihn für alles großzügig belohnte. Danach schuf er fast jedes Jahr das eine oder andere Bühnenbild für die zu Karneval gespielten Komödien, und dank seiner großen Erfahrung in dieser Art von Malerei, für die er eine natürliche Gabe besaß, plante er, darüber ein Lehrbuch zu schreiben. Dieses Vorhaben gab er allerdings auf, weil es sich als schwieriger herausstellte, als er gedacht hatte, vor allem aber auch deshalb, weil die neuen Regenten im Palast die Bühnenbilder von Bronzino und Francesco Salviati ausführen ließen, worauf wir an gegebener Stelle noch eingehen werden.

Aristotile sah nun viele Jahre ohne Aufträge verstreichen und ging deshalb nach Rom, um seinen Cousin Antonio da Sangallo[90] zu besuchen. Freudig hieß dieser ihn willkommen und stellte ihn gleich nach seiner Ankunft für zehn Scudi im Monat an, um den Fortgang einiger Baustellen voranzutreiben. Anschließend schickte er ihn nach Castro, wo er im Auftrag von Papst Paul III.[91] einen großen Teil der Mauern nach Antonios Entwürfen und Anweisungen ausführte.[92] Allerdings neigte Aristotile dazu, der zusammen mit Antonio aufgezogen worden war, sich zu vertraulich mit ihm zu geben, und konnte sich niemals daran gewöhnen, ihn zu siezen. Deshalb heißt es, daß Antonio ihn schließlich von sich fernhielt, weil jener, ungeachtet ob sie nun beim Papst vorstellig wurden oder sich im Kreis von Herren und Edelleuten bewegten, ihn mit ›Du‹ anredete, so wie einige Florentiner vom alten Schlag es tun, die daran gewöhnt sind, jedermann zu duzen, so als kämen sie aus Norcia und seien nicht in der Lage, mit der Zeit zu gehen und sich an die moderne Lebensart anderer anzupassen. Wie merkwürdig Antonio dies anmuten mußte, der daran gewöhnt war, von Kardinälen und anderen bedeutenden Persönlichkeiten mit Respekt behandelt zu werden, vermag sich wohl jeder selbst auszumalen. Und als Aristotile, seines Aufenthalts in Castro müde geworden, Antonio bat, ihn nach Rom zurückkommen zu lassen, willigte Antonio liebend gern ein, forderte ihn aber auf, ihm gegenüber einen anderen, feineren Umgangston anzuschlagen, vor allem in Gegenwart herausragender Persönlichkeiten.

Zur Karnevalszeit eines der folgenden Jahre gab Roberto Strozzi[93] in Rom ein Bankett für einige mit ihm befreundete Herren, und weil er zu diesem Anlaß eine Komödie in seinem Haus aufführen lassen wollte, schuf Aristotile im größten Saal ein (soweit der beengte Raum es zuließ) wunderschönes Bühnenbild.[94] Es war von solchem Liebreiz und so großer Anmut, daß unter anderem Kardinal Farnese[95] nicht nur voller Bewunderung dafür war, sondern ihn in seinem Palast San Giorgio, der die Kanzlei beherbergt, in einem der mittleren Säle, die zum Garten hin zeigen, eine Theaterdekoration ausführen ließ, die allerdings fest installiert war, damit er sich nach Wunsch und Bedarf ihrer bedienen konnte. Aristotile führte sie mit dem größtmöglichen Eifer aus und stellte den Kardinal und die Künstlerschaft unendlich zufrieden.[96] Der Kardinal hatte nun Messer Curzio Frangipane[97] beauftragt, Aristotile zu entlohnen, und gewissenhaft, wie dieser war, wollte er ihm wohl das Rechtmäßige zukommen lassen, aber auch nicht zuviel bezahlen, weshalb er Perino del Vaga[98] und Giorgio Vasari um eine Beurteilung jenes Werks bat.

Perino kam dies sehr gelegen, weil er Aristotile haßte und ihm die Ausführung jenes Bühnenbilds übelnahm, von dem er glaubte, daß es ihm zugestanden hätte, da er in Diensten des Kardinals stand. So war er voller Angst und Eifersucht, vor allem auch deshalb, weil der Kardinal in jenen Tagen nicht nur Aristotile engagiert hatte, sondern auch Vasari, dem er tausend Scudi gab, weil er den Saal *Parco Maiori* in der Kanzlei innerhalb von hundert Tagen in Fresko ausgemalt hatte.[99] Perino beabsichtigte also, besagtes Bühnenbild von Aristotile so niedrig zu veranschlagen, daß es ihn reuen sollte, es überhaupt geschaffen zu haben. Aristotile hatte aber gehört, wer sein Bühnenbild schätzen sollte, und stattete Perino einen Besuch ab. In seiner gewohnten Art begann er ihn sogleich zu duzen, weil sie als Jugendliche miteinander befreundet gewesen waren. Perino, der schon verstimmt war, geriet dadurch völlig außer sich und ließ sein gemeines Ansinnen durchblicken. Aristotile erzählte daraufhin alles Vasari, doch Giorgio versicherte ihm, er könne unbesorgt und frohen Mutes sein, da ihm kein Unrecht widerfahren würde.

Als Perino und Giorgio anschließend zusammenkamen, um jene Verhandlung abzuschließen, begann Perino als der Ältere zuerst zu sprechen. Er kritisierte das Bühnenbild als eine Arbeit, die, wie er sagte, kaum einen Heller wert sei. Außerdem habe Aristotile Vorauszahlungen erhalten und seine Gehilfen seien entlohnt worden, so daß er bereits mehr als genug bekommen habe. Dann fügte er noch hinzu: ›Hätte ich es ausgeführt, so würde ich es auf andere Weise geschaffen haben als er, mit anderen Szenen und Dekorationen, aber der Kardinal begünstigt ja immer solche, die ihm wenig Ehre machen‹.

Diese und weitere Worte machten Giorgio deutlich, daß Perino aus Verärgerung über den Kardinal eher darauf sann, sich an Aristotile zu rächen, als die Arbeit und das Talent eines guten Künstlers mit wohlwollender Anteilnahme zu würdigen. In sanften Worten sprach er also zu Perino: ›Auch wenn ich mich nicht über die Maßen mit solchen Werken auskenne, habe ich doch das ein oder andere Beispiel von Künstlern gesehen, die sich auf ihre Ausführung verstehen. Mir scheint diese Arbeit deshalb sehr gut gemacht, und sie sollte verdientermaßen auf viele Scudi geschätzt werden und nicht, wie ihr sagt, auf wenige Heller. Auch scheint es mir nicht recht, daß jemand, der am Schreibtisch Zeichnungen mit vielen verschiedenen perspektivischen Entwürfen ausarbeitet, die später in große Werke umgesetzt werden, für die nächtliche Mühsal und obendrein für die Wochen der Arbeit auf die gleiche Weise bezahlt werden soll wie jene, die Lohn für ihr Tagewerk bekommen und dabei weder Geist noch Hände und kaum den Körper anstrengen und sich damit begnügen, andere nachzuahmen, ohne sich wie Aristotile weiter den Kopf zu zerbrechen. Und wenn ihr, Perino, wie ihr sagt, dieses Werk mit mehr Szenen und Dekor geschaffen hättet, so würdet ihr ihm vielleicht nicht jene Anmut verliehen haben, die Aristotile ihm gab, den der Kardinal in dieser Art von Malerei wohlweislich als einen besseren Meister erachtet als euch.

Bedenkt aber auch, daß ein falsches und unredliches Urteil am Ende nicht Aristotile schadet, sondern der Kunst, dem Talent und viel mehr noch der Seele. Wenn ihr euch aus persönlichem Ärger die Redlichkeit abhanden kommen laßt, dann wird derjenige, der die Qualität des Werks erkennt, nicht das Werk tadeln, sondern unser schwaches Urteil und vielleicht auch unsere Böswilligkeit und unseren schlechten Charakter. Wer versucht, jemanden durch eine Überbewertung seiner Werke an sich zu binden oder sich durch Kritik oder Unterbewertung der guten Werke anderer Künstler für irgendein Unrecht zu rächen, wird schließlich von Gott und den Menschen in seinem eigentlichen Wesen erkannt, nämlich als böswillig, ignorant und schlecht. Bedenkt, wie es euch anmuten würde, der ihr für alle Arbeiten in Rom zuständig seid, wenn man eure Werke bewertete, wie ihr das mit denen der anderen tut. Habt die Gnade und versetzt euch in die Lage dieses armen alten Mannes und ihr werdet sehen, wie weit ihr euch von Redlichkeit und Vernunft entfernt habt.‹[100]

Diese und andere Worte, die Giorgio in freundlichem Ton an Perino richtete, machten einen solchen Eindruck auf ihn, daß man sich auf eine angemessene Schätzung einigte und Aristotile Genugtuung widerfuhr. Mit diesem Geld und dem, was er für das zu Beginn erwähnte und nach Frankreich geschickte Bild[101] bekommen hatte, sowie seinen Ersparnissen kehrte er glücklich nach Florenz zurück, obwohl Michelangelo, der sein Freund war, beabsichtigt hatte, ihn bei dem geplanten Bauprojekt der Römer auf dem Kapitol einzusetzen.

Aristotile kehrte 1547 nach Florenz zurück. Er ging Herzog Cosimo die Hände küssen und bat Seine Exzellenz, ihn bei den vielen Baustellen, die er in Angriff genommen hatte, zu beschäftigen und damit zu unterstützen. Wie er es stets mit allen begabten Künstlern getan hatte, empfing jener Herr ihn mit Wohlwollen, gab Anweisung, ihm ein monatliches Gehalt von zehn Scudi zu zahlen, und sagte ihm, man würde ihn je nach Gelegenheit einsetzen. Mit diesem Gehalt lebte er einige Jahre lang in aller Ruhe, ohne irgendeiner Tätigkeit nachzugehen, starb dann im Alter von siebzig Jahren 1551 am letzten Tag im Mai und wurde in der Kirche der Serviten beigesetzt.[102]

Unser *libro* enthält einige Zeichnungen von Aristotiles Hand.[103] Weitere sind im Besitz von Antonio Particini,[104] darunter einige Blätter mit perspektivischen Darstellungen, die wunderschön sind.

Zur selben Zeit wie Aristotile lebten zwei mit ihm befreundete Maler, die ich hier kurz erwähnen werde, weil sie für einige ihrer wirklich lobenswerten Werke einen Platz unter den außerordentlichen Talenten verdient haben. Der eine war Jacone,[105] der andere Francesco Ubertini, der den Beinamen Bacchiacca trug. Jacone schuf nicht viele Werke, weil er sich lieber in Reden und Scherzen erging. Er begnügte sich mit dem, was Glück und seine Faulheit ihm in den Schoß fallen ließen, was sehr viel weniger war, als er eigentlich benötigte. Doch weil er oft mit Andrea del Sarto zusammen war, zeichnete er hervorragend und voller Kühnheit und gab seinen Figuren durch Drehungen skurrile, phantastische Haltungen und war immer bestrebt, sie abwechslungsreich und in jeder seiner Kompositionen anders zu gestalten. In der Tat besaß er viel *disegno*, und wenn er wollte, ahmte er das Gute nach.

Als er noch jung war, schuf er in Florenz zahlreiche Madonnenbilder, von denen viele durch florentinische Kaufleute nach Frankreich geschickt wurden.[106] Für Santa Lucia in der Via de' Bardi malte er eine Tafel mit Gottvater, Christus, der Madonna und weiteren Figuren .[107] In Montici führte er an der Ecke des Hauses von Lodovico Capponi[108] an den Seiten eines Tabernakels zwei Figuren in *chiaroscuro* aus[109] und malte in San Romeo eine Tafel mit der Madonna und zwei Heiligen.[110]

Eines Tages hörte er großes Lob auf die von Polidoro[111] und Maturino[112] in Rom gestalteten Fassaden, und ohne daß irgend jemand davon wußte, ging er nach Rom, wo er einige Monate blieb und diverse Kopien anfertigte, wodurch er in vielen Bereichen ein tadelloser Maler wurde.

Der Cavaliere Buondelmonti ließ ihn daraufhin ein Haus, das er gegenüber von Santa Trinita am Anfang des Borgo Sant'Apostolo gebaut hatte, in *chiaroscuro* bemalen. Jacone schuf dort Szenen aus dem Leben von Alexander dem Großen, die stellenweise sehr schön gelungen und mit so viel Anmut und *disegno* ausgeführt waren, daß viele glauben, Andrea del Sarto habe ihm für alles die Entwürfe geliefert.[113] Um die Wahrheit zu sagen, ließ die Probe, die Jacone mit diesem Werk von sich gab, große Dinge erhoffen, weil ihm der Sinn aber immer mehr danach stand, sich eine schöne Zeit zu machen und herumzuscherzen, mit Freunden zu essen und zu feiern, statt zu studieren und zu arbeiten, neigte er eher zum Verlernen als zum Hinzugewinnen.

Eine andere Sache aber war – und ich weiß nicht, ob dieser Umstand zum Lachen ist oder eher mitleiderregend –, daß er einer Gruppe oder eher Bande von Freunden angehörte, die unter dem Vorwand, ein philosophisches Leben zu führen, wie Schweine und Tiere hausten: Sie wuschen sich weder Hände, Gesicht noch Kopf oder Bart, sie kehrten niemals ihr Haus und bezogen das Bett nur alle zwei Monate neu. Sie deckten den Tisch mit den Kartons ihrer Gemälde und tranken nur aus der Flasche oder dem Krug. Und dieses erbärmliche Lotterleben hielten sie für das schönste Dasein auf Erden. Weil das Äußere aber für gewöhnlich auf das Innere schließen läßt und unsere Gesinnung zu erkennen gibt, glaube ich, wie schon einmal bemerkt, daß sie im Geist genauso schmutzig und häßlich waren wie ihr äußeres Erscheinungsbild.[114]

Für das schon einmal erwähnte Fest von San Felice in Piazza, bei dem die *Compagnia dell'Orciuolo*[115] 1525 die Verkündigung an die Madonna nachspielte, schuf Jacone für die Dekoration im Außenbereich nach damaligem Brauch einen großen freistehenden Doppel-Triumphbogen, der wunderschön war, acht Säulen besaß, außerdem Pilaster und Giebel. Diesen ließ er von Piero da Sesto[116] ausführen, einem sehr erfahrenen Tischlermeister. Anschließend stellte er darauf neun Szenen dar, von denen er einige, die besten, selber malte und die übrigen Francesco Ubertini Bachiacca. Die Szenen entstammten allesamt dem Alten Testament und zeigten größtenteils Episoden aus dem Leben des Mose.[117]

Nachdem ein mit ihm verwandter Ordensbruder der Scopetini[118] Jacone nach Cortona geholt hatte, malte er in der Marienkirche außerhalb der Stadt zwei Tafeln in Öl: Die eine zeigt die Madonna, die Heiligen Rochus und Augustinus und weitere Heilige,[119] die andere Gottvater bei der Krönung der Madonna mit zwei Heiligen im unteren Teil und in der Mitte den Heiligen Franziskus, der die Wundmale empfängt[120] – beides sehr schöne Werke. Wieder zurück in Florenz, gestaltete er für Bongianni Capponi[121] einen überwölbten Raum aus und richtete einige weitere auf seinem Landgut in Montici her.[122] Schließlich, als Jacopo Pontormo[123] für Herzog Alessandro in der Villa von Careggi jene Loggia ausmalte, über die wir in seiner Vita gesprochen haben,[124] half er ihm beim größten Teil der Grotesken und bei anderen Arbeiten. Danach war er mit einigen kleineren Werken beschäftigt, die nicht weiter erwähnenswert sind.

Zusammenfassend läßt sich sagen, daß Jacone die beste Zeit seines Lebens mit Nichtigkeiten vertrödelte, indem er sich in Betrachtungen erging und schlecht über diesen und jenen redete. In der Tat war seinerzeit die Kunst des *disegno* in Florenz zu einer Gemeinschaft von Personen verkommen, die sich mehr dem Scherzen und Vergnügen statt der Arbeit verschrieben hatte und deren Studium darin bestand, sich in ihren Werkstätten oder an anderen Orten zu treffen und in ihrem Jargon die Werke einiger vortrefflicher Künstler, die ein zivilisiertes und ehrbares Leben führten, auf bösartige Weise zu kritisieren.

Ihre Anführer waren Jacone, der Goldschmied Piloto[125] und der Tischler Tasso,[126] der schlimmste von ihnen aber war Jacone, weil er neben seinen guten Eigenschaften die Angewohnheit besaß, die Menschen mit seiner unseligen Art zu reden zu verletzen. Es war daher nicht verwunderlich, daß diese Gruppe mit der Zeit Anlaß für eine Menge Ärger gab und Piloto wegen seiner bösen Zunge von einem jungen Mann getötet wurde. Weil sie anständigen Leuten mit ihren Taten und ihrem Benehmen zuwider waren, fand man sie, ich sage nicht alle, aber einen Teil von ihnen, wie die Wollkämmer und Leute von ähnlichem Schlag immer entlang der Stadtmauer beim Spielen mit Wurfscheiben oder beim Verlustieren in den Tavernen.

Eines Tages kehrte Giorgio Vasari von Monte Oliveto zurück, einem außerhalb von Florenz gelegenen Kloster, wo er den ehrwürdigen und verdienstreichen Don Miniato Pitti[127] besucht hatte, der seinerzeit Abt jenes Klosters war. Da traf er an der Ecke des Medici-Palasts auf Jacone und einen Großteil seiner Bande. Wie ich später hörte, gedachte er halb im Spaß, halb im Ernst, Giorgio mit einer seiner Lügengeschichten zu kränken, und als jener mit seinem Pferd unter ihnen war, sprach Jacone ihn folgendermaßen an: ›Na, Giorgio, wie geht's Euch so?‹ ›Gut geht's, mein Jacone‹, gab Giorgio zurück, ›einst war ich ein armer Wicht so wie ihr hier und jetzt besitze ich rund dreitausend Scudi oder mehr. Ich galt euch ein Dummkopf und jetzt schätzen Ordensmänner und Priester mich als einen tüchtigen Mann. Früher war ich euch zu Diensten und nun seht diesen Knecht hier, der mir dient und mein Pferd versorgt. Ich trug die Kleider eines armen Malers und jetzt kleide ich mich in Samt; einst ging ich zu Fuß, jetzt reite ich zu Pferd: Ja, lieber Jacone, unsereins geht's ausgesprochen prächtig. Gott sei mit dir.‹ Als der arme Jacone alle diese Dinge so geballt vernehmen mußte, kam ihm seine ganze Originalität abhanden und völlig betäubt blieb er stumm, so als würde ihm sein Elend auf einmal bewußt und als müßte er einsehen, daß der, der austeilt, am Ende häufig selbst einstecken muß. Zuletzt durch eine Krankheit übel zugrundegerichtet, durch seine Armut ohne Pflege und mit Krämpfen in den Beinen nicht in der Lage, sich selbst zu versorgen, starb er 1553 schließlich elendig in jener Behausung, die er in einer kleinen Straße oder genauer gesagt Gasse namens Codarimessa besaß.

Francesco d'Ubertino, genannt Bacchiacca, war ein sorgfältiger Maler, der trotz seiner Freundschaft mit Jacone als ehrbarer Mann immer hochanständig lebte. Er war ebenfalls mit Andrea del Sarto befreundet, von dem er in künstlerischen Dingen große Hilfe und Unterstützung bekam. Francesco war, wie ich sage, ein sorgfältiger Maler, vor allem in der Gestaltung kleiner Figuren, die er mit großer Geduld vollendet ausführte. Zu sehen ist dies in der Florentiner Kirche San Lorenzo in einer Predella mit der Geschichte der Märtyrer unter der Tafel von Giovan Antonio Sogliani und in einer weiteren, sehr gut ausgeführten Predella in der Kapelle der Kreuzigung.[128] In dem schon viele Male erwähnten Gemach von Pierfrancesco Borgherini[129] schuf Bacchiacca gemeinsam mit vielen anderen Künstlern zahlreiche kleine Figürchen auf den Truhen und den Rückenlehnen, die man anhand ihres Stils von den anderen unterscheiden kann.[130]

Außerdem schuf er in dem bereits erwähnten Vorzimmer von Giovan Maria Benintendi[131] zwei sehr schöne kleinfigurige Bilder, von denen das eine, das schöner und figurenreicher war, den Täufer bei der Taufe Jesu im Jordan zeigt.[132] Er schuf viele weitere Bilder für unterschiedliche Auftraggeber, die nach Frankreich und England geschickt wurden. Als ein hervorragender Maler von Tieren aller Art trat er schließlich in die Dienste von Herzog Cosimo und gestaltete für Seine Exzellenz ein Schreibzimmer über und über mit Vögeln unterschiedlicher Art und seltenen Pflanzen aus, alles mit Ölfarben göttlich ausgeführt [siehe rechts].[133] Anschließend schuf er mit unzähligen kleinen Figuren Kartons von allen Monaten des Jahres, die dann als wunderschöne Wandbehänge in Seide und Gold[134] mit solchem Fleiß und soviel Sorgfalt von Marco,[135] dem Sohn des flämischen Meisters Giovanni Rosto,[136] gewebt wurden, daß man in dieser Gattung nichts Besseres zu Gesicht bekommt.

Im Anschluß an diese Werke freskierte Bacchiacca die Grotte eines Brunnens am Pitti-Palast[137] und schuf zuletzt die Entwürfe für einen bestickten Bettvorhang, reich verziert mit Szenen und kleinen Figuren. Von Francescos Bruder Antonio Bacchiaccia,[138] einem hervorragenden Sticker, über und über mit Perlen und an-

*Francesco Ubertini, genannt Bacchiacca: Studiolo Herzog Cosimos I.
Florenz, Palazzo Vecchio*

deren Kostbarkeiten bestickt, war diese Bettverkleidung das prachtvollste Werk seiner Art.[139] Da Francesco allerdings vor der Fertigstellung dieses Betts verstarb, das für die Hochzeit des ehrwürdigen Fürsten von Florenz, Don Francesco de' Medici,[140] und der durchlauchten Königin Johanna von Österreich[141] bestimmt war, wurde es schließlich nach einem Entwurf Giorgio Vasaris unter seiner Leitung vollendet.

Francesco starb 1557 in Florenz.

Anhang

Anmerkungen zum Leben der Sangallo-Familie

1 Zum Bild zuletzt Geronimus 2006, S. 40–48. Anstelle einer Datierung in die 1480er Jahre, wie Geronimus vorschlägt, erscheint mir eine Datierung um 1516, nach dem Tod Giulianos, wahrscheinlicher.
2 Siehe Barolsky 1996.

Anmerkungen zum Leben des Giuliano und des Antonio da Sangallo

Zu Vasaris Text (S. 19–43)

1 Cosimo ›der Ältere‹ de' Medici (*1389 Florenz – †1464 ebenda)
2 Francesco di Bartolo Paolo Giamberti (*1405 Florenz ? – †1480 ebenda)
3 Giuliano Giamberti, genannt Giuliano da Sangallo (*um 1445 oder 1452 Florenz – †20. Oktober 1516 ebenda) nannte selbst das Jahr 1445 als sein Geburtsjahr, das in der Forschungsliteratur meistens übernommen wird. Andreas Tönnesmann weist jedoch auf abweichende Altersangaben in den Steuererklärungen von Giuliano da Sangallos Vaters Francesco Giamberti hin, aus denen sich 1452 als Giulianos Geburtsjahr errechnen läßt. Auch Paola Zampa verweist auf die widersprüchlichen Altersangaben der Brüder Sangallo in den Dokumenten. Wie es zu diesen Diskrepanzen kommen konnte und ob Giuliano da Sangallo oder sein Vater aus Steuergründen absichtlich ein falsches Alter angegeben hat, ist ungeklärt.

Bibl.: Tönnesmann 1983, S. 88; Bruschi/Zampa 2000, S. 273–274.
4 Antonio Giamberti, genannt Antonio da Sangallo der Ältere (*um 1455–1462 Florenz – † 27. Dezember 1534 ebenda)
5 In der Ausgabe von 1550 war der Vita ein allgemein formulierter

Passus moralisierenden Inhalts vorangestellt, in dem Vasari Talent als Verbindung von Willenskraft und Befähigung darstellt und die Werke eines Künstlers als Ursache für Ansehen und einen unsterblichen Namen. In der zweiten Ausgabe strich Vasari diesen Anfang und überarbeitete auch den übrigen Text der Vita stark. Auf diese Weise ist die zweite Version inhaltlich sehr viel kohärenter. Dabei werden aber auch Informationen über Francesco Giamberti unterschlagen, der nicht nur als Architekt, sondern auch als begabter Musiker in der Gunst Cosimo de' Medicis stand.

6 Francesco di Giovanni di Francesco (*1428 Florenz – †1495 ebenda), genannt Francione, war einer der berühmtesten Holzschnitzer seiner Zeit und auch als Architekt und vor allem als Festungsbaumeister vielbeschäftigt. Neben Giuliano da Sangallo waren Giuliano da Maiano, Francesco del Tasso, Baccio und Piero Pontelli seine wichtigsten Schüler. In der Fassung der Vita von 1550 schreibt Vasari außerdem über Francione, daß er ein Vertrauter von Lorenzo de' Medici dem Älteren gewesen sei, mit dem er den ganzen Tag Sonette und Scherzgedichte verfaßt habe.

Bibl.: Partsch 2004.

7 Lorenzo de' Medici, genannt der Prächtige (*1449 Florenz – †1492 ebenda)

8 Aufgrund einer Zeichnung Giuliano da Sangallos (*Codex Barberini*, lat. 4424, fol. 1r) ist unter anderem seine Mitarbeit am Chorgestühl der Kapelle des Palazzo Medici anzunehmen, das um 1465 zu datieren ist. Giulianos Zeichnung ist aber kein Entwurf, sondern zeigt vielmehr eine Variation des Chorgestühls und entstand vermutlich erst nach dessen Fertigstellung. Die Anfertigung des Chorgestühls durch die Werkstatt Franciones ist zwar nicht zweifelsfrei belegbar, jedoch sehr naheliegend, da sie auch mit anderen Arbeiten im Palazzo Medici beauftragt war. Giuliano da Sangallo war zu dieser Zeit aber sicher noch ein einfacher Mitarbeiter Franciones, denn ihre Partnerschaft ist erst ab dem Jahr 1480 dokumentiert.

Bibl.: Tönnesmann 1983, S. 90; Acidini Luchinat 1990, S. 89; Elam 1996, S. 733.

9 Zwischen 1462 und 1469 schuf die Werkstatt Franciones nicht nur Teile des intarsierten Chorgestühls in der Kathedrale von Pisa, sondern auch die intarsierte Holzdecke des Chores und geschnitzte Baldachine in der Verkündigungskapelle des Querhauses (1468–1469). Als Francione 1469 wegen seiner kranken Mutter nach Florenz zurückkehrte, wurden die Arbeiten zunächst von Giuliano da Maiano und später von zahlreichen anderen Werkstätten fortgesetzt. Bis auf wenige Paneele

wurden Franciones Arbeiten beim Brand des Domes im Jahre 1595 zerstört.

Bibl.: Novello 1995, S. 301–303; Partsch 2004.

10 Alfonso di Calabria (*1448 Geburtsort unbekannt – †1495 Kloster Mazara bei Messina), von 1494 bis zu seiner erzwungenen Abdankung am 23. Januar 1495 Alfonso II., König von Neapel

11 Infolge des als Pazziverschwörung in die Geschichte eingegangenen Mordkomplotts gegen Lorenzo und Giuliano de' Medici, bei dem Giuliano am 25. April 1478 getötet und Lorenzo verwundet wurde, kam es zum Ausbruch offener Feindseligkeiten zwischen dem eigentlichen Initiator der Verschwörung, Papst Sixtus IV., und Lorenzo de' Medici. Die Ermordung des an der Verschwörung beteiligten Erzbischofs von Pisa, Francesco Salviati, lieferte Sixtus IV. einen Vorwand, Lorenzo zu exkommunizieren und mit Hilfe der Truppen des verbündeten Ferdinando I. d'Aragona, König von Sizilien, genannt Ferrante, gegen Florenz in den Krieg zu ziehen. Im Zuge der Kriegshandlungen belagerten die Truppen des Herzogs von Kalabrien 1479 die Stadt Castellina im Chianti, wobei sie zum ersten Mal in der europäischen Geschichte extensiven Gebrauch von Feuerwaffen machten und Florenz eine kriegsentscheidende Niederlage zufügten. Um die drohende Plünderung von Florenz und eine vollständige Niederlage abzuwenden, reiste Lorenzo im Dezember 1479 zu Verhandlungen nach Neapel, die im März 1480 zu einem Friedensschluß führten. Doch erst die Eroberung von Otranto durch die Türken und der dadurch bedingte übereilte Abzug des neapolitanischen Heeres beendeten die Bedrohung der mediceischen Herrschaft über Florenz.

Bibl.: Brion 1969, S. 114–118; Rubinstein 1971, S. 239–240; Bentley 1987, S. 28; Butters 1994, S. 143.

12 Juren vermutet zu Recht, daß es sich hierbei nur um eine Mühle zur Herstellung von Munitionspulver handeln kann.

Bibl.: Chastel 1989, Bd. V, S. 180, Anm. 4.

13 Es ist nicht bekannt, ob Giuliano tatsächlich die Verteidigungsbauten von Castellina errichtete. Hingegen ist gesichert, daß er 1478 zusammen mit Francione und Francesco d' Angelo Cecca (*1447 – †1488) an der Befestigung von Colle di Val d'Elsa arbeitete.

Bibl.: Severini 1970, S. 17.

14 Es ist charakteristisch für Vasari, daß er immer wieder subtil auf die ›ruhmreichen Triumphe‹ der Medici aufmerksam macht – auch wenn er dafür die historischen Fakten uminterpretieren mußte. Der beiläufig als »andere Hindernisse« bezeichnete wirkliche Grund für den Abzug der neapolitanischen Truppen war die Eroberung Otrantos durch die

Türken. Ihr Abzug war also nicht die Folge von Giuliano da Sangallos Verteidigungskünsten. Schon Gaetano Milanesi wies in seiner Edition der *Vite* auf diesen Umstand hin.

Bibl.: Vasari, Ed. Milanesi, Bd. 4, S. 209, Anm. 1.

[15] Leonardo Salutati, Bischof von Fiesole von 1450 bis 1466/7

[16] Giovanbattista da Ricasoli (*1504 – †1572), 1530 Bischof von Cortona und 1560 von Pistoia, war eine wichtige Persönlichkeit und verfügte über eine umfassende humanistische Bildung. Er stand mit Künstlern wie Vasari, Tribolo und Bandinelli, aber auch mit Literaten wie Caro, Bartoli und Varchi in Kontakt und fungierte zudem als Berater der Accademia Fiorentina.

[17] Der Verbleib des antiken Marmorkapitells ist ungeklärt.

[18] Tatsächlich war Giuliano da Sangallo mit viel umfangreicheren Renovierungsarbeiten betraut worden. Das früher Cestello genannte Kloster von Santa Maria Maddalena de' Pazzi wurde von den Zisterzienserobservanten ab 1479 kontinuierlich erneuert und ist, auch wenn Giuliano da Sangallos Beteiligung erst ab 1488 eindeutig belegt ist, eines seiner wichtigsten sakralen Bauwerke in Florenz. Zusammen mit seinem Bruder Antonio da Sangallo erhielt er 1491 eine Bezahlung für ein Holzmodell, bei dem es sich sehr wahrscheinlich um ein Modell des Kreuzganges handelte. Dieser ist der Kirche vorgelagert und besitzt – in einer für Florenz ungewöhnlichen Gestaltung *all'antica*, die den Einfluß Albertis und Giulianos Antikenkenntnisse verrät – kannelierte Säulen mit ionischen Kapitellen und ein durchgängiges Gebälk, das nur vor dem Haupteingang der Kirche von einem pilastergetragenen Bogen unterbrochen wird. Die Kirche selbst weist zahlreiche für Giuliano da Sangallo charakteristische Elemente auf und wirkt wie ein Bindeglied zwischen Giulianos früherem Umbauprojekt von Santissima Annunziata und dem 1529 zerstörten Konvent von San Gallo, das er im gleichen Zeitraum errichtete. In der ersten Ausgabe der Vita wird dieser Kreuzgang nur namentlich und ohne weitere Beschreibung erwähnt.

Bibl.: Luchs 1975; Lepik 1994, S. 110–111; Elam 1996, S. 735; Pacciani 1998, S. 347–357.

[19] Keines der Modelle ist erhalten.

[20] Die Villa Poggio a Caiano bei Pistoia stellte einen vollkommen neuen und mit den *Cascine* auch in ihren landwirtschaftlichen Einrichtungen wegweisenden Ansatz im florentinischen Villenbau dar. Poggio a Caiano war die erste florentinische Villa, die vollständig nach den Prinzipien der Axialität, Symmetrie und präziser Proportionierung entworfen und in der vitruvianische und albertianische Regeln konsequent umgesetzt wurden. Die Villa wurde von Giuliano da Sangallo

möglicherweise, wie Santa Maria delle Carceri, im Jahre 1484 entworfen und entstand auf einem Grundstück, das Lorenzo de' Medici seit 1474 gehörte. 1486 waren die Fundamente und bei der Vertreibung der Medici im Jahre 1494 war das Bauwerk zu einem Drittel vollendet. Erst nach ihrer Rückkehr konnten die Bauarbeiten zwischen 1515 und 1519 abgeschlossen und die Räume mit Fresken von Francabigio, Pontormo und Andrea del Sarto dekoriert werden. Auch wenn Poggio a Caiano allgemein als Gemeinschaftswerk angesehen wird, in dem Giuliano da Sangallos Antikenkenntnis und Lorenzo de' Medicis literarisches Wissen einflossen, ist es der erste Bau, in dem die charakteristischen Eigenschaften von Giuliano da Sangallos Entwürfen voll hervortreten. Die zweistöckige Villa besitzt eine H-förmige Grundform, die sich über einem quadratischen Sockelgeschoß mit Arkadengängen erhebt, die vielleicht von Albertis Plänen für San Sebastiano in Mantua angeregt sind. Der Grundriß ist vollständig regelmäßig und axialsymmetrisch. Der zweistöckige, zentrale Salon mit dem von Vasari beschriebenen Tonnengewölbe bildet dabei das Bindeglied. In die Eingangsseite ist der erste seit der Antike errichtete Tempelportikus eingefügt, der in eine offene Eingangshalle mit kassettierter Decke führt. In Poggio a Caiano sollte zum ersten Mal ein Landsitz *all'antica* verwirklicht werden, der im Einklang mit der Natur steht. Vorbild war die vermeintliche Villa des Maecenas auf dem römischen Quirinal, die Giuliano da Sangallo im *Codex Barberini* rekonstruiert hatte (fol. 65v) – in Wirklichkeit handelte es sich bei den Ruinen um den Tempel der Serapis. Dieses Vorbild war zweifellos nicht nur aus architektonischen Gründen gewählt worden, sondern hatte eine tiefere symbolische Bedeutung, denn Lorenzo de' Medici ließ sich von Dichtern und Humanisten als Maecenas der Gegenwart feiern (Brothers 2002, S. 66–67).

Bibl.: Borsi 1985, S. 409–417; Ackerman 1990, S. 79–84; Lepik 1994, S. 92–93; Hemsoll 1995, S. 199–201; Elam 1996, S. 734; Pacciani 1998, S. 347–357; Brothers 2002; Frommel 2002, S. 420–423; Clarke 2003, S. 161.

21 Für eine regelmäßige Provision finden sich keine Belege.

22 Dies kann aufgrund der Veränderungen am Haus der Sangalli nicht mehr überprüft werden. 1490 konnten die Brüder in der Nähe des Cestello (heute Santa Maria Maddalena de' Pazzi), wo Lorenzo de' Medici brachliegende Flächen innerhalb der Stadt erschließen wollte, mit dem Bau eines ambitionierten Stadthauses beginnen – dem heutigen Palazzo Panciatichi-Ximenes oder San Giorgio im Borgo Pinti. Sofern es einen tonnengewölbten Saal in diesem Haus gab, wurde er im Zuge der Umbauten und Erweiterungen im 17. Jahrhundert durch Gherardo Silvani

zerstört. Ein kleinerer Raum mit Tonnengewölbe existiert noch. Vielleicht meinte Vasari diesen Raum. Allerdings hatte Giuliano da Sangallo bereits im Palazzo Scala (heute Palazzo Gherardesca) ein Tonnengewölbe errichtet und der Palazzo della Rovere in Savona besitzt ein solches im Eingangsbereich. 1510 beschreibt Francesco Albertini in seinem Florenzführer das Haus als ungewöhnlich prachtvoll und erwähnt die erstklassige Antikensammlung, die in ihm aufbewahrt werde.

Bibl.: Elam 1996, S. 736; Clarke 2003, S. 254.

23 Das Gewölbe wurde erst nach der Rückkehr der Medici im Jahre 1515 vollendet.

24 Julius II. (*1443 Albissola – †1513 Rom), Papst ab 1503, weltlich Giuliano della Rovere

25 Giuliano da Sangallos Beteiligung an der Instandsetzung der Festung von Ostia in den Jahren 1479 bis 1486 ist äußerst fraglich und wird durch Inschriften widerlegt, die als verantwortlichen Architekten Baccio Pontelli nennen.

Bibl.: Severini 1970, S. 17–18; Elam 1996, S. 736.

26 Vasari verwechselt in diesem Fall die Villa Poggio Reale, für deren Bau Lorenzo de' Medici den Architekten Giuliano da Maiano an den neapolitanischen Thronfolger Alfonso von Kalabrien vermittelt hatte, mit Giuliano da Sangallos Palastmodell für Ferdinando I. d'Aragona, König von Sizilien, genannt Ferrante. Dies ist jedoch nicht überraschend, weil sich beide Ereignisse zeitlich überschnitten. Die genauen Umstände, unter denen sich Ferrante an Lorenzo de' Medici wandte, und seine ursprünglichen Wünsche sind ungeklärt, ja es ist nicht einmal bekannt, ob die Initiative wirklich von ihm ausging – zweifellos dürften das Villenprojekt seines Sohnes Alfonso und Lorenzos Villa in Poggio a Caiano eine Rolle gespielt haben. Sicher ist aber, daß dem Modell aus florentinischer Sicht höchste diplomatische Bedeutung zukam und Lorenzo de' Medici seine Anfertigung finanzierte. Zwar ist das Modell, von dem Vasari spricht, nicht mehr erhalten, doch die Grundrisse im *Taccuino Senese* (fol. 17v) und *Codex Barberini* (Barb. lat. 4424, fol. 8v und 39v) vermitteln einen Eindruck von seinen enormen Dimensionen. Der reale Palast hätte eine quadratische Fläche mit jeweils über 190 m Seitenlänge eingenommen. Allein das Modell hätte bei dem in dieser Zeit üblichen Maßstab von 1:60 ca. 3,10 m x 3,10 m gemessen. Vasaris Aussage, Giuliano da Sangallo hätte »sehr viel Zeit« für das Modell aufgewandt, erscheint also durchaus realistisch. Giuliano da Sangallos Grundrisse zeigen, daß er sich in einigen Punkten an Lorenzo de' Medicis Villa Poggio a Caiano orientierte und sein Entwurf wie diese als ›Rekonstruktion‹ eines antiken *domus* gedacht war, er die Dimensionen

aber um ein Vielfaches steigerte. Gleichzeitig flossen Elemente der antiken Monumentalarchitektur, wie etwa der römischen Thermen, in den Entwurf ein. Die Anlage sollte axialsymmetrisch ausgerichtet sein und eine eindeutige Eingangsseite besitzen. Der Eingang sollte vermutlich die Form eines antiken Triumphbogens haben, der auf einen abgesenkten Hof mit theaterartigen Sitzreihen führte, an den sich ein großer Saal anschloß. Zu beiden Seiten waren zahlreiche Raumfluchten vorgesehen. Da Aufrisse von der Hand Giuliano da Sangallos fehlen, sind Rekonstruktionsvorschläge, wie sie unter anderem Biermann und Worgull lieferten, höchst spekulativ. Ebenso fraglich ist, ob der Entwurf tatsächlich in dieser Form umgesetzt werden sollte. Es ist möglich, daß es sich bei dem Modell um einen Idealentwurf handelte, der wie andere Modelle, die zwischen den italienischen Höfen ausgetauscht wurden, über architektonische Entwicklungen und Vorstellungen informierte, aber nie zur Verwirklichung vorgesehen war. Möglich ist auch, daß Lorenzo de' Medici und Giuliano da Sangallo in ihrem Wunsch, den König zu beeindrucken, weit über das Ziel hinausschossen. Es ist deswegen nicht weiter verwunderlich, daß – im Gegensatz zu Vasaris Behauptung – niemals mit dem Bau des Palastes begonnen wurde, der die finanziellen Möglichkeiten des neapolitanischen Königshauses in ähnlicher Weise gesprengt hätte wie Giuliano da Sangallos Entwürfe für die von Lorenzo geplante Stadtvilla in der Via Laura in Florenz die der Medici.

Bibl.: Hersey 1969, S. 79; Biermann 1970; Biermann/Worgull 1979; Borsi 1985; Lepik 1994; Hemsoll 1995, S. 202–205; Elam 1996, S. 734; Pacciani 1998, S. 347; Frommel 2002, S. 420–424; Clarke 2003, S. 156–158.

27 Ferdinando I. d'Aragona, König von Sizilien, genannt Ferrante (*1431 Valencia – †1494 Neapel), König ab 1458

28 In Wirklichkeit erhielt Giuliano da Sangallo am 28. Februar 1489 eine eher bescheidene Zahlung von hundert Dukaten, die in den Rechnungsbüchern des Königshauses verzeichnet ist.

29 Die drei Antiken können nicht eindeutig identifiziert werden.
Bibl.: Parronchi 1981, S. 27–37.

30 Fra Mariano da Ghinazzano (Lebensdaten unbekannt), späterer Ordensgeneral der Augustiner-Eremiten und Gegner Savonarolas, stand bei Lorenzo de' Medici in hohem Ansehen.

31 Hier handelt es sich um eine Anekdote Vasaris. Tatsächlich führten die Mitglieder der Familie Giamberti den Beinamen »da Sangallo«, den sie von ihrem Wohnsitz bei der Porta San Gallo in Florenz ableiteten, nachweislich schon 1465.

[32] Von den Modellen ist keines erhalten oder auch nur nachgewiesen. Die Bauarbeiten an dem Augustiner-Eremiten-Konvent von San Gallo, für die die Werkstatt der Sangalli auch ein Kruzifix und sicher auch weitere Ausstattung lieferte, begannen 1488. Von den Bauten ist nichts erhalten, da sie 1529 abgerissen wurden, als die Florentiner die Vororte ihrer Stadt zu Beginn der Belagerung durch die kaiserlichen Truppen niederlegten, um sie besser verteidigen zu können. Ihr Aussehen ist durch Grundstückspläne (Uffizien 1573A und 1574A), einen Brief aus dem Jahre 1492 und Vasaris Fresko mit der Rückkehr Cosimos des Älteren im Palazzo Vecchio dokumentiert. Auch Benedetto Varchi erwähnt das Konvent in seiner *Storia fiorentina.*

Bibl.: Kent 1982.

[33] Der Bankier Giuliano Gondi (*1421 Florenz – †1501 ebenda) gab 1480 eine neapolitanische Niederlassung seines Bankhauses in den florentinischen Steuerakten an. Das Bankhaus Gondi hatte allerdings bereits seit den fünfziger Jahren seinen wirtschaftlichen Schwerpunkt in Neapel, wo es dem Königshaus als Verbindung nach Florenz diente. Giuliano Gondi, der unter den Medici nur wenige öffentliche Funktionen innehatte, scheint eine ambitionierte Rolle in der republikanischen Opposition gespielt zu haben und wurde deshalb 1474 von allen öffentlichen Ämtern ausgeschlossen. Wahrscheinlich hatte er als Berater König Ferrantes einen bedeutenden Anteil an den Friedensverhandlungen des Jahres 1480 und schien eine so wichtige Stellung am Hofe gehabt zu haben, daß der König drei Jahre später einen Botschafter mit dem Ziel, Gondi zu rehabilitieren, nach Florenz entsandte. Nach der Vertreibung der Medici übernahm Gondi hingegen gleich wichtige Ämter in Florenz.

Bibl.: Tönnesmann 1983, S. 3–8; Tabacchi 2001.

[34] Vasari meint den Löwenzwinger, in dem der *Marzocchio*, der Löwe der Florentiner Republik, gehalten wurde.

[35] Gemeint ist die Mercanzia Vecchia, die später abgerissen wurde.

[36] Neben dem Palazzo Strozzi stellt der Palazzo Gondi eines der ambitioniertesten Projekte des florentinischen Palastbaus im 15. Jahrhundert dar. Die Planungen für ihn begannen in den achtziger Jahren des 15. Jahrhunderts, wie Dokumente über Hauskäufe durch Gondi belegen. Giuliano Gondi dürfte sich dabei ganz bewußt für Giuliano da Sangallo als Architekten entschieden haben, weil dieser mit Poggio a Caiano bereits eine exemplarische Villa errichtet und mit dem Projekt für König Ferrante ein noch viel großartigeres konzipiert hatte und er gleichzeitig durch seine Wahl seine enge Verbundenheit mit Lorenzo de' Medici ausdrücken konnte (Satzinger 1995, S. 153). Die Errichtung des Palastes

begann am 20. Juli 1490 mit der feierlichen Grundsteinlegung, zu deren Anlaß Gondi auch eine Medaille anfertigen ließ (Clarke 2003, S. 26). Weil die notwendigen Grundstücke teilweise erst nach Baubeginn erworben werden konnten und die schnelle Bewohnbarkeit offensichtlich erwünscht war, wurde der Palast abschnittsweise errichtet und dabei bestehende Gebäude integriert und angepaßt – eine Praxis, die aus Kostengründen im Palastbau des 15. Jahrhunderts üblich war. Als Giuliano Gondi 1501 starb und sein Vermögen unter sechs Erben aufgeteilt werden musste, wurden die Arbeiten abgebrochen. Von der Fassade war zu diesem Zeitpunkt nur rund ein Drittel fertiggestellt, das Kranzgesims fehlte gänzlich. Wie der Palast ursprünglich aussehen sollte, ist nicht bekannt. Die Forschung hat darüber weitreichende Spekulationen angestellt. Offensichtlich ist jedenfalls, daß Giuliano da Sangallo mit seinem Entwurf für den Palazzo Gondi der Tradition des florentinischen Palastbaus folgte, die in Michelozzos Palazzo Medici und im Palazzo Strozzi ihre Form gefunden hatte. Der Palazzo Gondi stellt in gewisser Weise eine Synthese dieser beiden Bauten dar, denn Giuliano da Sangallo übernahm vom Palazzo Medici den Fassadenaufbau und vom Palazzo Strozzi die feinere Rustifizierung. Wie diese besitzt er einen arkadengerahmten Hof, der ein antikes Atrium nachahmt. In seinem Inneren ist der Palazzo Gondi reich mit antikisierenden Bauelementen dekoriert, die jedoch um 1870 zu großen Teilen überarbeitet wurden, als der Architekt Giuseppe Poggi die Fassade des Palastes auf einer Breite von sieben Fensterachsen fertigstellte.

Bibl.: Tönnesmann 1983; Satzinger 1995; Frommel 1998, S. 417; Pacciani 1998, S. 357 und S. 349; Clarke 2003; Pellecchia 2003.

37 Dieser Kamin wird von Vasari in der ersten Ausgabe der Vita noch nicht erwähnt und befindet sich an der Nordwand der *Sala grande* des Palazzo Gondi. Er entstand um 1501 bis 1503. Das Kaminsims ist mit einem Fries geschmückt, der Neriden und Tritonen darstellt und ruht auf Baluster-Supporten. Bekrönt wird er von Statuen des Herkules und des Samson.

Bibl.: Pope-Hennessy 1964, Bd. I, S. 183–187; Tönnesmann 1983, S. 60–62; Elam 1996, S. 735.

38 Zweifellos meint Vasari die Stadtvilla des florentinischen Kanzlers Bartolomeo Scala (*Florenz 1430 – †ebenda 1497), die heute den Kern des Palazzo della Gherardesca bildet. Nach Scalas Tod erwarb sie Cornelia Salviati, die Witwe des Venezianers Bartolomeo Martini, den Vasari irrtümlich für den Bauherren gehalten haben könnte. Das Haus wurde zwischen 1470 und 1480 errichtet und wird heute allgemein als frühestes Bauwerk Giuliano da Sangallos in Florenz angesehen. Wahr-

scheinlich ist es auch das erste, das er nach der Theorie des antiken Hauses und unter Verwendung antiker Architekturformen geplant hatte. Und obwohl aus Kostengründen kein kostbarer Marmor verwendet wurde, konnte Giuliano da Sangallo seine Vorstellungen exemplarisch verwirklichen, denn der Humanist Bartolomeo Scala war genauso wie er in höchstem Maße an der Antike interessiert (Pellecchia 1989, S. 259). So ist der Innenhof von Arkaden gerahmt, deren Aufbau antike Vorbilder wie das Kolosseum nachahmen und mit *all'antica*-Reliefs dekoriert, die Motive aus Bartolomeo Scalas moralisierenden Schriften zur Grundlage hatten und sich formal an Giuliano da Sangallos Zeichnungen nach den Reliefs römischer Triumphbögen orientieren. Die Loggia besitzt ein stukkiertes Tonnengewölbe wie in späteren Bauten Giuliano da Sangallos. Das Haus wurde zuletzt im 19. Jahrhundert umgestaltet.

Bibl.: Chastel 1989, *Vite* Bd. V, S. 180, Anm. 27; Tönnesmann 1983; Pellecchia 1989; Elam 1996, S. 733; Frommel 1998, S. 417 und S. 421; Pacciani 1998, S. 338; Clarke 2003, S. 265–267.

39 Welche Gebäude Vasari gemeint haben könnte, läßt sich nicht beantworten. Stilistisch könnte Giuliano da Sangallo nur noch der Palazzo Cocchi an der Piazza Santa Croce zugeschrieben werden, der ebenfalls in den siebziger Jahren des 15. Jahrhunderts entstand.

Bibl.: Tönnesmann 1983, S. 98–100; Chastel 1989, *Vite* Bd. V, S. 182, Anm. 28; Elam 1996, S. 733.

40 Die Entscheidung, Poggio Imperiale bei Poggibonsi zu befestigen und dort eine Stadt zu gründen, wurde vom florentinischen Stadtrat 1492 gefällt. Es kam jedoch nie zu einer Besiedlung, und auch die Befestigungsanlagen blieben unvollendet. Offensichtlich stammt der Entwurf für sie von Giuliano da Sangallo. Er griff dabei auf Konzepte zurück, die Francesco di Giorgio Martini für Stadtpläne entwickelt hatte. Es gibt aber keine Belege für seine Beteiligung an der Ausführung der Bauten. Hingegen ist eine Beteiligung seines Bruders Antonio da Sangallo nach 1495 belegt. Im Jahre 1488 unterbreiteten Giuliano und Antonio da Sangallo Lorenzo de' Medici auch Pläne für die Festung von Sarzana, die jedoch abgelehnt wurden.

Bibl.: Severini 1970, S. 21–27; Lamberini 1994, S. 420–422; Masi 1989; Elam 1996, S. 736; Francovich/Valenti 2007.

41 Lodovico I. Maria Sforza, genannt ›Il Moro‹ (*1451 Vigevano – †1508 Loches), Regent von Mailand 1476–1494, Herzog von Mailand und Graf von Pavia 1494–1499, starb in französischer Gefangenschaft.

42 Anders als bei dem Palastmodell, das Giuliano da Sangallo für König Ferrante angefertigt hatte, handelte es sich in diesem Fall nicht um ein Modell eines fiktiven Gebäudes, sondern um eines der Villa Poggio a

Caiano, um das Herzog Lodovico Sforza im Jahre 1492 Piero de' Medici ersucht hatte. Es gibt also keinen Zweifel, daß es nicht als Modell für ein wirkliches Bauprojekt gedacht war. Vielmehr ist das Modell als eigenständiges Kunstwerk und als strategisches Geschenk anzusehen, das die ›kulturelle Leistungsfähigkeit‹ von Florenz verdeutlichen und den Mailänder Hof beeindrucken sollte. Aus diesem Grund brachte Giuliano da Sangallo das Modell noch im gleichen Jahr persönlich an den Hof des Herzogs in Vigevano, und vor diesem Hintergrund sind auch die Ehrbezeugungen zu verstehen, bei denen Vasari in gewohnter Weise übertreibt. Offensichtlich glaubte er auch an ein tatsächliches Bauprojekt, dessen fehlende Spuren er sich einen Absatz weiter nur mit dem Abbruch der Arbeiten erklären kann.

Bibl.: Lepik 1994, S. 111; Elam 1996, S. 736.

43 Leonardo da Vinci (*1452 Anchiano bei Vinci – †1519 Amboise bei Tours)

44 Seit den siebziger Jahren des 15. Jahrhunderts beabsichtigte Lodovico Sforza, die militärischen Verdienste seines Vaters Francesco durch ein monumentales Reiterdenkmal zu würdigen und gleichzeitig seine Herrschaft über Mailand zu legitimieren. Nicht zuletzt, weil er dem Herzog die Verwirklichung dieses Denkmals zugesagt hatte, war Leonardo da Vinci an den Mailänder Hof gerufen worden. Bis 1492 hatte er lediglich ein – immerhin sieben Meter hohes – Tonmodell fertiggestellt, das 1499 von französischen Söldnern zerstört wurde. Wie Giuliano da Sangallo, der wahrscheinlich noch weniger Erfahrung mit Bronzeguß hatte als Leonardo, diesem hätte helfen können, läßt sich nicht nachvollziehen (vgl. Vasari, *Leonardo*, S. 32–33 und S. 88–90, Anm. 80).

Bibl.: Zöllner 1999, S. 46–47.

45 Der Werkstatt der Sangalli können mehr oder weniger sicher eine ganze Reihe Kruzifixe zugeschrieben werden. Jedoch wird gerade das Holzkruzifix (Holz, Maße unbekannt, Santissima Annunziata) für den Hauptaltar von Santissima Annunziata im Widerspruch zu Vasaris Aussage in zeitgenössischen Quellen ausdrücklich als Werk Giuliano da Sangallos genannt. Die Widersprüchlichkeit erklärt sich vermutlich zum Teil dadurch, daß Vasari das Kruzifix ein gutes Jahrzehnt zu spät datiert. Tatsächlich entstand es bereits 1481 und wurde spätestens im September 1482 über dem Altar plaziert. Es wurde später in die zweite Kapelle auf der rechten Seite der Kirche umgehängt, wo es sich noch heute befindet.

Bibl.: Lisner 1970, S. 85–93 und S. 104–107.

46 Das Holzkruzifix (Holz, Maße unbekannt, Santissima Annunziata) für die – zwischen 1488 und 1492 im Auftrag Lorenzo de' Medicis von Giuliano da Sangallo weitgehend neuerrichtete und während der Bela-

gerung von 1529 abgerissene – Kirche des Konvents von San Gallo wurde von Antonio da Sangallo vor 1492 geschaffen und wird allgemein als sein erstes selbständiges Werk angesehen. Zu Lebzeiten Vasaris befand es sich in der später abgerissenen Kirche San Jacopo tra' Fossi, heute findet es sich ebenfalls in Santissima Annunziata, wo es im Vestibül der Cappella della Compagnia di San Luca aufgestellt ist.

Bibl.: Lisner 1970, S. 87 und S. 104.

47 Das Holzkruzifix für die Compagnia dello Scalzo wurde zuletzt 1758 erwähnt und ist heute verschollen.

Bibl.: Lisner 1970, S. 87 und S. 104.

48 Lorenzo de' Medici starb am 8. April 1492.

49 Die Bauarbeiten an der Kirche Santa Maria delle Carceri in Prato, die zur Aufbewahrung eines nach einer Marienerscheinung im Jahre 1484 verehrten und in kürzester Zeit zu einem Pilgerziel gewordenen Freskos aus den alten städtischen Gefängnissen bestimmt war, wurden bereits 1485 begonnen, also noch zu Lebzeiten von Lorenzo de' Medici. Das Projekt wurde vor allem von Lorenzos Onkel Carlo de' Medici vorangetrieben, der Propst der Kirche Pieve di San Stefano war (dem heutigen Dom von Prato) und auf diese Weise, in Konkurrenz zur Kommune, den Pilgerstrom kontrollieren wollte. Zunächst war Giuliano da Maiano von der Kommune als Architekt ausgewählt worden. Giuliano da Maianos Entwurf sah eine viel größere Kirche vor, die einen zu geringen Abstand zu dem in unmittelbarer Nähe stehenden Kastell gehabt hätte. Deshalb intervenierte der florentinische Magistrat bei Lorenzo de' Medici. Dieser ließ die Arbeiten stoppen und übertrug den Auftrag Giuliano da Sangallo, der ein Modell nach seinen Plänen anfertigte und die Bauarbeiten an der Kirche bis 1499 leitete. Für Lorenzo de' Medici hatte diese Entscheidung gleichzeitig den Vorteil, daß Giuliano da Maiano frei für das politisch viel wichtigere Villenprojekt von Poggio Reale für den Herzog von Kalabrien war.

Im Jahre 1506 wurden die Arbeiten an Santa Maria delle Carceri eingestellt und erst im 19. Jahrhundert wieder aufgenommen, die Kirche blieb aber unvollendet. Mit ihren streng geometrischen Formen auf der Basis eines griechischen Kreuzes und ihrer der Tradition Brunelleschis verpflichteten Faltkuppel ist Santa Maria delle Carceri ein geradezu exemplarisches Beispiel für die florentinische Architektur des 15. Jahrhunderts. In der gleichen Tradition steht die Fassade in weißem und grünem Marmor, von der nur die untere Ordnung unter Giuliano da Sangallo fertiggestellt wurde. Charakteristisch für Giuliano da Sangallo sind die Verwendung von Balustraden an der Innenseite der Kuppelbasis und um die Laterne sowie die Ausformung der dekorativen Details. So variierte er für die Pilasterkapitelle die Pegasus-Kapitelle des Mars-Ultor-Tempels, die er in Rom studiert hatte, ersetzte in ihnen die Voluten durch Evangelistensymbole und fügte die Insignien der Stadt Prato hinzu. Vermutlich hatte aber auch Lorenzo de' Medici, der die Baustelle häufig besuchte, erheblichen Einfluß auf den Entwurf.

Bibl.: Bardazzi/Castellani/Gurrieri 1978; Belluzzi 1994; Lepik 1994, S. 94–96; Davies 1995; Elam 1996; Pacciani 1998, S. 347–357.

50 Giuliano da Maiano, eigentlich Giuliano di Leonardo d'Antonio (*1432 Maiano bei Fiesole – †1490 Neapel)

51 Am 19. September 1499 wurde ein Vertrag zwischen dem Bischof von Loreto und Giuliano da Sangallo über die Ausführung der Kuppel der Kirche der Madonna von Loreto geschlossen.

Bibl.: Chastel 1989, *Vite* Bd. V, S. 182–183, Anm. 39.

52 Tatsächlich war die Kuppel bereits im Mai 1500 fertig. Die Arbeiten dauerten also nur acht Monate und nicht drei Jahre. Um ihre Standfestigkeit war es allerdings nicht allzugut bestellt, wie Dokumente und die von Vasari in der Vita des Antonio da Sangallo des Jüngeren erwähnte Renovierung durch diesen belegen (siehe S. 64).

Bibl.: Chastel 1989, *Vite* Bd. V, S. 183, Anm. 40.

53 Alexander VI., weltlich Rodrigo de Borja oder Borgia, (*um 1431 in Játiva bei Valencia – †1503 Rom), Papst ab 1492

54 Es war Antonio, und nicht Giuliano da Sangallo, der von Papst Alexander VI. beauftragt wurde, Santa Maria Maggiore in Rom zu erneuern. Die umfassenden Arbeiten wurden zwischen 1499 und 1501 ausgeführt.

Bibl.: Satzinger 1996, S. 739; Frommel 1998, S. 420.

55 Über das Modell, von dem Vasari spricht, ist nichts bekannt. Giuliano della Rovere, der spätere Papst Julius II., wurde bereits 1471 zum Kardinal ernannt und ließ sich in den folgenden Jahren einen Palast bauen, der möglicherweise in ein späteres Bauwerk integriert wurde. Wahrscheinlich hielt sich Giuliano da Sangallo zu dieser Zeit schon in Rom auf. Es ist jedoch sehr fraglich, ob er schon als Architekt tätig war. Vielmehr ist davon auszugehen, daß er diese Tätigkeit erst nach seiner Rückkehr nach Florenz aufnahm.

56 Der Palast von Kardinal Giuliano della Rovere in Savona wurde erst 1495, nach dessen Rückkehr aus dem französischen Exil, begonnen und blieb unvollendet. Es wäre aber naheliegend, daß Giuliano da Sangallo, gleich nachdem er 1494 in die Dienste des Kardinals getreten war, mit den Planungen begann. Die schlichte Fassade des Palastes ist durch Pilaster und Gesimse aus weißem und schwarzem Marmor gegliedert, die teilweise aus Rom stammten. Wie im Palazzo Scala (heute Palazzo Gherardesca) und Poggio a Caiano gibt es auch hier ein Tonnengewölbe

im Eingangsbereich. Seit dem 16. Jahrhundert wurden an dem Palast zahlreiche Umbauten vorgenommen.

Bibl.: Elam 1996, S. 737; Clarke 2003, S. 185–186 und S. 254.

57 Antonio da Sangallo trat 1494 nach der Vertreibung der Medici aus Florenz in die Dienste Alexanders VI., für den er zahlreiche Befestigungsbauten errichtete. Daß er den Ausbau der Befestigungsanlagen der Engelsburg leitete, ist durch Dokumente belegt.

Bibl.: Satzinger 1996, S. 739; Frommel 1998, S. 417; Zampa 2000, S. 275; Bruschi 2002, S. 39.

58 Cesare Borgia (*1475 Rom – †1507 Viana), Sohn von Papst Alexander VI. und Vannozza Catanei. Ludwig XII. von Frankreich, den er auf dem Feldzug gegen Mailand begleitete, ernannte ihn zum Herzog von Valentinois (genannt Duca Valentino). Später proklamierte sich Cesare Borgia zum Herzog der Romagna.

59 Die zwischen 1497 und 1502 ausgebaute päpstliche Festung von Civita Castellana an der Via Flaminia ist eines von Antonio da Sangallos wichtigsten Bauwerken. Der Ehrenhof der Festung nimmt Motive des florentinischen Palastbaus auf. Seine Arkaden zitieren, wie die von Giuliano da Sangallos Palazzo Scala (heute Palazzo Gherardesca), das römische Kolosseum.

Bibl.: Satzinger 1996, S. 739; Frommel 1998, S. 417 und S. 420–421; Bruschi 2002, S. 40–42; Zampa 2002, S. 242–243.

60 Auch hier stimmt Vasaris Chronologie nicht, denn Kardinal Giuliano della Rovere, der seine Residenz in Ostia 1492 nach der Wahl seines ärgsten Feindes Rodrigo Borgia zum Papst verlassen hatte, kehrte bereits im März 1494 nach Rom zurück. Zu diesem Zeitpunkt war mit dem Bau des Palastes noch nicht begonnen worden.

61 Ende April des Jahres 1494 verließ Kardinal Giuliano della Rovere Ostia und reiste über Nizza und seinen Bischofssitz Avignon an den französischen Königshof in Lyon, wo er am ersten Juni eintraf. Daß sich Giuliano da Sangallo in seinem Gefolge befand, ist nicht anzuzweifeln, da sein Aufenthalt in Südfrankreich belegt ist, wo er Zeichnungen antiker Monumente anfertigte, etwa von dem Triumphbogen in Vienne (*Codex Barberini*, lat. 4424, fol. 7v).

Bibl.: Chastel 1989, *Vite* Bd. V, S. 183, Anm. 51.

62 Karl VIII. (*1470 Amboise – †1498 ebenda), König von 1483 bis 1498

63 Weil über diese Episode nichts weiteres bekannt ist, handelt es sich möglicherweise um eine Ausschmückung Vasaris.

64 Giuliano da Sangallo reiste zwischen dem 26. April und dem 4. Mai 1496 von Avignon nach Grasse und von dort weiter nach Italien, wo er in pisanische Gefangenschaft geriet, was ein Briefwechsel zwischen den

Regierungen von Florenz und Lucca aus dem Februar 1497 bezeugt. Spätestens im Herbst des Jahres war er wieder frei und nach Florenz zurückgekehrt, wo er am 29. November zum Architekten der Militärkommission (*Dieci di Balia*) ernannt wurde.

Bibl.: Chastel 1989, *Vite* Bd. V, S. 183, Anm. 52.

65 Antonio da Sangallo wird mit zahlreichen Festungsbauten in Zusammenhang gebracht. Im Falle der Festung von Montefiascone gibt es jedoch keinerlei Belege dafür, daß er sie entworfen hätte.

Bibl.: Severini 1970, S. 30, Anm. 33.

66 Entgegen Vasaris Aussage muß Antonio da Sangallo bereits vor dem 7. Dezember 1497 nach Florenz zurückgekehrt sein, denn an diesem Tag erwarben die Brüder ein Grundstück, das an ihren Besitz im Borgo Pinti grenzte.

Bibl.: Chastel 1989, *Vite* Bd. V, S. 183, Anm. 54.

67 Pius III. (*1439 Siena – †1503 Rom), weltlich Francesco Todeschini-Piccolomini, Papst im Jahr 1503

68 Die Wahl Julius' II. fand am 26. November 1503 statt.

69 Donato Bramante (*1443/1444 Monte Asdrualdo, heute Fermignano/Marken – †1514 Rom)

70 Piero di Tommaso Soderini (*1452 Florenz – †1522 Rom) stammte aus einer florentinischen Kaufmannsfamilie, die seit dem 13. Jahrhundert eine wichtige Rolle im politischen Leben der Stadt spielte. Piero Soderini war Diplomat und ein einflußreiches Mitglied der *Arte della lana*, der Seiden- und Wollweberzunft, der damals mächtigsten Zunft von Florenz. In seiner Jugend stand er dem neuplatonischen Zirkel um Marsilio Ficino nahe, später gehörte er dem Kreis um den Humanisten Giovanni Antonio Vespucci an, einem Anhänger Girolamo Savonarolas. Dies führte zu seiner Beteiligung am Sturz des Piero de' Medici im Jahre 1494. Jedoch war er für seine Heimatstadt schon früher als Diplomat tätig. Nach dem Sturz und der Hinrichtung Savonarolas 1498 übernahm er eine führende Position im Rat der Stadt und wurde 1502 zum ersten Gonfaloniere auf Lebenszeit gewählt – ein Amt, das vor Soderinis Ernennung nur zeitlich begrenzt vergeben worden war. In dieser Funktion bemühte er sich wenig erfolgreich um eine Politik des Ausgleichs und der Stabilität. 1512 mußte er bei der Rückkehr der Medici ins römische Exil gehen. In seiner Funktion als Gonfaloniere war er für die Vergabe bedeutender künstlerischer Aufträge verantwortlich, darunter die Fresken der Anghiari- und der Cascinaschlacht im großen Ratssaal des Palazzo Vecchio an Leonardo da Vinci und Michelangelo (1503–1504). Welche Rolle er bei der Vergabe des Auftrags für die Statue des *David* an Michelangelo (1501) durch die Dombauhütte spielte, läßt sich nicht mehr eindeutig feststellen.

Bibl.: Stephens 1983, S. 51–53 und S. 58–65; Lowe 1993; Pegazzano 1996.

71 Antonio übernahm die Bauleitung im Jahr 1495.

72 Poggio Imperiale wurde 1502 von Aretinern zerstört, die sich unter der Führung von Niccolò Piccinino von der florentinischen Herrschaft befreien wollten, und ab 1503 nach einem Entwurf Giuliano da Sangallos wiedererrichtet, den dieser im Oktober 1502 in Arezzo präsentierte. Antonios Mitarbeit an dem Projekt ist für das Jahr 1505 belegt.

Bibl.: Chastel 1989, *Vite* Bd. V, S. 184, Anm. 61.

73 Antonios Tätigkeit als Stadtarchitekt ist durch eine umfangreiche Korrespondenz belegt.

74 Michelangelo Buonarroti (*1475 Caprese – †1564 Rom)

75 Auch in der Vita Michelangelos schreibt Vasari, daß das für Julius II. geplante Grabmal der Anlaß für den Neubau von Sankt Peter gewesen sei. Seine Aussage ist insofern bedeutsam, weil sie Giuliano da Sangallo eine wichtige Rolle bei dieser Entscheidung zuspricht – in der Vita Michelangelos erwähnt er ihn jedoch nicht. Dort beschreibt er die Entstehungsgeschichte des Grabmals von Papst Julius II. ausführlich (Vasari, *Michelangelo*, S. 63–67 und S. 117–120).

76 Vasaris Chronologie ist an dieser Stelle nicht korrekt. Bramante lebte schon ab 1499 in Rom.

77 Baldassarre Peruzzi (*1481 Anchiano bei Siena – †1536 Rom)

78 Raffaello Santi (*1483 Urbino – †1520 Rom)

79 Bramante wurde die Leitung der Bauarbeiten an Sankt Peter am 18. April 1506 übertragen.

80 Tatsächlich war Giuliano da Sangallo 1503 in der Hoffnung auf ein hohes Amt am Papsthof nach Rom gegangen. Er wurde jedoch enttäuscht, da Bramante die wichtigsten Aufträge erhielt, während von Giuliano da Sangallos Entwürfen nur wenig verwirklicht wurde. Nachdem er Bramante 1506 im Wettbewerb um den Neubau von Sankt Peter unterlegen war, kehrte Giuliano da Sangallo zwischen Juli und November 1507 nach Florenz zurück.

Bibl.: Elam 1996, S. 737.

81 Hier scheint sich Vasari zu irren, denn Bartolomeo della Rovere (*1447 Savona – †1494 Rom) war ein Bruder von Papst Julius II. und ab 1472 Bischof von Massa Maritima und 1474 von Ferrara.

82 Schon 1504 hatte Giuliano da Sangallo eine dorische Loggia in der Engelsburg errichtet (siehe auch Anm. 57).

Bibl.: Elam 2002, S. 211.

83 Nikolaus V., weltlich Tommaso Parentucelli (*1397 Sarzana bei La Spezia – †1455 Rom), wurde 1447 zum Papst gewählt.

84 Die Festung von Borgo Sansepolcro wurde von Giuliano da Sangallo

1501 für Papst Alexander VI. entworfen und in den folgenden Jahren ausgeführt.

Bibl.: Severini 1970; Taddei 1977.

85 Vor Dezember des Jahres 1508

86 Bologna stand seit dem 15. Jahrhundert unter der politischen Vorherrschaft der Familie Bentivoglio. 1463 wurde Giovanni Bentivoglio (*1443 Bologna – †1508 bei Mailand) zum Gonfaloniere di Giustizia gewählt. Giovanni Bentivoglio versuchte, das politische Gleichgewicht zwischen den mächtigen Parteien in Italien zu wahren, wie Mailand und Florenz, Ferrara, den Königen von Neapel und dem päpstlichen Stuhl. Nach der Niederschlagung der Verschwörung der Malvezzi im Jahre 1488 festigte er seine Macht und regierte nun als Alleinherrscher. Auch während des Feldzugs Karls VIII. in Italien gelang es Bentivoglio, seine Neutralität zu erhalten. Er konnte daher den aus Florenz geflohenen Piero de' Medici und dessen Brüder Giovanni und Giuliano 1495 in der Stadt aufnehmen. Mit der Einnahme des Herzogtums Mailand durch Ludwig XII. 1498 verlor Bologna einen seiner wichtigsten Verbündeten und mußte eine hohe Tributzahlung zur Wahrung seiner Unabhägigkeit leisten. Dies schützte die Stadt jedoch nicht vor der Bedrohung durch Cesare Borgia, der sich zum Herzog der Romagna proklamiert hatte und die Stadt 1501 angriff. Giovanni Bentivoglio konnte nur durch die Hinrichtung der Marescottis, der heimlichen Verbündeten Cesare Borgias in Bologna, und dank des Widerstands der Bologneser Bevölkerung eine Einnahme verhindern. Mit Beginn des Pontifikats von Julius II. verlor Giovanni Bentivoglio 1503 die Unterstützung des Kirchenstaates, da die Bestrebungen Julius' II. zur Festigung des Kirchenstaats die politische Autonomie Bolognas nicht zuließen. Julius II. erließ unter dem Vorwand der Befreiung Bolognas 1506 eine Bulle gegen Giovanni Bentivoglio. Dieser floh und begab sich unter französischen Schutz.

Bibl.: De Caro 1966.

87 Ob Giuliano da Sangallo in Bologna war, ist nicht bekannt. Die Bronzestatue Julius' II. wurde am 18. März 1508 an der Fassade von San Petronio enthüllt und schon drei Jahre später, am 30. Dezember 1511, zerstört. Eine Zeichnung im Cabinet des Dessins des Louvre (Coll. Rothschild, Inv.-Nr. 1466) zeigt die Anbringung der Sitzstatue an der Fassade von San Petronio. Vasari beschreibt die Statue ausführlich in der Vita Michelangelos (Vasari, *Michelangelo*, S. 70–71).

Bibl.: De Tolnay 1954, Bd. IV, S. 8; Huse 1965/66; Rohlmann 1996.

88 Mirandola wurde im Januar 1511 von päpstlichen Truppen eingenommen, Giuliano da Sangallo stand zu diesem Zeitpunkt seit zwei Jah-

ren im Dienst der Republik Florenz. Es ist also fraglich, ob er sich im Gefolge des Papstes befand.

89 Gemeint sind Raffaels Stanzen im Vatikan, die dieser ab 1508 ausführte (Vasari, *Raffael*, S. 68–71).

90 Giuliano da Sangallo beeinflußte weniger die Entscheidung, die Sixtinische Kapelle neu auszumalen, er vermittelte vielmehr zwischen Papst Julius II. und seinem zu cholerischem Verhalten neigenden Freund Michelangelo. Dies ist in einem Brief des Papstes vom 10. Mai 1506 dokumentiert, in dem er Giuliano da Sangallo bat, Michelangelo zur Rückkehr nach Rom zu überreden.

Bibl.: Seymour 1972, S. 76.

91 Wahrscheinlich verließ Giuliano da Sangallo Rom nach dem 7. März 1509, sofern er mit »Juliano scarpellino« identisch ist, der an diesem Tag eine päpstliche Geldanweisung erhielt.

Bibl.: Chastel 1989, *Vite* Bd. V, S. 184, Anm. 72.

92 Der Krieg zwischen Florenz und Pisa dauerte seit 1494 an, nachdem sich Pisa im Zuge der französischen Invasion in Italien von der florentinischen Vorherrschaft losgesagt hatte.

93 Es gab zwei Belagerungsbrücken über den Arno. Die erste wird 1505 im Zusammenhang mit Antonio da Sangallo erwähnt, die zweite errichtete Giuliano da Sangallo Anfang des Jahres 1509.

Bibl.: Severini 1970, S. 50.

94 Pisa kapitulierte am 8. Juni 1509.

95 Giuliano da Sangallo begann im Herbst 1509 mit der Wiedererrichtung der Stadtmauern von Pisa. Die Porta San Marco wie auch der größte Teil der Stadtmauern existieren heute nicht mehr. Ihre Pläne sind aber im *Taccuino Senese* (fol. 3v) erhalten.

Bibl.: Severini 1970, S. 54–60; Borsi 1985, S. 386–388.

96 Nach dem Tod von Lorenzo de' Medici übernahm sein ältester Sohn Piero ›lo sfortunato‹ (*1472 – †1503 in der Schlacht von Garigliano) die Macht über Florenz. Durch ungeschicktes politisches Taktieren arbeitete er seinen Gegnern zu, deren einflußreichster der Prediger Savonarola war. Als er 1494 den Truppen Karls VIII., der mit dem Ziel in Italien einmarschiert war, das Königreich Neapel zu erobern, freien Durchmarsch durch die florentinischen Gebiete gewährte, wurde er vom Stadtrat geächtet und von der aufgehetzten Bevölkerung aus der Stadt vertrieben. Erst 1512 stellte der in der Kurie aufgestiegene Kardinal Giovanni de' Medici, der im darauffolgenden Jahr zum Papst gewählt wurde, die Herrschaft der Medici über Florenz wieder her.

97 Papst Leo X., eigentlich Giovanni de' Medici (*1475 – †1521), Sohn von Lorenzo ›il Magnifico‹, Papst ab 1513

[98] Giuliano da Sangallos Rückkehr nach Rom muß vor dem 1. Juli 1513 erfolgt sein, denn auf dieses Datum ist sein Plan für einen nicht verwirklichten Palast der Medici an der Piazza Navona datiert, den er Papst Leo X. gleich nach dessen Wahl präsentiert hatte. Am 1. Januar 1514 wurde ihm zusammen mit Fra (Giovanni) Giocondo (*um 1433–1435 Verona – †1515 Rom) und Bramante, der erst am 11. März 1514 starb, die Bauleitung für Sankt Peter übertragen.

Bibl.: Chastel 1989, *Vite* Bd. V, S. 184, Anm. 81.

[99] Raffael erhielt am 1. April 1514 die Bauleitung. Fra Giocondo und Giuliano da Sangallo waren aber weiterhin an ihr beteiligt. Giuliano wurde am 1. Juni wegen seines Gesundheitszustandes (er litt an Gallensteinen) von seinen Aufgaben entbunden und kehrte bald darauf nach Florenz zurück.

[100] Giuliano da Sangallo war bereits am 20. Oktober 1516 nicht mehr am Leben.

[101] Francesco da Sangallo, genannt ›Il Margotta‹ (*1494 Florenz – †1576 ebenda)

[102] Giulianos erhaltene Zeichnungen sind zum großen Teil in zwei Bänden zusammengefaßt: dem *Libro* (Vatikan, *Codex Barberini*, lat. 4424) und dem *Taccuino Senese* (Biblioteca Comunale di Siena). Zu Vasaris Zeit befanden sie sich im Besitz von Giulianos Sohn Francesco da Sangallo, der mit Vasari befreundet war. Da Vasari von ihm einige Zeichnungen von Antonio da Sangallo dem Jüngeren kaufen konnte, dürfte er also auch Giulianos Zeichnungen gekannt haben.

Bibl.: Bellesi 2000, S. 291.

[103] Die Figurengruppe befindet sich *in situ* und wurde von Francesco da Sangallo zwischen 1522 und 1526 ausgeführt.

Bibl.: Crum 1996, S. 747.

[104] Clemens VII. (*1478 Florenz – †1534 Rom), weltlich Giuliano de' Medici, Papst ab 1523

[105] Francesco da Sangallo schuf zwischen 1532 und 1558 in Montecassino ein Grabmal für Piero de' Medici. Es wurde 1944 zerstört.

[106] Diesen kurzen Abschnitt über die Werke Francescos fügt Vasari erst in der Vitenausgabe von 1568 an. Über Francesco da Sangallos Leben schreibt er ausführlicher im Kapitel über die florentinischen Akademiker (Bettarini/Barocchi, *Vite*, Bd. VI, S. 231–255).

[107] In der ersten Edition stand an dieser Stelle noch eindeutiger: »der ungern ohne Arbeit war«.

[108] Domenico Buoninsegni (Lebensdaten unbekannt) war ein Enkel des Historikers und Politikers Domenico di Leonardo Buoninsegni. 1512 trat er in die Dienste von Kardinal Giulio de' Medici und wurde nach dessen

Wahl zum Papst Schatzmeister. Buoninsegni ist hauptsächlich wegen seines umfangreichen Briefwechsels mit Michelangelo bekannt.

Bibl.: Luzzati 1972.

109 Kardinal Giulio de' Medici (*1478 Florenz – †1534 Rom), ab 1523 Papst Clemens VII.

110 Beide Kruzifixe sind verloren.

111 Antonios Plan wird bereits 1506 erwähnt, ist aber nicht überliefert. Die Festung von Livorno wurde zwischen 1517/1518 und 1534 ausgeführt.

112 Die Wallfahrtskirche San Biagio bei Montepulciano ist zweifellos Antonio da Sangallos bedeutendstes Bauwerk. Mit ihrem Bau wurde um 1518 begonnen, geweiht wurde sie von Papst Clemens VII. 1529, noch vor ihrer Fertigstellung, die sich bis 1543 hinzog. Bei San Biagio greift Antonio da Sangallo das von seinem Bruder Giuliano für Santa Maria delle Carceri verwendete Muster eines griechischen Kreuzes auf, das vorher schon in Santa Maria della Consolazione in Todi und in Sankt Peter weiterentwickelt worden war. Die Kirchtürme, von denen nur der östliche fertiggestellt wurde (1564), und die Laterne auf der Kuppel fügte Baccio d'Agnolo hinzu.

Bibl.: Williams Lehmann 1982; Satzinger 1991; Satzinger 1996, S. 740; Barcucci 2000 (1979); Satzinger 2002; Zampa 2002, S. 247–249.

113 Antonio del Monte (*1487 Rom – †1555 ebenda), ab 1536 Kardinal von Santa Prassede, ab 1550 Papst Julius III.

114 Hierbei handelt es sich zum einen um den heutigen Palazzo Comunale in Monte San Savino, der um 1515 begonnen wurde, in dem Antonio da Sangallo Motive von Bramantes Palazzo Caprini und Raffaels Palazzo Jacopo da Brescia (beide in Rom) variierte, und zum anderen um den Palazzo del Monte in Montepulciano, der eine vereinfachte Version des Palastes in Monte San Savino darstellt. Denn während der Palast in San Savino über eine ausgeprägte Rustika verfügt, besitzt der in Montepulciano nur eine glatte, zu den Ecken hin rustifizierte Fassade und ist im Mezzaningeschoß in Ziegel ausgeführt. Auch sein Innenhof ist schlichter als jener in San Savino (begonnen vor 1519).

Bibl.: Satzinger 1996, S. 739; Frommel 1998, S. 420; Zampa 2002, S. 244–247.

115 Die Loggia der Serviten an der Piazza Santissima Annunziata in Florenz liegt dem Waisenhaus Brunelleschis gegenüber und übernimmt dessen Architektur. Durch eine Erhöhung der Bogenzahl und den Verzicht auf rahmende Abschlüsse interpretiert die Loggia das Waisenhaus, als ob sie Teil eines antiken Forums wäre. Die Loggia wurde von Antonio da Sangallo und Baccio d'Agnolo von 1516 bis 1520 errichtet.

Bibl.: Satzinger 1996, S. 739; Elam 2002, S. 213.
[116] Heute Santissima Annunziata in Arezzo, begonnen laut Vasari 1490 nach Plänen von Bartolomeo della Gatta (*1448 Florenz – †1502/1503 Arezzo). Antonio da Sangallo vollendete zwischen 1502 und 1504 den Narthex der Kirche, dessen Gewölbe von einer Säulenordnung getragen wird, die sich deutlich von den Rundbögen der Langhausseitenschiffe unterscheidet. Den Kommentar über das bestehende Mißverhältnis zwischen den alten und neuen Bauteilen fügte Vasari erst 1568 an.
Bibl.: Frommel 1998, S. 418 und S. 420; Zampa 2002, S. 242.
[117] Möglicherweise meint Vasari die Kirche Santa Maria del Calcinaio in Cortona, die nach Entwürfen von Francesco di Giorgio Martini (*1439 Siena – †1502 bei Siena) zwischen 1484 und 1515 entstand, in dessen Vita aber nicht näher erwähnt wird (Bettarini/Barocchi, *Vite*, Bd. III, S. 383–388).
Bibl.: Zampa 2002, S. 242.
[118] Die Beteiligung der beiden an der Planung der Verteidigungsbauten ist durch zahlreiche Dokumente belegt.
[119] Gemeint ist der *David* (Florenz, Bargello) vor dem Palazzo Vecchio, der im Mai 1504 aufgestellt wurde.
[120] Gemeint ist die Marmorgruppe *Herkules und Kakus* von Baccio Bandinelli, eigentlich Bartolomeo Brandini (*1493 Florenz – †1560 ebenda).
[121] Baccio d'Agnolo, eigentlich Bartolomeo d'Agnolo (*1462 Florenz – †1543 ebenda)
[122] Der Transport der Statuen fand im Mai 1534 statt.
[123] Der Überlieferung zufolge besaßen die Sangalli seit 1502 ein Landgut bei Santa Maria all'Antella nahe bei Florenz.
[124] Die Grabstätte der Sangalli in Santa Maria Novella ist nicht erhalten.
[125] In der Fassung der *Vite* von 1550 erwähnt Vasari an dieser Stelle namentlich »Pippo« (Filippo) Brunelleschi (*1377 Florenz – †1446 ebenda).
[126] Vitruv behandelt die dorischen Ordnungen im vierten Buch seiner: *De architectura libri decem* (zahlreiche Übersetzungen und Neuausgaben). Vasari verweist mehrfach auf die Genauigkeit, mit der die Sangalli antike Proportionen und Formen kopierten, und die häufige Verwendung der dorischen Säulenordnung. Offensichtlich hatte Giuliano da Sangallo durch sein fundiertes Studium antiker Bauwerke Fehlinterpretationen Vitruvs erkannt. Noch wichter ist für Vasari aber, daß Giuliano seine Kenntnisse an Michelangelo weitergab und dieser dessen Aufzeichnungen studierte
Bibl.: Brothers 2008, S. 48–50.

[127] Wie wir aus dem Testament von Giuliano da Sangallos Sohn Francesco wissen, befand sich die Antikensammlung der Sangalli zu Lebzeiten Vasaris in dessen Besitz. Vasari kannte sie zweifellos persönlich.
Bibl.: Bellesi 2000, S. 291.

Bibliographie zum Leben des Giuliano und des Antonio da Sangallo

AKL

Allgemeines Künstlerlexikon: Die bildenden Künstler aller Zeiten und Völker, München/Leipzig 1992–2009, 65 Bde.

Bettarini/Barocchi, *Vite*

Bettarini, Rosanna/Barocchi, Paola (Hgg.): *Giorgio Vasari. Le vite de' più eccellenti pittori, scultori e architettori nelle redazioni del 1550 e 1568*, Florenz 1966–1987, 6 Bde.

Chastel, *Vite*

Chastel, André (Hg.): *Giorgio Vasari. Les vies des meilleurs peintres, sculpteurs et architectes*, Paris 1981–1989, 12 Bde.

DBI

Dizionario Biografico degli Italiani, hg. v. Istituto della Enciclopedia Italiana, Rom 1960–2009, 73 Bde.

Turner 1996

Turner, Jane (Hg.): *The Dictionary of Art*, London/New York 1996, 34 Bde.

Vasari, Ed. Milanesi

Le opere di Giorgio Vasari con nuove annotazioni e commenti di Gaetano Milanesi, Florenz 1973 (1906), 9 Bde. (Erstveröffentlichung 1878–1885).

Vasari, *Leonardo*

Giorgio Vasari. Das Leben des Leonardo da Vinci, hg. und kommentiert von Sabine Feser, Berlin 2006.

Vasari, *Michelangelo*

Giorgio Vasari. Das Leben des Michelangelo, hg. und kommentiert von Caroline Gabbert, Berlin 2009.

Vasari, *Raffael*

Giorgio Vasari. Das Leben des Raffael, hg. und kommentiert von Hana Gründler, Berlin 2004.

Acidini Luchinat 1990
Acidini Luchinat, Cristina: ›La Cappella Medicea attraverso cinque secoli‹, in: Giovanni Cherubini/Giovanni Francesco Fanelli (Hgg.): *Il Palazzo Medici Riccardi di Firenze*, Florenz 1990, S. 82–97.

Ackerman 1990
Ackerman, James S.: *The Villa*, Washington/London 1990.

Barcucci 2000 (1979)
Barcucci, Emo: *Il tempio di San Biagio a Montepulciano*, 4. Auflage, Montepulciano 2000 (Erstauflage 1979).

Bardazzi/Castellani/Gurrieri 1978
Bardazzi, Silvestro/Castellani, Eugenio/Gurrieri, Francesco: *Santa Maria delle Carceri a Prato. Il punto arrivo delle elaborazioni architettoniche dell'eta umanesimo*, Prato 1978.

Bellesi 2000
Bellesi, Stefano: ›Francesco Giamberti‹, in: DBI, 2000, Bd. LIV, S. 287–293.

Belluzzi 1994
Belluzzi, Amedeo: ›Chiese a pianta centrale di Giuliano da Sangallo‹, in: Gian Carlo Garfagnini (Hg.): *Lorenzo il Magnifico e il suo mondo, Convegno internazionale di studi sul Rinascimento*, Florenz, 9.–13. Juni 1992, Florenz 1994, S. 385–406.

Bentley 1987
Bentley, Jerry H.: *Politics and Culture in Renaissance Naples*, Princeton 1987.

Biermann 1970
Biermann, Hartmut: ›Das Palastmodell Giuliano da Sangallos für Ferdinand I. König von Neapel‹, in: *Wiener Jahrbuch für Kunstgeschichte*, 1970, Bd. XXIII, S. 154–195.

Biermann/Worgull 1979
Biermann, Hartmut/Worgull, Elmar: ›Das Palastmodell Giuliano da Sangallos für Ferdinand I., König von Neapel: Versuch einer Rekonstruktion‹, in: *Jahrbuch der Berliner Museen*, 1979, Bd. XXI, S. 91–118.

Bonsanti 2005
Bonsanti, Giorgio (Hg.): *Palazzo Strozzi: cinque secoli di arte e cultura*, Florenz 2005.

Borsi 1985
Borsi, Stefano: *Giuliano da Sangallo. I disegni di architettura e dell'antico*, Rom 1985.

Brion 1969
Brion, Marcel: *Die Medici: Eine Florentiner Familie*, Wiesbaden 1969.

Brothers 2002
Brothers, Cammy: ›Reconstruction as Design: Giuliano da Sangallo and the 'palazo di mecenate' on the Quirinal Hill‹, in: *Annali di architettura, Rivista del Centro Internazionale di Studi di Architettura Andrea Palladio*, 2002, Bd. XIV, S. 55–72.
Brothers 2008
Brothers, Cammy: *Michelangelo, Drawing, and the Invention of Architecture*, New Haven 2008.
Bruschi/Zampa 2000
Bruschi, Arnaldo/Zampa, Paola: ›Antonio Giamberti‹, in: DBI, 2000, Bd. LIV, S. 273–287.
Bruschi 2002
Bruschi, Arnaldo: ›L' architettura a Roma negli ultimi anni del pontificato di Alessandro VI Borgia (1492–1503) e l'edilizia del primo Cinquecento‹, in: Arnaldo Bruschi (Hg.): *Il primo Cinquecento (Storia dell' architettura italiana)*, Mailand 2002, S. 34–75.
Butters 1994
Butters, Humfrey: ›Lorenzo and Naples‹, in: Gian Carlo Garfagnini (Hg.): *Lorenzo il Magnifico e il suo mondo, Convegno internazionale di studi sul Rinascimento*, Florenz, 9.–13. Juni 1992, Florenz 1994, S. 143–151.
Clarke 2003
Clarke, Georgia: *Roman House – Renaissance Palaces: Inventing Antiquity in Fifteenth-century Italy*, Cambridge 2003.
Crum 1996
Crum, Roger J.: ›Francesco da Sangallo‹, in: Turner 1996, Bd. XXVII, S. 746–747.
Davis 1995
Davis, Paul: ›The Early History of S. Maria delle Carceri in Prato‹, in: *Journal of the Society of Architectural Historians*, 1995, Vol. LIV, S. 327–335.
De Caro 1966
de Caro, Gaspare: ›Giovanni Bentivoglio‹, in: DBI, 1966, Bd. VIII, S. 622–632.
De Tolnay 1954
de Tolnay, Charles: *Michelangelo: The Tomb of Julius II.*, Princeton 1947–1960, 5 Bde.
Elam 1996
Elam, Caroline: ›Giuliano da Sangallo‹, in: Turner 1996, Bd. XXVII, S. 733–739.

Elam 2002
Elam, Caroline: ›Firenze 1500–1550‹, in: Arnaldo Bruschi (Hg.): *Il primo Cinquecento (Storia dell' architettura italiana)*, Mailand 2002, S. 208–239.
Francovich/Valenti 2007
Francovich, Riccardo/Valenti, Marco (Hgg.): *Poggio Imperiale a Poggibonsi: il territorio, lo scavo, il parco*, Cinisello Balsamo 2007.
Frommel 1998
Frommel, Christoph Luitpold: ›Roma‹, in: Francesco Paolo Fiore (Hg.): *Il Quattrocento (Storia dell' architettura italiana)*, Mailand 1998, S. 374–433.
Frommel 2002
Frommel, Sabine: ›Lorenzo il magnifico, Giuliano da Sangallo e due progetti per ville del Codice Barberiniano‹, in: Arturo Calzona/Francesco Paolo Fiore/Alberto Tenenti/Cesare Vasoli (Hgg.): *Il principe architetto, Atti del Convegno internazionale*, Mantua, 21.–23. Oktober 1999, Florenz 2002, S. 413–454.
Hemsoll 1995
Hemsoll, David: ›Giuliano da Sangallo and the New Renaissance of Lorenzo de' Medici‹, in: Frances Ames Lewis (Hg.): *The Early Medici and their Artists*, London 1995, S. 187–205.
Hersey 1969
Hersey, George L.: *Alfonso II and the Artistic Renewal of Naples 1485–1495*, New Haven/London 1969.
Huse 1965/66
Huse, Norbert: ›Ein Bilddokument zu Michelangelos 'Julius II.' in Bologna‹, in: *Mitteilungen des Kunsthistorischen Institutes in Florenz*, 1965/66, Bd. XII, S. 355–358.
Kent 1982
Kent, Francis W.: ›New Light on Lorenzo de' Medici's Convent at Porta San Gallo‹, in: *The Burlington Magazine*, 1982, Bd. CXXIV, S. 292–294.
Lamberini 1994
Lamberini, Daniela: ›Architetti e architettura militare per il Magnifico‹, in: Gian Carlo Garfagnini (Hg.): *Lorenzo il Magnifico e il suo mondo, Convegno internazionale di studi sul Rinascimento*, Florenz, 9.–13. Juni 1992, Florenz 1994, S. 407–425.
Lepik 1994
Lepik, Andres: *Das Architekturmodell in Italien, 1335–1550*, Worms 1994.

Lisner 1970
Lisner, Margit: *Holzkruzifixe in Florenz und der Toskana von der Zeit um 1300 bis zum frühen Cinquecento*, München 1970.
Lowe 1993
Lowe, Kate J. P.: *Church and Politics in Renaissance Italy: The Life and Career of Cardinal Francesco Soderini (1453–1524)*, Cambridge 1993.
Luchs 1975
Luchs, Alison: *Cestello: A Cistercian Church of the Florentine Renaissance*, New York/London 1975.
Luzzati 1972
Luzzati, Michele: ›Domenico Buoninsegni‹, in: DBI, 1972, Bd. XV, S. 252–254.
Marchini 1962
Marchini, Giuseppe: ›da Sangallo‹, in: *Enciclopedia universale dell'arte*, Florenz 1962, Bd. XII, Sp. 165–170.
Markschies 2000
Markschies, Alexander: *Gebaute Pracht: der Palazzo Strozzi in Florenz (1489–1534)*, Freiburg 2000.
Masi 1989
Masi, Luciana: ›La fortificazione di Poggio Imperiale‹, in: *Annali di Architettura: rivista del Centro Internazionale di Studi di Architettura Andrea Palladio*, 1989, Bd. I, S. 85–90.
Novello 1995
Novello, Roberto P.: ›Le tarsie lignee‹, in: Adriano Peroni (Hg.): *Il Duomo di Pisa*, Modena 1995, Bd. I, S. 301–312.
Pacciani 1998
Pacciani, Riccardo: ›Firenze nella seconda metà del secolo‹, in: Francesco Paolo Fiore (Hg.): *Il Quattrocento (Storia dell' architettura italiana)*, Mailand 1998, S. 330–373.
Pagliara 2000
Pagliara, Pier Nicola: ›Giuliano Giamberti‹, in: DBI, 2000, Bd. LIV, S. 293–299.
Parronchi 1981
Parronchi, Alessandro: *Opere giovanili di Michelangelo*, Florenz 1981, Bd. III.
Partsch 2004
Partsch, Susanna: ›Francione‹, in: AKL, 2004, Bd. XLIII, S. 414–415.
Pegazzano 1996
Pegazzano, Donatella: ›Piero Soderini‹, in: Turner 1996, Bd. XXVIII, S. 928.

Pellecchia 1989
Pellecchia, Linda: ›The Patron's Role in the Production of Architecture: Bartolomeo Scala and the Scala Palace‹, in: *Renaissance Quarterly*, 1989, Vol. XLII, 2, S. 258–291.
Pellecchia 2003
Pellecchia, Linda: ›Untimely Death, Unwilling Heirs: The Early History of Giuliano da Sangallo's Unfinished Palace for Giuliano Gondi‹, in: *Mitteilungen des Kunsthistorischen Institutes in Florenz*, 2003 (2004), Bd. XLVII, S. 77–117.
Pope-Hennessy 1964
Pope-Hennessy, John: *Catalogue of Italian Sculpture in the Victoria and Albert Museum*, London 1964, 3 Bde.
Rohlmann 1996
Rohlmann, Michael: ›Michelangelos Bronzestatue von Julius II.: zu Geschichte und Bedeutung päpstlicher Ehrentore in Bologna und Ascoli‹, in: *Römisches Jahrbuch der Bibliotheca Hertziana*, 1996, Bd. XXXI, S. 187–206.
Rubinstein 1971
Rubinstein, Nicolai: *Il Governo di Firenze sotto i Medici*, Florenz 1971.
Satzinger 1991
Satzinger, Georg: *Antonio da Sangallo der Ältere und die Madonna di San Biagio bei Montepulciano*, Tübingen 1991.
Satzinger 1995
Satzinger, Georg: ›Der 'Konsul' am Palazzo Gondi in Florenz – Zur öffentlichen Inszenierung antiker Statuen um 1500‹, in: *Römisches Jahrbuch der Bibliotheca Hertziana*, 1995, Bd. XXX, S. 151–190.
Satzinger 1996
Satzinger, Georg: ›Antonio da Sangallo (I)‹, in: Turner 1996, Bd. XXVII, S. 739–740.
Satzinger 2002
Satzinger, Georg: ›La Madonna di San Biagio a Montepulciano‹, in: Bruno Adorni (Hg.): *La chiesa a pianta centrale: tempio civico del Rinascimento*, Mailand 2002, S. 165–173.
Severini 1970
Severini, Giancarlo: *Architetture militari di Giuliano da Sangallo*, Pisa 1970.
Seymour 1972
Seymour, Charles (Hg.): *Michelangelo: The Sistine Chapel Ceiling*, New York/London 1972.

Stephens 1983
Stephens, John N.: *The Fall of the Florentine Republic, 1512–1530*, Oxford 1983.
Tabacchi 2001
Tabacchi, Stefano: ›Giuliano Gondi‹, in: DBI, 2001, Bd. LVII, S. 656–659.
Taddei 1977
Taddei, Domenico: *L'opera di Giuliano da Sangallo nella Fortezza di Sansepolcro e l'architettura militare del periodo di transito*, Sansepolcro 1977.
Tönnesmann 1983
Tönnesmann, Andreas: *Der Palazzo Gondi in Florenz*, Worms 1983.
Williams Lehmann 1982
Williams Lehmann, Phyllis: ›The Basilica Aemilia and San Biagio at Montepulciano‹, in: *The Art Bulletin*, 1982, Bd. LXIV, S. 124–131.
Zampa 2002
Zampa, Paola: ›Antonio da Sangallo il Vecchio. Da Firenze e Roma alla provincia toscana‹, in: Arnaldo Bruschi (Hg.): *Il primo Cinquecento (Storia dell' architettura italiana)*, Mailand 2002, S. 240–253.
Zöllner 1999
Zöllner, Frank: *Leonardo da Vinci*, Köln 1999.

Daten zu Leben und Werk Giuliano da Sangallos des Älteren

1445–52 Giuliano da Sangallo wird als Sohn des Kunstschreiners und Holzschnitzers Francesco di Bartolo Giamberti in Florenz geboren.

um 1460 Giuliano da Sangallo tritt in die Werkstatt von Francione ein.

1465 Seinen eigenen Aufzeichnungen im *Libro grande* (Codex Vaticanus Barberini, lat. 4424) zufolge kommt er in diesem Jahr zum ersten Mal nach Rom und beginnt mit Antikenstudien.

1469–72 Zahlungsbelege bestätigen seine Anwesenheit in Rom.

1473 Giuliano da Sangallo kehrt nach Florenz zurück und erhält den Auftrag für die Errichtung eines Hauses für den Kanzler Bartolomeo Scala im Borgo Pinti.

1478 Laut Vasari errichtet Giuliano da Sangallo Verteidigungsanlagen in Castellina in Chianti und ist an der Verteidigung der Stadt beteiligt.

1479 Zusammen mit Francione, Francesco d'Angelo und Paolo di Francesco befestigt Giuliano da Sangallo die Stadt Colle di Val d'Elsa.

1480 Am 7. August heiratet er Bartolomea Piccioni.

1481–84 Die Werkstatt der Sangalli ist mit Schreiner- und Holzschnitzarbeiten für die Badia und die Santissima Annunziata beschäftigt.

1485 Wahrscheinlicher Beginn der Errichtung der Villa Poggio a Caiano für Lorenzo de' Medici. Im Oktober beginnt Giuliano da Sangallo mit der Errichtung der Kirche Santa Maria delle Carceri in Prato.

1488 Giuliano da Sangallo wird zum *capomaestro* der Florentiner Dombauhütte ernannt. Er beginnt mit den Arbeiten am Augustiner-Eremiten-Konvent von San Gallo und der Festungsstadt Poggio Imperiale bei Poggibonsi. In der zweiten Hälfte des Jahres reist er nach Neapel, um Ferdinando I. d'Aragona, König von Sizilien, genannt Ferrante, sein Palastmodell zu präsentieren.

1489 Giuliano da Sangallo kehrt im März nach Florenz zurück. In der zweiten Hälfe des Jahres beginnt er mit dem Modell des Palazzo Strozzi.

1490 Er entwirft den Palazzo Gondi und beginnt mit dessen Errichtung.

1491 Er ist Mitglied in der Wettbewerbskommission für die Fassade des Domes Santa Maria del Fiore und entwirft die Sakristei von Santo Spirito.

1492 Im Juni beginnt Giuliano da Sangallo mit den Arbeiten an der Kirche Santa Maddalena dei Pazzi (Cestello). Im Oktober reist er an den Hof von Mailand, um Herzog Lodovico Sforza, genannt ›Il Moro‹, ein Modell der Villa Poggio a Caiano zu übergeben. Laut Vasari trifft er dort auch Leonardo da Vinci.

1494 Am 11. März wird sein Sohn Francesco geboren. Im Juni begleitet er den Kardinal Giuliano della Rovere an den französischen Königshof in Lyon. Er beginnt in Savona mit der Errichtung eines Palastes für den Kardinal.

1496 Er ist in Avignon bei Kardinal Giuliano della Rovere und erneut am Königshof von Lyon, wo er ein Palastmodell präsentiert. Er reist in die Provence, um antike Bauwerke zu studieren. Auf der Rückreise wird er auf pisanischem Gebiet gefangengenommen und kommt erst zu Beginn des folgenden Jahres gegen eine Lösegeldzahlung wieder frei.

1497 Am 29. November wird er zum *capomaestro delle fortificazioni* ernannt.

1500 Giuliano da Sangallo beginnt mit den Planungen der Festung von Borgo San Sepolcro.

1502 Nach dem Tod Giuliano Gondis werden die Bauarbeiten an dessen Palast eingestellt.

1503 Giuliano da Sangallo ist Mitglied der Kommission, die den Auftrag über die zwölf – für den Dom von Florenz bestimmten – Apostelstatuen an Michelangelo erteilt (nicht ausgeführt). Während er sich im florentinischen Heerlager bei Pisa befindet, wird er erneut zum *capomaestro* der Florentiner Dombauhütte ernannt.

1504 Am 25. Januar ist Giuliano da Sangallo an der Debatte über die Aufstellung des David von Michelangelo beteiligt. Ab Mai ist er in Rom, um eine Loggia im Castel Sant'Angelo auszuführen.

1505 Zusammen mit Bramante inspiziert er die Bauruine des Chores von Sankt Peter. Gegen Ende des Jahres übersiedelt die Familie Sangallo nach Rom.

1506 Giuliano da Sangallo stellt einen Entwurf für den Neubau von Sankt Peter vor, der jedoch auf Ablehnung stößt. Zusammen mit Michelangelo identifiziert er die neu aufgefundene Statue des Laokoon und vermittelt im Streit zwischen Julius II. und diesem. Möglicherweise begleitet er den Papst gegen Ende des Jahres nach Bologna.

1507 Giuliano da Sangallo ist in Florenz, wo er seine Tätigkeit als Dombaumeister fortsetzt.

1508 Auf Drängen des Papstes kehrt er nach Rom zurück.

1509 Michelangelo konsultiert Giuliano da Sangallo wegen Wasserschäden an der Decke der Sixtinischen Kapelle. Krank kehrt Giuliano nach Florenz zurück.

1510–12 Nach dem florentinischen Sieg über Pisa errichtet Giuliano dort eine Festung (weitgehend zerstört) und repariert die Beschädigungen an der Festung von Livorno.

1512 Giuliano da Sangallo legt sein Amt wegen ausbleibender Bezahlungen nieder.

1513 Nach der Wahl Giovanni de' Medicis zum Papst Leo X. wird er nach Rom gerufen, um einen Palast für die Medici an der Piazza Navona zu entwerfen, der jedoch nicht verwirklicht wird. Unter Bramante wird er zu einem der leitenden Architekten von Sankt Peter.

1514 Am 1. Januar löst er Bramante als *capomaestro* von Sankt Peter ab.

1515 Am 1. Juli scheidet er aus der Bauhütte von Sankt Peter aus. Seine Nachfolger werden Raffael und sein Neffe Antonio da Sangallo der Jüngere. Bis Ende August leitet er noch Vermessungen zur Erweiterung des Borgo Nuovo und kehrt dann endgültig nach Florenz zurück.

1516 Zu seinen letzten Arbeiten gehören Entwürfe für die Fassade von San Lorenzo und die Dekorationen für den triumphalen Einzug Leos X. in Florenz. Er stirbt am 20. Oktober und wird in der Grabstätte der Familie in Santa Maria Novella beigesetzt.

Die Angaben sind folgenden Werken entnommen: Marchini 1962; Borsi 1985; Elam 1996; Pagliara 2000.

Daten zu Leben und Werk Antonio da Sangallos des Älteren

um 1460 Antonio da Sangallo wird als Sohn des Kunstschreiners und Holzschnitzers Francesco di Bartolo Giamberti in Florenz geboren.

1487–88 Er arbeitet am Chorgestühl des Refektoriums des Konvents San Pietro in Perugia.

1490 Antonio da Sangallo fertigt ein Holzkruzifix für die Kirche des Konventes von San Gallo in Florenz (heute in Santissima Annunziata).

1494 Antonio da Sangallo tritt in die Dienste von Papst Alexander IV., für den er mit dem Ausbau der Engelsburg zur Festung beginnt.

1495 Er kehrt nach Florenz zurück und übernimmt von seinem Bruder Giuliano die Stelle des leitenden Architekten beim Bau der Kirche Santa Maria dell' Umiltà in Pistoia.

1495–99 Antonio da Sangallo ist im Auftrag der Stadt Florenz mit der Planung und Errichtung von Befestigungsanlagen beschäftigt. Er renoviert die *Sala del Gran Consiglio* im Palazzo Vecchio.

1499 Ihm wird der päpstliche Auftrag für die neue Kassettendecke von Santa Maria Maggiore in Rom erteilt. Er erneuert zwischen 1499 und 1501 die Festungen von Civita Castellana, in der er einen Ehrenhof anlegt, und von Nepi in Latium.

1502 Er übernimmt die Bauleitung der 1490 von Bartolomeo della Gatta begonnenen Kirche Santissima Annunziata in Arezzo, die er nach eigenen Plänen vollendet.

1504–06 Antonio da Sangallo kehrt nach Florenz zurück und ist in den Jahren bis 1513 vor allem als Festungsbaumeister für die Stadt tätig. Im Jahr seiner Rückkehr entwirft er zusammen mit Cronaca den Sockel für den *David* des Michelangelo.

1506 Er beginnt mit der Befestigung von Livorno.

1507 Antonio da Sangallo wird als einer der *capomaestri* der florentinischen Dombauhütte genannt.

1508 Im Dezember übernimmt er die Leitung der Florentiner Dombauhütte.

1511–13 Er hält sich mehrfach in Poggio Imperiale auf, um die Bauarbeiten an der Festung zu überwachen.

1514 Antonio da Sangallo folgt seinem Bruder nach Rom und tritt in päpstliche Dienste. In dieser Zeit entwirft er die Aedicula für die Aufstellung des Laokoon.

1515 Gegen Ende des Jahres erhält er den Auftrag, anläßlich des Besuches von Papst Leo X. in Florenz einen oktogonalen Triumphbogen auf der Piazza della Signoria zu errichten. Im gleichen Zeitraum beteiligt er sich am Wettbewerb für die Fassade von San Lorenzo und beginnt mit den Planungen für den Palazzo del Monte in Monte San Savino in der Nähe von Arezzo für Kardinal Antonio del Monte.

1516 Zusammen mit Baccio d'Agnolo entwirft er die Loggia dei Servi auf der Piazza Santissima Annunziata, die bis 1520 fertiggestellt wird.

1518 Er beginnt mit den Arbeiten an der Wallfahrtskirche San Biagio in der Nähe von Montepulciano.

vor 1519 Antonio da Sangallo beginnt mit dem Bau des Palazzo del Monte in Montepulciano (heute Palazzo Cantucci).

1521 Er beginnt mit dem Umbau der Kirche Sant'Agostino in Colle di Val d'Elsa.

1526 Antonio entwirft Bastionen für die neue Befestigung von Florenz und wird von Papst Clemens VII. nach Piacenza entsandt, um Pläne für die Stadtmauern zu entwickeln.

1529–30 Während der Belagerung von Florenz ist er für die innere Befestigungsanlage zuständig.

1534 Er organisiert den Transport von Bandinellis *Kakus*-Statue. Am 27. Dezember stirbt er in Florenz und wird in der Grabstätte der Familie in Santa Maria Novella beigesetzt.

Die Angaben sind folgenden Werken entnommen: Marchini 1962; Elam 1996; Bruschi/Zampa 2000.

Bedeutende Werke Giuliano da Sangallos in Florenz

- Palazzo Scala, heute Palazzo Gherardesca
- Palazzo Gondi
- Palazzo Strozzi, Modell für den Palazzo Strozzi
- Santa Maddalena dei Pazzi (*Cestello*)
- Santissima Annunziata, Holzkruzifix für den Hochaltar
- Santo Spirito, Sakristei

Bedeutende Werke Giuliano da Sangallos in Italien

Pistoia und Umgebung
- Santa Maria dell'Umiltà
- Villa Poggio a Caiano

Poggio Imperiale bei Poggibonsi
- Festungsstadt

Prato
- Santa Maria delle Carceri

Rom
- Loggia im Castel Sant'Angelo

Savona
- Palazzo della Rovere

Bedeutende Werke Antonio da Sangallos des Älteren

Civita Castellana
- Festung

Fiesole
- San Domenico, Holzkruzifix

Florenz
- Sockel für den *David* des Michelangelo zusammen mit Cronaca
- Loggia dei Servi (in Zusammenarbeit mit Baccio d'Agnolo)
- Santissima Annunziata, Holzkruzifix aus der Kirche San Jacopo tra' Fossi des Konvents von San Gallo

Montepulciano und Umgebung
- Palazzo Cantucci
- Palazzo Del Monte
- Palazzo Tarugi (Zuschreibung)
- Wallfahrtskirche San Biagio
- San Agostino, Holzkruzifix

Monte San Savino
- Palazzo del Monte

Rom
- Kassettendecke von Santa Maria Maggiore

Anmerkungen zum Leben des Antonio da Sangallo des Jüngeren

Zur Einleitung (S. 45–50)

1 Zu Vasaris Vita von Antonio da Sangallo siehe Giovannoni 1959, Bd. I, S. 84–114; Bruschi 1983; Conforti 2001; Burioni 2008, S. 143–154.
2 Zur Antikensammlung siehe Giovannoni 1959, Bd. I, S. 94f.
3 An der Fassade prangte folgende Inschrift, die später abgeschlagen wurde: »TU MIHI QUODCUMQUE HOC RERUM EST« – »Was auch immer ich habe, kommt von Dir«. Dabei ist der bisherigen Forschung entgangen, daß diese lateinische Devise eine Anspielung auf Vergils *Aeneis* (Vergil, *Aeneis*, I, 78ff) ist. Siehe Frommel 1973, Bd. II, S. 292–304 (siehe auch unten, Anm. 103).
4 Bettarini/Barocchi, *Vite*, Bd. II, S. 61 [Übersetzung von Matteo Burioni].
5 Siehe die Nachweise bei Saalman 1978.
6 Siehe Anm. 112.
7 Siehe Appendix II, S. 88. Zu seiner Ehefrau siehe Giovannoni 1959, Bd. I, S. 90f.

Zu Vasaris Text (S. 51–85)

1 Antonio Cordini (auch Cordiani), genannt Antonio da Sangallo der Jüngere (*12. April 1484 Florenz – †29. September 1546 Terni), entstammte einer florentinischen Architekten- und Künstlerfamilie. Seine Onkel Antonio Giamberti, genannt Antonio da Sangallo der Ältere, und Giuliano Giamberti, genannt Giuliano da Sangallo, waren angesehene Architekten. In den Archivquellen zu Terni findet man den Nachweis, daß Antonio am 29. September 1546 (Sacchetti Sassetti 1958, S. 27) starb und nicht, wie oft behauptet, am 3. August. Antonio heiratete 1526 die Patriziertocher Isabella Deti, die ihm zwei Kinder gebar: Orazio (*1528 – †1565) und Giulia. Letztere heiratete Giovan Battista Ghirlandaio.

Bibl.: Pastor 1926–1939, Bd. V, S. 769; Giovannoni 1937; Giovannoni 1959, Bd. I, S. 84–114; Bruschi 1983.

2 Antonios Vater, Bartolomeo di Antonio di Meo Cordiani (*1447), war tatsächlich Böttcher. Vasari gibt seinen Nachnamen fälschlicherweise mit »Picconi« an, da die Frau von Giuliano da Sangallo diesen Nachnamen trug und er wohl eine Zugehörigkeit zu dieser Familie vermutete. Seine Mutter, Smeralda Giamberti (*1459), war die Schwester des bedeutenden Architekten Giuliano da Sangallo. Antonio fühlte sich vermutlich zeit seines Lebens eng mit der Familie seiner Mutter verbunden, da er seine Karriere als Architekt seinem Onkel Giuliano zu verdanken hatte.

Bibl.: Giovannoni 1937; Giovannoni 1959, Bd. I, S. 84–114; Elam 1996; Frommel/Adams 2000, S. 135f. (Nicholas Adams).

3 Giuliano Giamberti, genannt Giuliano da Sangallo (*1445 oder 1452 Florenz – †20. Oktober 1516 Florenz)

4 Antonio Giamberti, genannt Antonio da Sangallo der Ältere (*1455–1462 Florenz – †27. Dezember 1534 Florenz)

5 Es läßt sich heute nicht mehr mit Sicherheit feststellen, in welchem Jahr Antonio da Sangallo nach Rom ging. Er behauptete selbst in seiner Vorrede zu einer nie ausgeführten oder verschollenen Vitruv-Ausgabe, mit 18 Jahren 1503 nach Rom gekommen zu sein (Biblioteca Nazionale di Firenze, cl. XVII, cod. 20; Giovannoni 1959, Bd. I, S. 394; Barocchi, *Scritti*, Bd. III, S. 3028–3031, insbesondere S. 3030).

6 Donato Bramante (*1443–44 Fermignano, ehemals Monte Asdrualdo – †1514 Rom)

7 Mit dieser Anekdote, die mit Sicherheit auch einen Kern Wahrheit enthält, charakterisiert Vasari den Architekten Antonio gleich zu Beginn der Vita. Antonio wird ganz wörtlich zur »rechten Hand« des alten, erkrankten Bramante. Dabei spricht Vasari von der Sorgfalt und Genauigkeit seiner Zeichnungen, die Bramante bewogen hätten, ihm die Ausführung vieler Arbeiten zu übertragen. Sorgfalt ist für Vasari zwar unbedingt positiv zu werten. Allerdings war Antonio aus Vasaris Sicht nicht in gleichem Maße Erfindungskraft zu eigen, weswegen er letztlich nie aus dem Schatten Bramantes heraustreten konnte.

8 Der Gang, der sogenannte *passetto*, der die Engelsburg mit dem Vatikanischen Palast verbindet, diente als Fluchtweg der Päpste in Belagerungs- oder Kriegszeiten. Unter Papst Alexander VI. wurde der Gang von 1495 bis 1497 durch Antonio da Sangallo den Älteren errichtet. Die Arbeiten, von denen Vasari hier spricht, können sich demnach nur auf Umbauten oder Ausschmückungen beziehen, die unter der Leitung von Bramante erfolgten. Da Bramante wohl kein besonders guter Befestigungsingenieur war, wurde Antonio da Sangallo der Jüngere mit dieser Aufgabe betraut.

Bibl.: Bruschi 1969, S. 909–910.

9 Papst Julius II., mit weltlichem Namen Giuliano della Rovere (*1443 Albisola – †1513 Rom). Nach der Wahl seines Onkels zum Papst Sixtus IV. wurde er 1471 zum Kardinal von San Pietro in Vincoli ernannt. 1503 zum Papst gewählt, gab er den Neubau von Sankt Peter, die Ausmalung der Sixtinischen Decke durch Michelangelo und der Stanzen durch Raffael in Auftrag.

10 Paul III., mit weltlichem Namen Alessandro Farnese (*1468 Canino bei Viterbo – †1549 Rom), war Papst ab 1534. Er beauftragte Michelangelo mit der Fertigstellung des Jüngsten Gerichts in der Sixtina und mit der Ausmalung der neu errichteten Cappella Paolina. Ab 1535 ließ sich der Papst eine bescheidene Villa von Jacopo Meleghino auf dem Kapitol in der Nähe von Santa Maria in Aracoeli erbauen, die durch einen befestigten Gang mit dem Palazzo Venezia verbunden war. 1538 ordnete er die Aufstellung der Statue des Mark Aurel auf dem Kapitol an und plante in der Folge eine grundsätzliche Neuordnung der Platzanlage durch Michelangelo. Er ließ sich geräumige Appartements in der Engelsburg bauen, die von Perino del Vaga mit einem anspruchsvollen Freskenzyklus dekoriert wurden. Papst Paul III. bemühte sich um eine Reform der katholischen Kirche und eröffnete das Konzil von Trient (1545–1563), das die Gegenreformation in Gang setzte. Er protegierte seine beiden Neffen, Ranuccio und Pier Luigi Farnese, mit denen zusammen er in einem berühmten Porträt von Tizian (Neapel, Museo Nazionale di Capodimonte) dargestellt wurde.

11 Bereits 1510 berichtet Francesco Albertini in seinem Romführer von Arbeiten am Palazzo Farnese, wobei es sich um kleinere Renovierungsmaßnahmen zu handeln scheint. 1495 erwarb der Kardinal den Palazzo Albergati-Ferriz mit einem weitläufigen Grundstück, das zwischen der heutigen Via della Regula und dem Tiber gewissermaßen die Grundfläche des zukünftigen Palastbaus bereitstellte (Spezzaferro/Tuttle 1981, S. 89f). Schon 1518 berichtet Fra Mariano da Firenze in seinem Romführer, daß die Fundamente für einen neuen Palast gelegt seien, dessen Portal mit einer »geradlinigen Straße mit dem Campo dei Fiori« verbunden werden solle (Spezzaferro/Tuttle 1981, S. 95–97). Die zentral auf das Palastportal ausgerichtete Straße stellte eine unerhörte Würdeformel für einen Familienpalast dar, wodurch der Palazzo Farnese in direkte Konkurrenz zum nahegelegenen Sitz der päpstlichen Kanzlei, dem Palazzo della Cancelleria, trat. Während die Größe des Grundstücks sowie die Lage des Portals und der neu zu errichtenden Verbindungsstraße mit dem Campo dei Fiori feststanden, wurden die Pläne für den Palastbau aller Wahrscheinlichkeit nach recht flexibel gehalten, um nach und nach die erworbenen Grundstücke bebauen zu

können und die Preise der umliegenden Parzellen nicht durch die Veröffentlichung eines grandiosen Plans nach oben zu treiben. Es sind zwei Bauphasen zu unterscheiden: das Kardinalsprojekt ab 1515 sowie das Papstprojekt ab 1534, die Hauptbauphase lag zwischen 1541 und 1549. Mit dem Bau wurde wahrscheinlich um 1515 begonnen (Frommel 1981, S. 130f). Der Palast dürfte 1519 bereits zum Teil bewohnbar gewesen sein, da ihm Papst Leo X. einen Besuch abstattete und seiner Zufriedenheit Ausdruck gab.

Es haben sich zahlreiche Vorstudien und Grundrißpläne von Antonio da Sangallo erhalten. Von Beginn an plante Sangallo die monumentale, strenge Fassade mit Ädikulenfenster und Eckrustika (Florenz, Uffizien, Gabinetto Disegni e Stampe, Inv.-Nr. U1752A) sowie einen prächtigen dreigeschossigen Innenhof mit dorischer, ionischer und korinthischer Ordnung (Florenz, Uffizien, Gabinetto Disegni e Stampe, Inv.-Nr. U627A). Das dreischiffige, vitruvianische Vestibül mit Tonnengewölbe und eingestellten Vollsäulen wurde wegen seiner Antikennachahmung und seiner Funktionalität hoch gelobt. Mit seinem ausgesprochen ehrgeizigen und ambitionierten Palastprojekt setzt sich der Bauherr deutlich gegen seine Kardinalskollegen ab. Anfangs sollten sich, wie auch Vasari berichtet, zwei getrennte Appartements um einen großen Hof gruppieren, die von den beiden Söhnen des Kardinals bezogen werden sollten. Dieser Plan wird mit dem Tod Ranuccios 1528 hinfällig. Das Papstprojekt nimmt gleich nach der Wahl Pauls III. Formen an, indem in nur drei Jahren zwischen 1535 und 1537 ein eigener Platz vor der Palastfassade freigelegt wird, der der massiven, monumentalen Fassade erst zu ihrer heutigen Wirkung verhilft. Dazu wurden zahlreiche Nachbarn enteignet (Frommel 1973, Bd. II, S. 106, Dok. 26 u. Dok. 36). Am Palastbau werden die Bauarbeiten erst 1540 wieder aufgenommen. Der ursprünglich als eigenständige Palasthälfte gedachte hintere Teil öffnete sich nun zum Garten hin mit eleganten Loggien. Einige Innenräume mußten einer großen, mehrläufigen Treppe und einem großzügigeren Repräsentationsraum, einer Sala Grande, weichen. Erst für diese Bauphase sind uns Gesamtpläne aus der Hand des Architekten überliefert (Florenz, Uffizien, Gabinetto Disegni e Stampe, Inv.-Nr. U298A).

1548 wurde die Via dei Baullari angelegt, die das Palastportal durch eine gerade Linie mit der Via Papalis, dem heutigen Corso Vittorio Emmanuele II, verband. Hierfür waren wieder zahlreiche Enteignungen nötig, weswegen die gesamte Nachbarschaft, wie zeitgenössische Quellen berichten, in ständiger Furcht lebte (Spezzaferro/Tuttle 1981, S. 115).

Michelangelo leitete den Bau 1546–1549, vergrößerte das Papstwappen und verdoppelte die Säulen der Ehrenloggia. Er erhöhte das Mauerwerk des dritten Stockwerks und entwarf ein dominantes, ausladendes Kranzgesims. Im Innenhof schuf er die korinthische Pilasterordnung des dritten Geschosses, plante die Aufstellung des neu aufgefundenen *Farnesischen Stiers* in der Tiefenachse des Gartens und beabsichtigte eine Verbindung über den Tiber hinweg mit der Villa Farnesina, die jedoch nie realisiert wurde.

Im Zusammenklang von radikaler städtebaulicher Umgestaltung eines gesamten Viertels, der Anlage großzügiger Innenräume sowie des architektonischen Dekors von Fassade und Hof ist der Palazzo Farnese in seiner Zeit einzigartig. Während der Hof und die Fassade Antonio da Sangallo große architektonische Kompetenz abverlangten, erforderte die Führung der Baustelle in der komplizierten, sich ständig verändernden politischen Situation eine perfekte Logistik und quasi militärische Disziplin, die Antonio da Sangallo offensichtlich von seinen Festungsbauprojekten mitbrachte. Der Architekt wohnte zeitweise direkt an der Baustelle in drei kleinen Häusern, die ihm vom Bauherrn zu diesem Zweck überlassen wurden (Spezzaferro/Tuttle 1981, S. 96).

Bibl.: Giovannoni 1959, Bd. I, S. 150–169; Frommel 1973, Bd. II, S. 103–148; Frommel 1981; Spezzaferro/Tuttle 1981.

12 Pier Luigi Farnese (*1503 Rom – †1547 Piacenza), unehelicher Sohn Papst Pauls III., 1505 legitimiert, ab 1537 Herzog von Castro. Pier Luigi machte als Soldat in den kaiserlichen Truppen Karls V. Karriere und kämpfte auch gegen die päpstliche Armee. 1519 heiratete er Gerolama Orsini, mit der er fünf Kinder hatte: Alessandro, Ottavio, Orazio, Ranuccio und Vittoria. In Castro und in Nepi ließ Pier Luigi Antonio da Sangallo den Jüngeren große Befestigungsanlagen errichten. 1545 wurde er zum ersten Herzog von Parma und Piacenza ernannt. Die umfangreichen Bauprojekte, die er in seinem neu erworbenen Herzogtum plante, konnten jedoch nicht umgesetzt werden, da er bereits zwei Jahre später ermordet wurde. Sein ältester Sohn, Alessandro, wurde zu einem der mächtigsten Kardinäle und größten Kunstpatrone des 16. Jahrhunderts. Ottavio erbte das Herzogtum von Parma und Piacenza, Orazio wurde Herzog von Castro, Ranuccio Kardinal, und Vittoria heiratete Guidobaldo II. della Rovere, Herzog von Urbino.

13 Ranuccio Farnese (*1509 Rom – †1528 Neapel), unehelicher Sohn von Papst Paul III. und Silvia Ruffini, 1518 durch ein Breve Papst Leos X. legitimiert, ab 1519 Bischof von Montefiascone. Ranuccio schlug eine militärische Laufbahn ein und kämpfte beim ›Sacco di Roma‹ auf der Seite des Papstes. Er starb 1528 bei der Belagerung Neapels.

Bibl.: Zapperi 1995.

[14] 1507 erlaubte Papst Julius II. der Bruderschaft der Bäcker, ihre Bruderschaftskirche am Trajansforum mit der Dedikation an die Madonna von Loreto neu zu errichten. 1510 berichtet bereits Francesco Albertini in seinem Romführer über die begonnenen Bauarbeiten. Das Projekt Antonio da Sangallos datiert von 1522. Eine Entwurfszeichnung (Florenz, Uffizien, Gabinetto Disegni e Stampe, Inv.-Nr. U786A) zeigt den oktogonalen Zentralbau, wie er auch weitgehend realisiert wurde.

Bibl.: Giovannoni 1959, Bd. I, S. 205–210; Benedetti 1968.

[15] Melchiorre Baldassini (*um 1470 Neapel – †12. September 1522 Rom), Rechtsgelehrter, ab 1513 Professor für Zivilrecht an der Sapienza, ab 1518 Konsistorialadvokat. Baldassini erlangte seinen Lehrstuhl durch Leo X., war aber auch ein Vertrauter von Papst Hadrian VI. während dessen kurzen Pontifikats.

Bibl.: Craveri 1963; Cogotti/Gigli 1995, S. 7–16; Aurigemma 1996.

[16] Der Palazzo Baldassini (via delle Coppelle 35) wurde für den Rechtsgelehrten Melchiorre Baldassini 1515–1518 nach Plänen Sangallos errichtet. Eine Zeichnung Sangallos (Florenz, Uffizien, Gabinetto Disegni e Stampe, Inv.-Nr. U 1298 A) zeigt die Grundrißanlage, wie sie auch weitgehend ausgeführt wurde. Die Schauseite der Fassade prägen die stark prononcierte Eckrustika, die dem Palast in der engen Straße eine hohe Aufmerksamkeit sichert, und das wuchtige, dorische Portal. Über ein Atrium erreicht man einen Hof, der mit einer doppelgeschossigen Loggia dorischer und ionischer Ordnung geschmückt ist. In den dorischen Fries hat Antonio Symbole integriert, die auf die Tätigkeit des Bauherrn als Rechtsgelehrter sowie auf seinen Patron Papst Leo X. verweisen. Trotz seiner bescheidenen Ausmaße wurde der Palazzo Baldassini wegen seiner überzeugenden Innenraumgliederung und eleganten Bauausführung bereits 1544 von Pietro Bembo für einen der schönsten und gelungensten Palastbauten Roms gehalten (Frommel 1973, Bd. II, S. 23, Dok. 11).

Bibl.: Frommel 1973, Bd. II, S. 23–29; Cogotti/Gigli 1995.

[17] Pietro Buonaccorsi, genannt Perino del Vaga (*1501 Carmigiano oder Florenz – †1547 Rom)

[18] Die Sala Grande des Palazzo Baldassini freskierte Perino del Vaga 1519–1525 mit den Szenen *Die Rechtsprechung Zaleukos* und *Tarquinius Priscus mit dem Auguren Attius* (beide Florenz, Uffizien). Der Palast weist darüber hinaus ein mit Grotesken geschmücktes Gewölbe von der Hand Giovanni da Udines und ein kleineres Ambiente, vermutlich das Arbeitszimmer Baldassinis, mit Fresken von Polidoro da Caravaggio auf.

Bibl.: Cogotti/Gigli 1995; Wolk-Simon 2002; Vasari, *Perino*, S. 24–25 u. S. 77.

[19] Das Haus der Familie Centelli konnte nicht identifiziert werden. Nach Aussage von Gaetano Milanesi (Vasari, Ed. Milanesi, Bd. V, S. 451) ist das Haus nicht erhalten.

[20] In Gradoli kauft Alessandro Farnese, der spätere Papst Paul III., schon 1500–1501 Grundstücke, auf denen er später den Familienpalast errichten wird. Dort spielte auch der römische Patrizier Giacomo Ruffini eine wichtige Rolle, der Bruder jener Silvia Ruffini, die mit Alessandro Farnese nach dem Tod ihres Ehemanns Giovanni Battista Crispo vier Kinder zeugte. Der befestigte Palazzo in Gradoli wurde aus Anlaß der Hochzeit von Pier Luigi Farnese mit Girolama Orsini wohl ab 1515 nach Plänen von Antonio da Sangallo errichtet. Antonio schuf die Entwürfe und vor Ort kümmerte sich der Maurer Giovanni Antonio da Caravaggio um die Umsetzung. 1521–1525 konnte man durch den Abriß einiger Häuser einen kleinen Platz vor der Fassade anlegen. 1524 waren die Bauarbeiten weitgehend abgeschlossen; 1537–1538 erfolgte der Bau der Befestigung an der westlichen Seite des Palastes. Im befestigten Palast, *palazzo fortezza*, von Gradoli zeigt sich schon früh die Vorliebe der Farnese für die Mischform eines Stadtpalastes und einer Festung, die Eleganz und militärische Stärke zugleich zum Ausdruck bringen soll. Die Villa Farnese in Caprarola markiert den Höhepunkt dieser Formentwicklung.

Bibl.: Galdieri 1975; Fagliara Zeni Buchicchio 1986.

[21] In Capodimonte am Lago di Bolsena besaßen die Farnese bereits eine fünfeckige Festung, die vermutlich aus dem 15. Jahrhundert stammt. Antonio verbesserte die Anlage in den Jahren 1513–1515; der Innenhof könnte von ihm stammen.

Bibl.: Giovannoni 1959, Bd. I, S. 266f.; Fiore 1986, S. 334.

[22] Für die Farnese schuf Antonio in den 1520er Jahren eine fünfeckige Festung in Caprarola. Es gibt mehrere Zeichnungen von Antonio, die in diesem Zusammenhang genannt werden. Mittlerweile ist es zweifelhaft, ob die Zeichnungen (Florenz, Uffizien, Gabinetto Disegni e Stampe, Inv.-Nr. U 775A) tatsächlich für Caprarola geschaffen wurden. Dazu haben sich auch Zeichnungen von Baldassarre Peruzzi in den Uffizien erhalten. Ab 1559 errichtete Vignola die berühmte Villa Farnese.

Bibl.: Patridge 1970; Frommel/Adams 2000, S. 149–150 (Nicholas Adams).

[23] Der von Vasari »Kardinal Alborense« genannte Mann ist mit dem Erzbischof von Olbia, Giacomo Serra († 1517), zu identifizieren. Anläßlich seines Todes bestimmte Papst Leo X. Kardinal Del Monte zum Testamentsvollstrecker. Wahrscheinlich vermittelte Del Monte den Auftrag für die Familienkapelle des Kardinals an Antonio da Sangallo,

von dem er sich auch seinen Palast an der Piazza Navona hatte erweitern lassen.

Bibl.: Davidson 1970, S. 81; Frommel 1973, Bd. I, S. 125, Anm. 5.

[24] Mit dem Bau der Jakobskapelle in San Giacomo degli Spagnoli, heute Nostra Signora del Sacro Cuore, wurde 1518 begonnen. Das Geld für den Bau und die Ausstattung kam aus dem Nachlaß des Kardinals Serra, während vermutlich der Testamentsvollstrecker, Kardinal Del Monte, für die Auswahl der Künstler verantwortlich war.

Bibl.: Davidson 1970, S. 81; Frommel 1973, Bd. I, S. 125, Anm. 55.

[25] Pellegrino Aretusi, genannt Pellegrino da Modena (*um 1463 Modena – †1523 ebenda). In der Jakobskapelle sind unter anderem das Fresko der *Schlacht von Clavijo* und der *Reue des Hermogenes* von seiner Hand überliefert.

Bibl.: Davidson 1970; Vasari, *Raffael-Werkstatt*, S. 54–55.

[26] Die Statue des spanischen Nationalheiligen Jakobus von Jacopo Sansovino (*1486 Florenz – †1570 Venedig) befindet sich heute in Santa Maria di Monserrato in einer Kapelle des rechten Kirchenschiffs. Am ursprünglichen Aufstellungsort in San Giacomo degli Spagnoli, heute Nostra Signora del Sacro Cuore, ist inzwischen eine Gipskopie des Heiligen Jakobus zu sehen.

Bibl.: Boucher 1991, Bd. II, S. 321–322.

[27] Bartolomeo Ferratini (*1475 Amelia bei Terni – †1534) war Kanoniker von Sankt Peter und wurde schon von Papst Julius II. zum Verantwortlichen für die Bauhütte von Sankt Peter ernannt. Leo X. beschäftigte ihn in der Apostolischen Kanzlei, und Clemens VII. hatte engen, vertrauten Umgang mit Ferratini. Zum Zeitpunkt der Schlacht um Pavia im März 1525 erhielt er den Auftrag, Piacenza zu befestigen, was er energisch und ohne Rücksicht auf den Widerstand der Einwohner durchsetzte. Als Vorsteher der Bauhütte von Sankt Peter war er für Antonio da Sangallo naturgemäß eine wichtige Person.

Bibl.: Busolini 1996.

[28] Der Palazzo Ferratini in Amelia wurde vermutlich 1517–1518 direkt im Anschluß an den Palazzo Baldassini geplant und errichtet. Eine Zeichnung (Florenz, Uffizien, Gabinetto Disegni e Stampe, Inv.-Nr. U1280A) zeigt ein Alternativprojekt für die Grundrißanlage des Palazzo. Der schlichte, kubische Baublock weist zur Straße hin eine dreigeschossige, fünfachsige Fassade mit Giebelädikulen im Piano Nobile auf; rückseitig öffnet sich zwischen zwei turmartigen Risaliten eine dreiachsige Loggia. Es gibt auch einen offenbar nie realisierten Entwurf für die Verbesserung der Befestigungsanlage in Amelia (Florenz, Uffizien, Gabinetto Disegni e Stampe, Inv.-Nr. U724A).

Bibl.: Giovannoni 1959, Bd. I, S. 269ff.; Frommel 1973, Bd. I, S. 125; Frommel/Adams 1994, S. 111 (Fabiano Fagliara Zeni Buchicchio).

29 Antonio Ciocchi del Monte (*1462 Monte San Savino – †1534 Rom), seit 1514 Kardinal, ging nach einem Studium der Jurisprudenz nach Rom, wo er für Julius II., Leo X. und Clemens VII. wichtige diplomatische und militärische Aufgaben übernahm. Der äußerst angesehene Rechtsgelehrte war eine der wichtigsten Figuren der römischen Kurie. Er ließ sich von Antonio da Sangallo dem Älteren zwei Paläste in Monte San Savino und Montepulciano errichten. Von Jacopo Sansovino und Baldassarre Peruzzi ließ er sich einen Palast in Rom bei der Acqua Vergine bauen. Den Auftrag für den Turm an der Piazza Navona erhielt Antonio vermutlich durch die Vermittlung seines Onkels.

30 Der Turm für Kardinal Antonio del Monte an der Piazza Navona ist nicht erhalten. Auf einem Stich von Israel Silvestre (Frommel 1973, Bd. III, Tf. 178a) kann man ihn aber noch gut erkennen. Der blockhafte Turm stellt eine Erweiterung des Palazzo Orsini-Braschi dar und weist eine dreigeschossige Gliederung auf. 1514 hatte der Kardinal den Palast an der Piazza Navona erworben. Auf ein massives Erdgeschoß mit Ädikula und Eckrustika folgt ein Piano Nobile mit langgestreckter ionischer Ordnung sowie eine korinthische Säulenloggia im Obergeschoß. Der Turm befand sich da, wo der heutige Vicolo della Cuccagna in die Piazza Navona einmündet, und diente als weithin sichtbares Zeichen, das den unregelmäßigen Palazzo Braschi-Orsini stadträumlich auf die großräumige Piazza Navona ausrichtete.

Bibl.: Giovannoni 1959, Bd. I, S. 282f.; Frommel 1973, Bd. I, S. 125f.

31 Die Statue des Pasquino wurde bei den Bauarbeiten für den Palazzo Orsini (heute Braschi) bei der Piazza Navona gefunden und von Oliviero Carafa 1501 auf einem Sockel vor dem Palast aufgestellt. Schnell bürgerte sich der Brauch ein, an diesem Sockel Spottgedichte über die Herrschenden anzuheften, was noch heute geschieht.

32 Francesco Torni, genannt Francesco dell'Indaco (*1492 Florenz – †ca. 1560–62 Rom). Die Dekoration des Turms für Kardinal Del Monte ist nicht überliefert.

33 Ascanio Parisani (*Tolentino – †3. April 1549 Rom), ab 1528 Bischof von Caiazzo, ab 1529 von Rimini, ab 1539 Kardinal. Parisani war päpstlicher Legat in Perugia und an der Planung der Rocca Paolina (1543–1549) beteiligt; 1545 wurde er von Kardinal Tiberio Crispi in der Legation von Perugia abgelöst. Es ist insofern nicht verwunderlich, daß Antonio da Sangallo für den Kardinal, mit dem er in Perugia eine wichtige päpstliche Festung errichtete, in seiner Heimatstadt Tolentino einen Palast baute.

34 Den Palazzo Parisani, heute auch ›Palazzo Sangallo‹ genannt, errichtete Antonio da Sangallo in Tolentino. Der erhaltene Palast (Piazza della Libertà) weist ein rustiziertes Sockelgeschoß mit Botteghen auf, außerdem Giebelädikulen und eine zurückhaltende Eckrustika im Piano Nobile.

35 Giovanni de' Medici, seit 1513 Papst Leo X. (*Florenz 1475 – †1521 Rom)

36 Raffaello Sanzio (*Urbino 1483 – †1520 Rom)

37 Giovanni Giocondo, genannt Fra Giocondo (*um 1434 Verona – †1515 Rom)

38 Antonio wurde am 1. Dezember 1516 zum Hilfsarchitekten von Sankt Peter ernannt. Aus dem Jahr 1516–1517 ist eine Zeichnung (Florenz, Uffizien, Gabinetto Disegni e Stampe, Inv.-Nr. U254A) mit dem Grundriß von Sankt Peter erhalten geblieben. Nach Raffaels Tod war er *de facto* zum ersten Architekten von Sankt Peter geworden. Zu diesem Zeitpunkt entwarf er eine Art Memorandum (Florenz, Uffizien, Gabinetto Disegni e Stampe, Inv.-Nr. U33A), in dem er das Projekt von Raffael kritisierte. Erst 1536 unter Papst Paul III. wurde er zum Architekten aller päpstlichen Bauten ernannt.

Bibl.: Bruschi 1983; Thoenes 2005, S. 83–85.

39 Giampaolo Baglioni (*um 1470 Perugia – †1520 Rom), Heerführer im Dienst Papst Julius' II. und Leos X.

40 Vitello Vitelli (*1480 Città di Castello – †1528 Neapel), Heerführer im Dienst Leos X. und Clemens' VII.

41 Pedro Navarro, Graf von Oliveto (*1460 Garde/Navarra – †1528 Neapel), spanischer Heerführer und Ingenieur

42 Antonio di Giorgio Marchesi, auch Marchisi (*17. Mai 1451 Settignano – †1. September 1522) war Architekt und Befestigungsingenieur. Er baute die Kirche San Giusto alle Mura in Florenz, die Kirche Santa Maria delle Lacrime bei Trevi, 1489 ist er am Kastell von Gaeta beschäftigt und seit 1494 oberster Architekt in Neapel. Er errichtete 1506 den Triumphbogen für den Einzug Ferdinands des Katholischen in Neapel und wurde 1517 als Sachverständiger nach Civitavecchia berufen, ließ sich 1517 in Florenz nieder.

Bibl.: Thieme/Becker, Bd. XXIV, S. 62.

43 Antonio da Sangallo war bereits 1509 zusammen mit Bramante in Civitavecchia, wie eine Zeichnung belegt (Florenz, Uffizien, Gabinetto Disegni e Stampe, Inv.-Nr. U975A). Etwa 1515 entwarf er einen Teil des Hafens (ebenda, Inv.-Nr. U946A). Im Juli 1537, unter dem Eindruck der Bedrohung durch das osmanische Reich, wurde die Festung abermals nachgerüstet (ebenda, Inv.-Nr. U963A).

Bibl.: Fagliara Zeni Buchicchio 1986; Fagliara Zeni Buchicchio 1988.

44 Die statische Absicherung der Vatikanischen Loggien wird auch in der Vita Raffaels erwähnt (Vasari, *Raffael*, S. 71). Ob es sich hier um eine Anekdote oder um eine tatsächliche Begebenheit handelt, ist schwer zu ermitteln. Jedenfalls dient sie Vasari dazu, die architektonische Professionalität Antonios zu untermauern. Daß Sangallo später am Cortile di San Damaso arbeitete, legt einen Eingriff, wie er hier geschildert wird, allerdings nahe.

45 Pläne für einen Neubau der Nationalkirche der Florentiner in Rom, San Giovanni dei Fiorentini, bestanden schon unter Papst Julius II. Doch erst durch die Finanzierungszusage des Medici-Papstes Leo X. konnte der Entschluß zum Bau einer monumentalen Kirche gefaßt werden. Es folgte ein Wettbewerb, an dem sich die berühmtesten Architekten beteiligten. Der Zentralbauentwurf von Jacopo Sansovino setzte sich schließlich durch, wobei die Entscheidung für den Zentralbau offensichtlich dem Wunsch des Papstes nach einer repräsentativen Kirche entsprach. Die Kongregation der Florentiner in Rom bevorzugte dagegen einen Longitudinalbau, da er sich für eine Pfarrkirche viel besser eignete. Daraufhin botete die Kongregation unter dem Vorwand der Veruntreuung von Baugeldern Sansovino aus und ernannte Antonio da Sangallo d. J. zum Architekten. Dieser stellte der Kongregation am 30. Januar 1521 sogleich sein Modell für einen Longitudinalbau vor. Es ist also kaum glaubhaft, daß die Entlassung Sansovinos auf Kritik an seiner Bauführung zurückzuführen ist, vielmehr läßt sich der Wechsel des Architekten mit der Bevorzugung des Longitudinalbaus begründen. Sangallo hatte den zusätzlichen Vorteil, daß seine beiden engsten Mitarbeiter und Verwandten Mitglieder der Kongregation waren. Darum war es ihm auch möglich, den Bauherren seine beiden Entwürfe (Florenz, Uffizien, Gabinetto Disegni e Stampe, Inv.-Nr. U860A und U861A) schon vor Beginn des Wettbewerbs vorzulegen. Zudem war Antonio als päpstlicher Architekt am Ausbau der Via Giulia beteiligt, an der auch die Nationalkirche stehen sollte, und erwarb dort auch eigene Grundstücke. In der späteren Baugeschichte wurde die Frage Zentral- oder Longitudinalbau immer wieder aktuell, wobei sich die Florentiner Kongregation mit ihrem Wunsch nach einer zweckmäßigen Pfarrkirche letztlich durchsetzte. Die Kongregation war jedoch trotz des ungeheuren Reichtums der Florentiner Bankiers nicht bereit, substantielle eigene Finanzmittel einzusetzen. Darum zogen sich die Arbeiten in die Länge und entstanden immer wieder Konflikte mit dem Papst und dem Herzog von Florenz, da die Kongregation zwar gerne Finanzierungsmittel entgegennahm, aber die Entscheidung über den Bautyp

nie aus der Hand geben wollte. Diese Situation scheint Vasari zu bedauern, der lieber ein Zentralbauprojekt verwirklicht gesehen hätte.

Bibl.: Günther 2001.

46 Giulio de' Medici (*1478 Florenz – †1528 Neapel), seit 1513 Erzbischof von Florenz und Kardinal, seit 1523 Papst unter dem Namen Clemens VII. Es scheint, daß der junge Giulio in den ersten Jahren bei Antonio da Sangallo dem Älteren wohnte. Zumindest war dieser bei der Taufe Giulios zugegen.

Bibl.: Prosperi 1982, S. 237.

47 Marcello Cervini, Papst Marcello II. (*1501 Montefano – †1555 Rom), Kardinal seit 1539, Papst seit 1555

48 Vasari meinte hier wohl Jacques Pantaleon, Urban IV. (*um 1200 Troyes – †1265 Perugia), ab 1261 Papst, dem die Errichtung der Festung von Montefiascone zugeschrieben wird.

49 Die Erneuerung der Festung von Montefiascone unternahm Antonio 1516 unter Papst Leo X.

Bibl.: Fiore 1986, S. 334.

50 Von den beiden Tempeln auf der Isola Bisentina im Lago di Bolsena ist nur einer erhalten geblieben. Auf einer Zeichnung (Florenz, Uffizien, Gabinetto Disegni e Stampe, Inv.-Nr. U962A) sind Entwürfe für beide erhalten; es muß jedoch offenbleiben, ob der heute fehlende Tempel jemals realisiert wurde. Sangallo entwarf die Tempel 1515–1522. Der erhaltene Tempel erhebt sich auf einem felsigen Vorsprung der Insel und ist von weitem sichtbar. Welchem Zweck diese Zentralbauten dienen sollten, ist bisher nicht geklärt. Im Gebiet um den Lago di Bolsena besaßen die Farnese zahlreiche weitere Besitztümer.

Bibl.: Giovannoni 1959, Bd. I, S. 212–214; Frommel/Adams 2000, S. 192f. (Fabiano Fagliara Zeni Buchicchio).

51 Niccolò Fieschi (*um 1456 Genova – †14. Juni 1524 Rom), seit 1485 Schatzmeister der ›Provincia di Patrimonio‹ und Kastellan von Viterbo, seit 1485 Bischof von Fréjus, Kardinal seit 1503. Fieschi war von 1516 bis zu seinem Tod auch Bischof von Ravenna (Cevelotto 1997, S. 504). Deswegen muß er mit dem von Vasari genannten ›Bischof von Cervia‹ identifiziert werden. Es kann sich nicht um Pietro Fieschi handeln, wie Giovannoni und Frommel behaupten.

Bibl.: Giovannoni 1959, Bd. I, S. 290f.; Frommel 1973, Bd. I, S. 126; Cevelotto 1997.

52 Der elegante, zweigeschossige Palazzo Fieschi (via dei Banchi Vecchi 14), der wohl ab 1520 von Antonio da Sangallo errichtet wurde, sah Geschäfte im Erdgeschoß vor, weist Giebelädikulen, Korbbogenfenster und eine mächtige Eckrustika auf. Stilistisch ähnelt er dem Palazzo

Baldassini, wobei Antonio hier ein wesentlich reizvolleres Äußeres schuf. Noch heute wird er »Palazzo del Vescovo di Cervia« genannt. Direkt im Anschluß erwähnt Vasari in der ersten Ausgabe einen Palast für den »Cardinal Ottavio de Cesi«. Für die Familie Cesi baute Antonio sicherlich eine Familienkapelle in Santa Maria della Pace; möglicherweise sind auch Entwürfe für einen Palast erhalten (Florenz, Uffizien, Gabinetto Disegni e Stampe, Inv.-Nr. U709A; Giovannoni 1959, Bd. I, S. 324 f.).

Bibl.: Giovannoni 1959, Bd. I, S. 290f.; Frommel 1973, Bd. I, S. 126.

53 Die spanische Nationalkirche Santa Maria di Monserrato wurde 1517–1518 von Antonio entworfen. Zahlreiche Zeichnungen von seiner Hand haben sich erhalten, darunter der endgültige Grundriß der Kirche (Florenz, Uffizien, Gabinetto Disegni e Stampe, Inv.-Nr. U171A), der dem heutigen Bau weitgehend entspricht. Die Kirche wurde nach zahlreichen Bauunterbrechungen und wechselnden Architekten Ende des 16. Jahrhunderts fertiggestellt.

Bibl.: Giovannoni 1959, Bd. I, S. 226–230; Frommel/Adams 2000, S. 111 f. (Manfredo Tafuri).

54 »Marrane« war eine pejorative Bezeichnung für zum Christentum konvertierte Juden. Das Haus eines Marranen ist nach Giovannoni mit der Casa Viacampos in der Via dei Gigli d'Oro zu identifizieren. Der Auftraggeber dieses kleinen Palastes wäre dann Giovanni Battista da Viacampos.

Bibl.: Giovannoni 1959, Bd. I, S. 276 ff.

55 Adriaan Florisz Boeyens, Papst Hadrian VI. (*1459 Utrecht – †1523 Rom), seit 1517 Kardinal, seit 1522 Papst. Adriaan von Utrecht war ein bekannter Humanist und Hauslehrer des späteren Kaisers Karl V.

Bibl.: Aurigemma 1996.

56 Hadrian VI. ließ die Antikensammlung im Belvedere schließen, wobei er nicht an privaten Besuchen Anstoß nahm, sondern an der Öffentlichkeit dieses musealen Raums. Hadrian soll, auf die Schönheit des Laokoon angesprochen, geantwortet haben, das seien »Götzenbilder der Antiken«. Was Vasari über das Vorhaben zum Abriß der Sixtina und die Kritik an Michelangelos Malerei sagt, kann durch zeitgenössische Quellen nicht belegt werden. Der dem Papst in den Mund gelegte Wortlaut ähnelt stark der späteren Kritik von Pietro Aretino an der Sixtina. Vasari trägt wohl die in seiner Zeit verbreitete negative Sicht auf den Papst vor, wie sie schon sein Hauslehrer in Florenz, Piero Valeriano, in seinem *De Litteratorum Infelicitate* formuliert hatte. Zumindest scheint Hadrian in seinem kurzen Pontifikat auch Antonio da Sangallo beschäftigt zu haben, wie eine Zeichnung (Florenz, Uffizien, Gabinetto

Disegni e Stampe, Inv.-Nr. U170A) für einen Kamin mit Wappen des Papstes belegt.

Bibl.: Aurigemma 1996; Reiss 2005, S. 354.

57 Die Umbaupläne für San Giacomo degli Spagnoli in den Jahren 1522–1523 sind durch mehrere Zeichnungen Antonios dokumentiert.

Bibl.: Giovannoni 1959, Bd. I, S. 242–245; Frommel/Adams 2000, S. 179f. (Simonetta Valtieri).

58 An der Ecke Via dei Coronari/Vicolo Domizio befindet sich noch heute das von Antonio 1523 errichtete Tabernakel, die sogenannte *Immagine di Ponte*. Das Tabernakel ähnelt den Ädikulen des Pantheons und des Palazzo Farnese und enthält eine stark verwitterte Marienkrönung von Perino del Vaga.

Bibl.: Giovannoni 1959, Bd. I, S. 380.

59 In der Beschreibung der Wahl Clemens' VII. als eine neuerliche Renaissance folgt Vasari mit einiger Sicherheit der zeitgenössischen Panegyrik, wie sie die Wahl des Medici-Papstes begleitete.

Bibl.: Reiss 2005.

60 Hier ist ein Hofprojekt für den heutigen Cortile di San Damaso gemeint, das unter Papst Clemens VII. vor 1524 umgesetzt wurde. Auf einer Zeichnung (Florenz, Uffizien, Gabinetto Disegni e Stampe, Inv.-Nr. U287A), die vermutlich Antonio da Sangallo zuzuschreiben ist, findet sich die Erweiterung des Cortile di San Damaso eingetragen. Die Granitsäulen verwendete Papst Julius III. für seine *vigna*, die Villa Giulia, und zerstörte danit die Anlage Sangallos.

Bibl.: Frommel 1964, S. 2 und S. 34, Anm. 6.

61 Erst unter Julius II. zog die Päpstliche Münze, die Zecca, die vorher an unterschiedlichen Orten ihren Sitz hatte, in das Eckhaus an der Piazza dei Banchi um. Münzmeister waren zu diesem Zeitpunkt die Augsburger Bankiers Fugger. Obwohl der Geschäftsführer der Fugger, Johannes Zink, anläßlich der Papstwahl Leos X. 1513 die Fassade des Palazzo mit einer prächtigen Triumphbogenarchitektur verzieren ließ, übertrug der Medici-Papst das Amt des Münzmeisters an Florentiner Bankiers; ebenso hielt es Papst Clemens VII. Als Bauherr des neuen, prächtigen Palastes muß Francesco Armellini Medici (*13. Juli 1470 Perugia – †8. Januar 1528 Rom) gelten. Francesco kam als Sohn des Benvegnate Pantalissi in Perugia zur Welt. Der Vater nahm den Namen seiner Frau an, Armellini. Francesco Armellini war der wichtigste finanzpolitische Berater Papst Leos X., schlug diesem hochriskante und irrwitzige Finanzierungsmodelle für seine kostspieligen Projekte vor und bereicherte sich an diesen zahlreichen Geschäften in großem Maße. Im Zuge des Verkaufs von dreißig Kardinalshüten im Jahre 1517 – ein

Vorschlag zur Refinanzierung der notleidenden päpstlichen Finanzen, von dem er den Papst überzeugt hatte – wurde er selbst zum Kardinal ernannt. Zudem ließ er sich vom Papst adoptieren, weswegen er ab diesem Zeitpunkt zusätzlich den Namen Medici tragen durfte. 1517 wurde er durch die Bezahlung von 15.000 Dukaten zum Kardinalkämmerer, *camerlengo*, ernannt und war damit für die päpstlichen Finanzen zuständig. Francesco war den Römern verhaßt, da er die Steuereinnahmen der Apostolischen Kammer mit allen Mitteln zu erhöhen suchte und auch in großem Umfang auf das Instrument der Ablaßbriefe zurückgriff.

Der heutige Palazzo del Banco di Santo Spirito (Borgo di S. Spirito 3) befindet sich an der Stelle, wo sich die Via dei Banchi Vecchi und die Via dei Banchi Nuovi vereinigen. Diese Platzsituation entstand erst anläßlich einer von Armellini 1525–1526 durchgesetzten Neuordnung – er hatte neben seinen zahlreichen anderen Ämtern auch das des Straßenbaumeisters –, so daß die Platzfassade erst nach 1525 von Antonio da Sangallo entworfen worden sein kann. Die gekrümmte Fassade mit dem Triumphbogenmotiv ist auf Fernsicht angelegt. Dabei mögen ephemere Architekturen entscheidende Anregungen geliefert haben. Über einem gedrungenen, förmlich unter der Last des Baus zusammengepreßten rustizierten Sockelgeschoß erhebt sich das monumentale Piano Nobile. Auf hohe Piedestale sind korinthische Pilaster in rhythmischer Travée gesetzt. Die Fassade wird von einem geschwungenen, mehrfach gestuften Kranzgesims abgeschlossen. Die Triumphbogenarchitektur der Fassade dominiert diesen urbanistischen Brennpunkt inmitten des Quartiers der päpstlichen Hochfinanz und bietet zugleich von weitem einen markanten ›point de vue‹. Zweifellos ist dieser Palast als eines der Meisterwerke Sangallos anzusehen. Die festliche, ja triumphale Aufmachung des Baukörpers der päpstlichen Münzstätte entspricht in keiner Hinsicht der trutzigen, soliden Gestalt, die man vielleicht von einer Münze erwarten würde. So kann man auch in der Form einen Bezug zum finanzpolitischen Einfallsreichtum des Bauherren vermuten. 1535 veranlaßte Papst Paul III. den Umzug der Münze in ein anderes Quartier.

Bibl.: Giovannoni 1959, Bd. I, S. 297–299; De Caro 1962; Frommel 1973, Bd. II, S. 30–38; Antonucci 2004.

62 Die hier nicht näher bezeichneten Arbeiten an den päpstlichen Loggien stehen wohl im Zusammenhang mit dem bereits erwähnten Umbau des Cortile di San Damaso.

63 Giuliano Leno, auch Leni, de Lenis, Lena (* zwischen 1467 und 1478 Rom – † 12. September 1530 Rom), entstammte einer wohlhabenden römischen Patrizierfamilie und war lange Zeit Verwalter der Bauhütte

von Sankt Peter. Als Freund von Bramante half er zahlreiche seiner Bauten zu realisieren und übernahm die Funktion, die einem heutigen Bauverwalter entspricht. Er spielte eine wichtige Rolle bei päpstlichen Bauprojekten unter Julius II. und Leo X., etwa bei Sankt Peter, dem Palazzo del Tribunale, dem Belvedere und der Villa Madama. Er ließ sich auf dem Grundstück des heutigen Palazzo Ricci-Sacchetti ein Haus errichten, das er später an Sangallo verkaufte (siehe Anm. 103).

Bibl.: Vaquero Piñeiro 1997; Pagliara 2005.

64 Antonio Labacco, auch Abacco oder Dell'Abacco (* um 1495 Vercelli – † nach 1568 Rom). Sein Name leitet sich wahrscheinlich von ›Abacus‹ ab, was für Buchhalter eine gewöhnliche Bezeichnung war. Möglicherweise ist er mit einem ›Antonio da Morco‹ zu identifizieren (Baldini 1993, S. 339–342). In dieser Funktion war Labacco anfangs auch bei Bramante tätig. Von dieser Zusammenarbeit zeugt eine Zeichnung (Florenz, Uffizien, Gabinetto Disegni e Stampe, Inv.-Nr. U1193A). Anschließend fand Labacco bei Sangallo eine Beschäftigung, half bei der Planung von Santa Maria di Monserrato, San Giovanni degli Fiorentini und bei der Vermessung antiker Bauten. Von ihm stammt auch eine Kopie nach einer Zeichnung Leon Battista Albertis mit Planungen zur Kirche von San Sebastiano in Mantua (ebenda, Inv.-Nr. U1779A). Labacco erlernte wie sein Meister das Schreinerhandwerk. 1528 ist ein Briefwechsel mit Baldassarre Peruzzi in Siena belegt, der von Labacco eine Zeichnung des Portals des Pantheons und des Hadriansmausoleums verlangte (ebenda, Inv.-Nr. U1773A). Im selben Jahr heiratete er eine junge Römerin, die ihm einen Sohn namens Mario gebar. Ab 1539 realisierte Labacco für Sangallo das aufwendige Modell für Sankt Peter und beschäftigte zu diesem Zweck eine Reihe von Mitarbeitern. Nach seiner Entfernung aus der Bauhütte von Sankt Peter durch Michelangelo im Januar 1547 ließ Labacco die Entwürfe für Sankt Peter von Antonio Salamanca im *Speculum Romanae Magnificentiae* abdrucken. Hier bezeichnet er sich selbst als Schüler Sangallos. Vermutlich stand die Veröffentlichung der Pläne Antonios im Zusammenhang mit den Auseinandersetzungen an der Bauhütte von Sankt Peter, wo mehrere einflußreiche Prälaten gegen Michelangelo intrigierten (Saalman 1978, besonders S. 489, Dok.-Nr. 3). 1552 erschien Labaccos Werk *Libro appartenente a l'architettura nel qual si figurano alcune notabili antiquità di Roma* im Selbstverlag. Darin verwendete er auch Zeichnungen von Sangallo; die Kupferstiche fertigte sein Sohn Mario an. 1557 und 1559 erschienen weitere Ausgaben seines Buches, das sich offensichtlich gut verkaufte. In wenigen Exemplaren der Erstausgabe findet sich eine Widmung an Kardinal Salviati (Baldini 1993, besonders S. 377).

Bibl.: Baldini 1993; Colonna 2004.

[65] Pier Francesco Florenzuoli, genannt Pier Francesco da Viterbo (* um 1470 Viterbo – † 1539 Piacenza?), war Sohn eines Adeligen aus Viterbo und Oberst im Dienst Franz' I. 1523 amtierte er als General in der Cività Castellana und Baumeister der dortigen Burg, die Antonio da Sangallo d. Ä. errichtete. Unter Clemens VII. wurde er Oberaufseher der Festungen des Kirchenstaates und Festungsingenieur in Parma und Piacenza. Später arbeitete er in Verona und Venedig. Pier Francesco wirkte zusammen mit Antonio da Sangallo dem Jüngeren an der Errichtung der Fortezza da Basso und der Befestigung von Ancona mit. Für den Heerführer Alessandro Vitelli errichtete er 1523 den Palazzo Vitelli alla Cannoniera in Città del Castello.

Bibl.: Vigano 2004.

[66] Michele Sanmicheli (* um 1484 Verona – † 1559 Verona), Architekt und Befestigungsingenieur

[67] Die Gruppe von berühmten Befestigungsingenieuren sah sich vor ganz unterschiedliche Aufgaben gestellt, da die Befestigung von Parma lediglich den neuesten Erfordernissen anzupassen war, während Piacenza erst im Zuge dieses Auftrags eine dann freilich beispielhafte Befestigung erhielt. Mit dem Breve vom 29. Dezember 1525 hatte Clemens VII. die Arbeiten in Piacenza veranlaßt; abgeschlossen wurden sie 1547. Pier Francesco da Viterbo war mit großer Sicherheit der Hauptverantwortliche für den Festungsbau der beiden Städte. Antonio da Sangallo war lediglich im April 1526 zur Überwachung und Korrektur der Arbeiten vor Ort. Als Vizelegat des Papstes fungierte dort Bartolomeo Ferratini, für den Antonio bereits einen Palast in seiner Heimatstadt Amelia gebaut hatte (siehe Anm. 28). Zu den von Vasari genannten Architekten muß man Baldassarre Peruzzi hinzuzählen, der auch an dieser Teamarbeit beteiligt war. Die umfangreichen Fortifikationen in Piacenza gehörten zum Programm einer Inspektionsreise in der Romagna, die die bereits genannte Gruppe von Ingenieuren unternahm und die durch ein umfangreiches Konvolut von Zeichnungen sowie Berichte dokumentiert ist. Während dieser Reise fanden die Beteiligten auch Zeit für Bauaufnahmen von Baudenkmälern wie dem Tempio Malatestiano und dem Augustusbogen in Rimini sowie dem Mausoleum des Theoderich in Ravenna. Antonio da Sangallo war später noch einmal in Piacenza tätig: Kurz vor seinem Tod fertigte er Entwürfe für eine pentagonale Festung für Pier Luigi Farnese an.

Bibl.: Adorni 1986; Fiore 1986; Zavatta 2008.

[68] Gemeint ist die Erneuerung der Sala Ducale, die für Konsistorien Verwendung fand, und die Aufstockung des Palasttraktes um zwei zusätzliche Geschosse, um eine Wohnung für den Maestro da Camera zu

schaffen. Die Sala Ducale wurde ausweislich eines Entwurfs von Antonio (Florenz, Uffizien, Gabinetto Disegni e Stampe, Inv.-Nr. U4021A) so ausgerichtet, daß sich mit der Sixtinischen Kapelle eine Enfilade ergibt. Durch eine Verstärkung der Wand zum Cortile del Maresciallo, in deren Folge die Fenster vergrößert und vermehrt werden konnten, war die Beleuchtung des Raumes erheblich verbessert. Sangallo ersetzte darüber hinaus die Holzdecken durch ein Gewölbe mit Stichkappen.

Bibl.: Frommel 1964, S. 35, Anm. 13; Pietrangeli 1992, S. 77–79 (Anna Maria De Stroebel/Fabrizio Mancinelli).

69 In der Bautechnik, -leitung und -organisation führte Antonio da Sangallo tatsächlich entscheidende Neuerungen ein. Diese beruhen auf dem konsequenten Einsatz von Architekturzeichnungen, die unter seiner Führung eine vorher nicht gekannte Präzision in den Abmessungen und der räumlichen Veranschaulichung erreichten. Diese Präzision entwickelte er im Zuge der Vermessung antiker Denkmäler in Rom. Antonio konnte dank der Verschickung von Zeichnungen an seine zahlreichen fähigen und treuen Mitarbeiter viele weit auseinanderliegende Bauprojekte gleichzeitig leiten und bis in die Details hinein kontrollieren. So ließ er sich Zeichnungen von seinen Mitarbeitern vor Ort zusenden und versah sie mit Anmerkungen und oft auch harscher Kritik, wenn die Abmessungen ihm nicht genau genug waren. Ein großer Teil der aus seiner Werkstatt überlieferten Zeichnungen diente diesem Zweck, während wenige als sogenannte Präsentationszeichnungen für Bauherren vorgesehen waren. Die enorme künstlerische und technische Kompetenz, die Sangallo durch diese Werkstattorganisation in seiner Person vereinigte, diente als Vorbild für nachfolgende päpstliche Architekten. Ohne die Professionalität von Antonio da Sangallo wäre das Amt des Architekten von Sankt Peter nie eine solch einflußreiche Stellung geworden. Insofern baute Michelangelo, obwohl er sich in der Planung radikal von Sangallo unterschied, in wichtigen Punkten auf seinen Vorgänger auf.

Bibl.: Frommel/Adams 1994, S. 1–60 (Christoph Luitpold Frommel); D'Amelio/Marconi 2001.

70 Pietro Barbo, Paul II. (*1417 Venedig – †1471 Rom), Kardinal seit 1440, Papst seit 1464

71 Giuliano di Leonardo d'Antonio, genannt Giuliano da Maiano (*um 1432 Maiano – †1490 Neapel)

72 Francesco della Rovere, Sixtus IV. (*1414 Celle Ligure – †1484 Rom), Kardinal seit 1467, Papst seit 1471

73 Das Marienheiligtum in Loreto verdankt sich einer Legende, wonach das Geburtshaus der Jungfrau Maria Ende des 13. Jahrhunderts fliegend – auf wundersame Weise von Engeln getragen – aus Nazareth erst

nach Dalmatien und dann nach Recanati und Loreto verbracht wurde. Um diese ›Baureliquie‹ ließ der Bischof von Recanati schon 1468 einen Kirchenbau errichten. An diesem Bau war Giuliano da Maiano maßgeblich beteiligt. 1507 schickte Papst Julius II. Bramante mit dem Auftrag nach Loreto, ein großes Projekt zu entwickeln. Antonio da Sangallo war schon Anfang 1517 im Auftrag Papst Leos X. in Loreto. Aufgrund seiner Empfehlungen wurde Andrea Sansovino von der Bauaufsicht entbunden, die an Cristoforo Resse da Imola übertragen wurde. Im November 1525 beauftragte man Antonio da Sangallo, der bereits seit dem Tod Raffaels päpstlicher Architekt war, mit dem Bau des Marienheiligtums in Loreto. 1527 war Antonio zusammen mit seinem Bruder, Giovanni Battista, in Loreto und kümmerte sich um die Abdeckung des Kirchendaches mit Blei. Vasari scheint hier bestens informiert zu sein. Von Beginn an mußte die Absicherung der Vierungspfeiler, deren Standfestigkeit seit längerem fraglich war, eine der hauptsächlichen Sorgen des Architekten sein. Allerdings erfolgte die Arbeit an den Vierungspfeilern erst 1531–1539. Vermutlich wußte Vasari von den statischen Problemen des Marienheiligtums und hat diese in seiner unterhaltsamen Anekdote verarbeitet. In den Rissen im Marienheiligtum kündigte sich gewissermaßen alles Unheil der bevorstehenden Plünderung Roms an. Antonio wußte dank seiner architektonischen Kompetenz jedoch Abhilfe zu schaffen. Tatsächlich war Antonio da Sangallo besonders unter Paul III. eine maßgebliche Stütze des Papstes bei einer Reihe von Bauprojekten, die zur Konsolidierung des Kirchenstaates dienten.

Bibl.: Grimaldi 1999, S. 31–37; Frommel/Adams 2000, S. 59–63 (Sabine Eiche).

74 Bei dem *Pozzo del Papa* in Orvieto, heute auch *Pozzo di San Patrizio* genannt, handelt es sich um einen monumentalen Brunnen, den Antonio während des Exils von Papst Clemens VII. errichtete, um die Wasserversorgung im Falle einer Belagerung der Stadt zu gewährleisten. Dies war ein Projekt von großer hygienischer und militärischer Bedeutung für die Stadt. Der Brunnen ist noch erhalten und besteht aus einem über 50 Meter tiefen und 12 Meter breiten Brunnenschacht, der durch 72 Fenster beleuchtet wird. Zwei breite, spiralförmige Rampen mit niedrigen Stufen sind vollkommen unabhängig voneinander errichtet, so daß der Auf- und Abstieg auf einem je eigenen Weg vollzogen werden kann. Dadurch war es möglich, ohne Unterbrechung mit Lasteseln Wasser aus der Tiefe heraufzuführen. Dieser Brunnen war nicht nur ein Meisterwerk der Ingenieurstechnik, er wurde von Sangallo auch in einer Weise entworfen und realisiert, die noch heute die Imagination des Betrachters herausfordert. Durch die Lichtführung

und die überzeugende Anordnung der beiden Rampen war das Bauwerk auch ästhetisch ansprechend. Sangallo weilte schon vor dem Exil des Papstes seit 1525 mehrmals in Orvieto, um die Befestigung zu verbessern, und bekam vom Stadtrat wegen seiner Verdienste um das Gemeinwesen ein Haus zur Verfügung gestellt und das Bürgerrecht zugesprochen. Für Papst Clemens VII. mußte das Brunnenprojekt von eminenter praktischer und politischer Bedeutung sein, da er so sein Exil militärisch sichern und zugleich die Bewohner von Orvieto durch eine monumentale Ingenieursleistung beeindrucken konnte, die den Vergleich mit der Antike nicht zu scheuen brauchte. Das Projekt lag dem Papst so sehr am Herzen, daß er von Benvenuto Cellini eigens eine Medaille prägen ließ, die auf dem Avers mit einer Darstellung des Moses geschmückt war, der Wasser aus dem Felsen schlägt (Medaille Clemens' VII., Silber, 1534, Museo Nazionale del Bargello, Florenz). Die Beschreibung von Vasari legt nahe, daß es darüber hinaus auch eine metaphorische Bedeutung des Projektes gab. Der Abstieg in die Tiefe, aus der man mit Leichtigkeit wieder entsteigen konnte, sollte sozusagen eine Parabel auf die Geschicke des Papsttums sein.

Bibl.: Riccetti 1998; Reynolds 2005; Burioni 2008, S. 143–147.

75 Ancona war der wichtigste Hafen der Päpste in der Adria und von hoher strategischer Bedeutung. Antonio da Sangallo begann 1532, anläßlich seines Besuchs im Gefolge von Papst Clemens VII., mit einer großen Befestigungskampagne in der Hafenstadt. Eine Ansicht Anconas aus der Vogelperspektive zeigt die von Sangallo projektierten Arbeiten (Florenz, Uffizien, Gabinetto Disegni e Stampe, Inv.-Nr. U978A), wobei er sich auch die Zeit genommen hat, am Rande desselben großformatigen Blattes eine Bauaufnahme des Trajansbogens zu skizzieren. Aristotile da Sangallo half Antonio bei den Arbeiten in Ancona.

Bibl.: Fiore 1986; Frommel/Adams 1994, S. 63 u. S. 179 (Nicholas Adams/Simon Pepper).

76 Der Bau der Fortezza da Basso, der Zwingburg der Medici, markiert den Endpunkt der Republik. Dementsprechend war die große, meisterhaft geplante und schnell errichtete Festung in der Ebene vor Florenz, für die ganze Stadtviertel abgerissen wurden, ein Projekt, das mit Widerständen in der Bevölkerung rechnen mußte. Die Fortezza da Basso, auch Fortezza di San Giovanni genannt, plante Antonio ab 1534 und begann im selben Jahr mit den notwendigen Abriß- und Erdarbeiten. In nur zwei Jahren war die Festung mit fünf Bastionen fertiggestellt. Nanni Unghero und Aristotile da Sangallo waren dabei seine wichtigsten Mitarbeiter. Im Inneren plante Antonio einen großen Hofkomplex mit Stallungen und Wohnvierteln, so daß die Festung einer kleinen

eigenständigen Stadt glich. Zur Sicherung der Stadt bezog darin eine kaiserliche Garnison Quartier. So sollte der äußerst unbeliebte neue Herzog von Florenz, Alessandro de' Medici, auch vor etwaigen Attentaten geschützt werden, was aber den Mordanschlag seines Vetters, Lorenzino de' Medici, im Januar 1537 nicht verhindern konnte. Im Sommer 1534 sind die ersten Planungen für die Festung anzusetzen. Zwei Zeichnungen, die wohl von Aristotile da Sangallo angefertigt wurden, geben Auskunft über das gesamte geplante Projekt (Florenz, Uffizien, Gabinetto Disegni e Stampe, Inv.-Nr. U315A und U316A). Eine der beiden Zeichnungen wurde ausweislich einer Inschrift auf der Rückseite zu Antonio da Sangallo nach Rom geschickt, der nach der Papstwahl seines langjährigen Förderers, Alessandro Farnese, in der berechtigten Hoffnung auf Aufträge nach Rom geeilt war. Die andere Zeichnung verblieb als Kopie auf der Baustelle in Florenz. Zur Stadt hin schmückte Antonio die mächtige nordwestliche Bastion der gewaltigen fünfeckigen Festung mit Diamantquadern und Medici-Palle, die Vasari in den technischen Einleitungen der *Vite* besonders preist (Vasari, *Einführung in die Künste*, S. 53).

Ursprünglich hatte der Herzog 1534 Michelangelo für den Befestigungsbau gewinnen wollen, was dieser jedoch aus politischen Gründen ablehnte. In den ersten Entwürfen für einen vorhergehenden Festungsbau, die Porta della Giustizia, kann man deutlich sehen, wie Antonio etwas unbeholfen versuchte, den Stil von Michelangelos Befestigungsentwürfen nachzuahmen (Florenz, Uffizien, Gabinetto Disegni e Stampe, Inv.-Nr. U761A).

Bibl.: Hale 1968; Gianneschi/Sodini 1979; Frommel/Adams 1994, S. 110–111 (Nicholas Adams/Simon Pepper).

77 Die Grundsteinlegungszeremonie fand am 15. Juli 1534 im Beisein des Bischofs von Assisi, Angelo Marzi, des Kapitäns der herzöglichen Leibgarde, Alessandro Vitelli, und des Herzogs statt. Nach dem feierlichen Einzug legte erst der Bischof und dann der Herzog einen Grundstein mit lateinischer Inschrift in die Fundamente. Herzog Alessandro de' Medici warf drei Goldmedaillen in das Bauchloch: eine mit dem Antlitz des Papstes, eine mit dem von Marzi und eine mit seinem eigenen. Über die von Vasari erwähnten Epigramme ist bisher nichts bekannt, aber die Information ist durchaus glaubhaft, da Vasari mit hoher Wahrscheinlichkeit als Hofkünstler des Herzogs selbst zugegen war.

Bibl.: Hale 1968, S. 518ff.

78 Niccolò de'Pericoli, genannt Tribolo (*1500 Florenz – †1550 ebenda)

79 Raffaello Sinibaldi, genannt Raffaelo da Montelupo (*1505 Montelupo Fiorentino – †um 1567 Orvieto)

[80] Francesco Giamberti, genannt Francesco da Sangallo, auch il Margotta (*1. März 1494 Florenz – †17. Februar 1576 ebenda), war der Sohn von Giuliano da Sangallo und Bartolomea Picconi und wuchs im Familiensitz im Borgo Pinti auf. Francesco war ein bedeutender Bildhauer und Porträtist. Aus seinem Testament geht hervor, daß sich in dem Haus seiner Familie eine beträchtliche Kunstsammlung befand, die in guten Teilen auf seinen Vater zurückgehen dürfte (Bellesi 2000, S. 291). Nach Aussage von Vasari verwahrte er auch die Zeichnungen seines Vaters. Francesco erhielt überdies den gesamten, sehr umfangreichen Zeichnungsnachlaß von Antonio da Sangallo dem Jüngeren, der nicht nur seine eigenen Blätter und die seines Büros umfaßte, sondern zu einer regelrechten Sammlung von Architekturzeichnungen ausgebaut worden war. Einen kleinen Teil der Blätter verkaufte Francesco da Sangallo an Vasari, einen weit größeren an den Florentiner Patrizier und Sammler Niccolò Gaddi. Diese letztere Sammlung gelangte schließlich in das Gabinetto Disegni e Stampe der Uffizien. 1574 hatte der Neffe von Antonio da Sangallo dem Jüngeren, Orazio da Sangallo, bereits 21 Bände mit Befestigungszeichnungen dem Großherzog Francesco I. de' Medici geschenkt.

Bibl.: Giovannoni 1959, Bd. 1, S. 9–13; Bellesi 2000; Zavatta 2008, S. 9 (Marzia Faietti) u. S. 49–66.

[81] Simone di Michele Cioli (*um 1500 Settignano – †1572 Florenz) war Bildhauer und Schüler von Andrea Sansovino, für den er 1515 und dann wieder 1516–1523 an der Casa Santa in Loreto tätig war. 1537 wurde er von Antonio da Sangallo mit der Ausführung von zwei Propheten betraut. 1560/61 wird er im Zusammenhang mit der Restaurierung der Antikensammlung von Ippolito d'Este und Cosimo de' Medici erwähnt.

Bibl.: Partsch 1998.

[82] Andrea Cantucci, genannt Andrea Sansovino (*um 1467 Monte Sansovino – †1529 ebenda)

[83] Die Kampagne zur bildhauerischen Ausstattung der marmornen Verkleidung der Casa Santa im Marienheiligtum in Loreto begann unter Andrea Sansovino. Ab 1531 setzten die von Vasari genannten Bildhauer die Verkleidung der ›Baureliquie‹ mit einem anspruchsvollen ikonographischen Programm fort. Unter anderem wurden die *Anbetung der Hirten* und die *Heimsuchung* von Raffaello da Montelupo, die *Geburt Mariens* von Raffaello da Montelupo und Bandinelli, die *Ankunft des Heiligen Hauses* in Loreto von Tribolo sowie *Maria und Josef bei der Volkszählung* von Francesco di Vincenzo da Sangallo in dieser Ausstattungsphase fertiggestellt.

Bibl.: Weil-Garris 1977, Bd. I, S. 65–89; Grimaldi 1999, S. 80–85.

[84] Simone Mosca (*1492 Terenzano – †1553 Orvieto)

[85] Pellegrino da Fossombrone stammt aus Arezzo, seine Lebensdaten sind unbekannt.

[86] Es ist nicht klar, welchen Kamin Vasari hier meint.

[87] Giovanni Battista Cordini, genannt Battista da Sangallo, auch il Gobbo (*1496 Florenz – †20. Oktober 1548 Rom), war der kleinere Bruder von Antonio und einer seiner wichtigsten Mitarbeiter. Battista war vor allem damit beschäftigt, Entwürfe von Antonio in Reinzeichnung auszuführen und Bauaufnahmen von antiken Denkmälern zu erstellen, wie etwa siebzig Zeichnungen belegen, die von seiner Hand aus dem Bestand des Büros im Gabinetto Disegni e Stampe der Uffizien erhalten sind. Um 1513–1515 ist er erstmals in Rom dokumentiert, wie aus einer Zeichnung vom Gesims des Tempels des Castor und Pollux ersichtlich ist, die von Antonio da Sangallo korrigiert wurde (Florenz, Uffizien, Gabinetto Disegni e Stampe, Inv.-Nr. U1181A). Er war an der Rocca di Montefiascone und am Palazzo Farnese in Gradoli beteiligt. Battista half auch in Loreto, bei der Fortezza da Basso und in Sankt Peter. Er war in der Bruderschaft von San Giovanni Decollato und gab eine Reihe von Gemälden für die Bruderschaftskirche in Auftrag. Battista war aber nicht nur eine fähige Hilfe auf der Baustelle, er beschäftigte sich auch intensiv mit dem antiken Architekturtraktat von Vitruv. In der Biblioteca Corsiniana in Rom sind zwei italienische Übersetzungen des lateinischen Traktats von ihm überliefert (Cors. 1846 u. Cors. 2093), die vermutlich im Zeitraum von 1514 bis 1529 angefertigt wurden. Weitere Übersetzungsfragmente befinden sich in der Biblioteca Laurenziana (*Codex Ashburnian*, 639, cc. 109–151) und können auf 1535–1545 datiert werden. Außerdem hat Battista eine Druckausgabe des Traktats mit umfangreichen und prächtigen Illustrationen versehen (siehe Anm. 118). Nach dem Tod seines Bruders schickte er einen Brief an Papst Paul III., in dem er Michelangelos Kranzgesims für den Palazzo Farnese unter Rückgriff auf Vitruv hart kritisierte.

Bibl.: Pagliara 1983.

[88] Papst Paul III. schuf mit der Bulle vom 31. Oktober 1537 das Herzogtum Castro und übereignete es mit Nepi und Ronciglione seinem Sohn Pier Luigi. 1649 wurde Castro durch das päpstliche Heer dem Erdboden gleichgemacht, da sich die Farnese gegen den Papst aufgelehnt hatten. Somit kann man heute die architektonischen und städtebaulichen Projekte Antonios nur aus seinen Zeichnungen und durch archäologische Feldforschung rekonstruieren. Antonio schuf zwei neue Stadttore, eine Piazza, einen Palazzo sowie eine Münze, die seinen römischen Entwurf wiederholte.

Bibl.: Frommel/Adams 1994, S. 75–80 (Hildegard Giess).

89 Wie aus erhaltenen Zeichnungen hervorgeht, plante Antonio da Sangallo eine Reihe von Palazzi für Personen des päpstlichen Hofes in Castro.

Bibl.: Frommel/Adams 1994, S. 75–80 (Hildegard Giess).

90 Kaiser Karl V. (*1500 Gent – †1558 San Jéronimo de Yuste, Extremadura), König von Spanien (1516–1556), Prinz der Niederlande (1516–1555), ab 1519 Kaiser des Heiligen Römischen Reiches Deutscher Nation, veranlaßte 1527 den ›Sacco di Roma‹, versöhnte sich dann mit Clemens VII. und ließ sich 1530 vom Papst in Bologna krönen.

91 Am 5. April 1536 hält Kaiser Karl V. nach langen Verhandlungen, in denen protokollarische Details und das Zeremoniell festgelegt wurden, Einzug in Rom. Dieser Triumphzug, den das päpstliche Rom dem aus Afrika zurückkehrenden Kaiser wie fast alle Städte der italienischen Halbinsel bereitete, war eine heikle Angelegenheit, da die Truppen des Kaisers nur acht Jahre zuvor Rom geplündert und verwüstet hatten. Der Zug des Kaisers sah die gesamte Pracht der antiken Denkmäler Roms und endete auf der Piazza Venezia an einem kolossalen Triumphbogen, den Antonio da Sangallo geplant hatte. Dabei durchritt der Kaiser den Titusbogen, das Forum Romanum und passierte den Campo dei Fiori, wo er sicherlich auch den Palazzo Farnese bestaunen konnte. Der Papst nutze diese Gelegenheit, um zahlreiche städtebauliche Maßnahmen einzuleiten, die schließlich in große Projekte mündeten, wie zum Beispiel die Neuordnung des Kapitols. Darüber hinaus veranlaßte sein ›Commissario alle Antichità‹, Latino Giovenale Manetti, Aufräum- und Abrißarbeiten auf dem Forum. Er ließ die Reiterstatue Marc Aurels auf dem Kapitol aufstellen und legte auf dem Palatin die Horti Farnesiani an. Antonio da Sangallo entwarf einen Triumphbogen an der Porta di San Sebastiano (Florenz, Uffizien, Gabinetto Disegni e Stampe, Inv.-Nr. U1014A), eine Einfassung für die *Marforio* genannte Statue eines Flußgottes beim Forum (ebenda, Inv.-Nr. U1269A) und den von Vasari gelobten Triumphbogen an der Piazza Venezia. Dieser Triumphbogen aus Holz (ebenda, Inv.-Nr. U914A) trat in direkte Konkurrenz zu den antiken Denkmälern. Er war mit Treppen ausgestattet und sah Platz für eine Sängerkanzel vor, von der aus ein Chor dem Kaiser ein Ständchen darbringen sollte. Welchem Triumphbogen eine weitere Zeichnung von Francesco da Sangallo (ebenda, Inv.-Nr. U4015A) zuzuordnen ist, konnte bisher nicht geklärt werden.

Bibl.: Fagiolo 1997, Bd. I, S. 50–67 (Maria Luisa Madonna); Frommel/ Adams 1994, S. 166–167 (Marcello Fagiolo/Maria Luisa Madonna).

92 Kaiser Albrecht II. von Habsburg (*1397 Wien – †1439 Neszmély)

93 Kaiser Maximilian I. (*1459 Wien – †1519 Wels), seit 1508 Kaiser des Heiligen Römischen Reiches Deutscher Nation

94 Kaiser Friedrich I., genannt Barbarossa (*etwa 1122 – †1190)

95 Rudolf von Habsburg (*1218 Sasbach – †1291 Speyer), deutscher König seit 1273

96 Die Festung von Nepi etwa 40 Kilometer nördlich von Rom wurde von Antonio da Sangallo dem Älteren für Papst Alexander VI. errichtet. Antonio da Sangallo sollte diese Anlage aus Anlaß der Schaffung des Herzogtums von Castro, zu dem Nepi gehörte, erneuern. Die Befestigungsarbeiten wurden nur teilweise begonnen, da Nepi mit der Ernennung von Pier Luigi Farnese zum Herzog von Parma und Piacenza 1545 an das Papsttum zurückfiel.

Bibl.: Frommel/Adams 1994, S. 75 (Hildegard Giess).

97 Mit dem äußerst ehrgeizigen Projekt, die Aurelianischen Mauern komplett zu erneuern, betraute der Papst Antonio da Sangallo 1537. Dabei entstanden komplett neue Mauerabschnitte wie etwa der Bastione Ardeatino und ab 1542 auch die von Vasari erwähnte Porta Santo Spirito.

Bibl.: Pastor 1926–1939, Bd. V, S. 746–750; Fiore 1986; Frommel/Adams 1994, S. 108–109 (Francesco Paolo Fiore).

98 Mit der Planung der umfangreichen Umbau- und Erneuerungsmaßnahmen am Vatikanischen Palast beauftragte der Papst Antonio Anfang 1538. Dabei stand zum einen eine neue, zeremonielle Zugangsroute zur Sala Regia auf dem Programm, wofür eine Pferdetreppe, die Scala del Maresciallo, angelegt wurde. Auf ihr konnten die geistlichen und weltlichen Würdenträger zu Pferd zur Sala Regia aufsteigen. Zum anderen überwölbte Sangallo die Sala Regia mit einem monumentalen Tonnengewölbe und konnte so zur Verbesserung der Beleuchtung zwei Lünettenfenster einfügen. Diese Bauarbeiten erforderten höchste Umsicht und Präzision, da der massive Eingriff in den unübersichtlich und stückweise erweiterten Vatikanpalast mit großen Risiken behaftet war. Zudem kamen der Sala Regia und der Cappella Paolina, die ebenfalls erneuert wurde, zentrale, repräsentative und zeremonielle Funktionen zu, weswegen eine möglichst kurze Bauzeit für den Papst wichtig war. Dies gelang Sangallo; 1539 waren die Arbeiten weitgehend abgeschlossen.

Bibl.: Frommel 1964; Pietrangeli 1992, S. 73–77 (Anna Maria De Strobel/Fabrizio Mancinelli); Kuntz 1997.

99 Vor der Errichtung der Cappella Paolina diente die direkt neben der Sala Regia gelegene Nikolaus-Kapelle, auch *cappella parva* genannt, als Sakramentskapelle und als Stätte der Papstwahl, des Konklave. Diese

Aufgaben mußte auch die neu errichtete Kapelle erfüllen. Papst Paul III. entschied sich, diesen Raum im Zuge des Umbaus des Vatikanischen Palastes vollkommen zu erneuern. Antonio plante einen Raum mit zwei schräg gestellten Wänden, die auf einen tonnengewölbten Altarraum zulaufen. Die Kardinäle sollten während eines Konklave zu beiden Seiten der Cappella Paolina Platz nehmen.

Bibl.: Frommel 1964; Kuntz 2003.

100 Die Zwingburg von Perugia ließ Papst Paul III. errichten, um die Kontrolle über die Stadt wiederherzustellen, die sich in Folge der Plünderung Roms 1527 mit dem Aufstand der von Paolo Baglione angeführten Adeligen für unabhängig erklärt hatte. Dafür wurden im Jahr 1540 die Häuser der Baglione und anderer Adeliger abgerissen. Auf diesem Gelände plante Antonio da Sangallo eine gewaltige Festungsanlage. Diese blieb den Peruginern jedoch immer als Zeichen der Unterdrükkung ein Dorn im Auge. So war die Zerstörung der päpstlichen Festung auch das erste Ziel der Märzrevolutionäre 1848–1849. Auf einer Zeichnung für die Befestigung in Perugia (Florenz, Uffizien, Gabinetto Disegni e Stampe, Inv.-Nr. U1025A) hat sich Antonio da Sangallo eine etruskische Inschrift notiert. Wie bei vielen anderen Projekten nutzte der Architekt jede Gelegenheit, um archäologische Forschungen zu betreiben.

Bibl.: Fiore 1986; Frommel/Adams 1994, S. 101–103 und S. 187–188 (Nicholas Adams/Simon Pepper).

101 Antonio da Sangallo hatte schon 1532 während der Arbeiten in Ancona einen Abstecher nach Ascoli gemacht. 1540 begann er mit der Errichtung der Festung von Ascoli.

Bibl.: Frommel/Adams 1994, S. 113–114 (Nicholas Adams/Simon Pepper).

102 Nachdem Papst Julius II. 1508 die neuen Grenzen der Via Giulia festgesetzt hatte, erwarben mehrere Künstler, darunter auch Raffael, Gründstücke an der Prachtstraße, um sich eigene, standesgemäße Domizile zu errichten. Antonio erwarb 1516 eine bescheidene Parzelle, die er 1524 durch einen weiteren Ankauf zu einem stattlichen Baugrund arrondieren konnte. Auf diesem Grund errichtete Antonio direkt nach der Papstwahl Pauls III. 1535–1536 einen zweigeschossigen Palazzo. In der bescheidenen, fünfachsigen Fassade befindet sich mittig ein mit Rustika-Quadern verziertes Portal, um das Fensterädikulen gruppiert sind; darüber ist ein Mezzaningeschoß angeordnet. Das Piano Nobile hat breitere Ädikulen und wird durch ein Attikageschoß nach oben abgeschlossen. Wie man Beischriften auf Zeichnungen Antonios entnehmen kann, in denen er Entwürfe für sein eigenes Haus ausprobierte,

bewohnte Antonio mit seiner Frau und den zwei Kindern das Piano Nobile, während das Erd- sowie Attikageschoß vermietet war. Der Hof bietet mit seinen doppelgeschossigen dorischen und ionischen Serliana-Öffnungen eine unerwartete Prachtentfaltung, die wiederum in einer rückwärtigen Serliana ihren Abschluß findet, durch die man auf den Tiber blicken konnte. Möglicherweise stellt die Serliana einen Bezug zum Familiensitz der Sangallo in Florenz dar, dem heutigen Palazzo Panciatichi-Ximenes, der auch eine Serliana aufweist.

Bibl.: Frommel 1973, Bd. II, S. 315–321.

103 Antonio da Sangallo konnte sich schon 1512 ein eigenes Haus bei San Rocco zulegen. Mit steigenden Einkünften erwarb er Grundstücke und Häuser in Rom für seine eigenen Bedürfnisse, aber auch, um sich an der florierenden Immobilienspekulation zu beteiligen, für die er angesichts seiner hervorragenden Kontakte und seiner Kompetenz als Architekt und Bauleiter bestens gewappnet war. Zugleich erweiterte er auch seine Besitztümer in der Toskana durch Erwerb eines Hauses in Terenzano bei Lucca 1525. Nach der Heirat mit der Tochter eines Patriziers, Isabella Deti, 1525/1526, beabsichtigte Antonio auch sein Florentiner Haus umfassend zu erneuern. Der heutige Palazzo Ricci-Sacchetti sollte mit einiger Sicherheit der repräsentative Familiensitz Antonios in Rom werden. Antonio verstand sich gegen Ende seines Lebens als Edelmann. Er ließ sich als »nobile« mit dem höfischen Plural anreden und gab seiner Tochter eine großzügige Mitgift.

Den Palazzo Ricci-Sacchetti errichtete Antonio auf Grundstücken, die er in dieser Gegend im Lauf der Zeit erwarb. Die entscheidende Parzelle konnte er 1542 von der Bauhütte von Sankt Peter erwerben. Auf diesem Grundstück hatte sein Vorbesitzer, Giuliano Leno, einen bescheidenen Bau mit drei Geschäften errichtet. Antonio erweiterte die Geschäfte auf vierzehn, um die Einnahmen aus der Verpachtung zu steigern. Er ließ über dem bereits bestehenden Erdgeschoß ein Piano Nobile mit Ädikulen und ein Mezzaningeschoß errichten. An der Fassade brachte er das Papstwappen Pauls III. mit der folgenden lateinischen Devise an, die inzwischen abgeschlagen ist: »TU MIHI QUODCUMQUE HOC RERUM EST« – »Was auch immer ich habe, kommt von Dir« (siehe auch die Einleitung, Anm. 3). 1552 verkaufte der Sohn Antonios, Orazio da Sangallo, das Anwesen für einen günstigen Preis an Kardinal Ricci, der von seinem Architekten Nanni di Baccio Bigio die Geschäfte des Erdgeschosses durch Ädikülen schließen und ein zweites Geschoß mit abschließendem Kranzgesims auf den Palast setzen ließ.

Bibl.: Giovannoni 1959, Bd. I, S. 93ff.; Frommel 1973, Bd. II, S. 292–304.

104 Giovanni Ricci (*1498 Montepulciano – †1574 Rom), ab 1545 Bi-

schof von Chiusi, 1544–1550 Päpstlicher Legat in Portugal, seit 1551 Kardinal, 1563–1564 Päpstlicher Kämmerer, ab 1567 Erzbischof von Pisa. Seinen Palast ließ er durch Francesco Salviati ausmalen.

[105] Das Modell Antonio da Sangallos von Sankt Peter (Tannen-, Linden-, Ulmen- und Pappelholz koloriert, 7,36 m x 6,02 m, Rom, Vatikanstadt, Fabbrica di San Pietro) wurde unter der Leitung von Antonio Labacco angefertigt. Es war ursprünglich außen zweifarbig und wurde im Inneren teilweise mit bemaltem Papier beklebt, um die Ausstattung sichtbar zu machen. Das Modell war vom 2. März 1539 bis zum 12. November 1546 in Arbeit. Es wurde also nach dem Tod des Meisters am 29. September 1546 von Labacco zu Ende gebracht.

Gleich nach der Wahl zum Pontifex ließ Papst Paul III. die Arbeiten an Sankt Peter wieder aufnehmen. Anfangs schien er noch Hoffnungen in Baldassarre Peruzzi gesetzt zu haben, den er Antonio da Sangallo als zweiten Architekten zur Seite stellte. Nach dem Tod Peruzzis 1536 war Sangallo alleiniger Architekt von Sankt Peter. Zuerst wurde 1538 eine Trennmauer, der *muro divisorio*, im Langhaus von Alt-Sankt Peter errichtet, damit die Messe in der ehrwürdigen Apostelkirche trotz der Bauarbeiten stattfinden konnte. Die Planungsphasen kann man anhand der zahlreichen erhaltenen Zeichnungen Sangallos gut nachvollziehen. Anfangs setzte man auf einen Longitudinalbau, der sich von einem Minimalprojekt zu einem großen, detailliert geplanten Vorschlag auswuchs. Vermutlich verlangte der Papst dann aber nach einem Zentralbau, woraufhin Antonio eine Reihe von neuen Entwürfen anfertigte, die schließlich im Modell realisiert wurden. Antonio plante ab den 1540er Jahren fast nur noch für das Modell, so daß der Eindruck entstehen konnte, er sei gar nicht mehr an der Realisierung des Baus interessiert. Dabei darf man jedoch die umfangreichen statischen Absicherungen des Baus, die viel Zeit in Anspruch nahmen, nicht außer acht lassen. Jedoch standen die Zeit und der Aufwand, die für die Fertigung des Holzmodells aufgewendet wurden, in keinem Verhältnis zu seiner Funktion als Planungsinstrument. Es mag sein, daß das Modell gewissermaßen zum Fetisch geworden war, das den auszuführenden Bau überflüssig machte (Frommel/Adams 2000, S. 40 [Christof Thoenes]). Jedenfalls ist auffällig, daß der Palazzo Farnese und andere Projekte des Papstes in denselben Jahren zügig zum Abschluß gebracht wurden. Vermutlich wurde für Papst Paul III. die Fertigstellung der Apostelkirche erst mit der Eröffnung des Konzils von Trient 1546 zu einer dringlichen Angelegenheit.

Bibl.: Kat. Architekturmodelle 1995, S. 101–115 (Christof Thoenes), Kat.-Nr. 126, S. 351–357 (Sandro Benedetti); Frommel/Adams 2000, S. 33–44 (Christof Thoenes); Thoenes 2005.

[106] Die von Vasari hier überlieferte polemische Kritik am Entwurf Antonio da Sangallos entstammt der Zeit nach dem Tod des Meisters, in der Michelangelo sich gegen seine zahlreichen Mitarbeiter auf der Baustelle wehren mußte, um die Kontrolle über die Bauführung zu erringen. Dies war nachweislich kein leichtes Unterfangen. Für die Mitarbeiter Sangallos mußte es demütigend sein, das Projekt, für das Antonio so viele Antikenstudien betrieben und Vitruv studiert hatte, als ›gotisch‹ und ›deutsch‹ bezeichnet zu sehen.

Bibl.: Saalman 1978.

[107] Die Summe, die Vasari angibt, stimmt nicht mit den Angaben aus der Buchhaltung der Bauhütte überein.

Bibl.: Frey 1909, S. 167–172.

[108] Es handelt sich um das bereits erwähnte *Libro appartenente a l'architettura nel qual si figurano alcune notabili antiquità di Roma*, das 1552 erschienen ist (siehe Anm. 64).

[109] Seine Entsendung nach Terni schildert Cicero in einem Brief an Atticus (Cicero, *Ad Atticum*, IV, 15).

[110] 1545 kam es erneut zu Auseinandersetzungen zwischen den Einwohnern von Rieti und Terni, die Papst Paul III. veranlaßten, tätig zu werden. Zwischen den Bewohnern der beiden am Fluß Velino gelegenen Städte in Latium gab es schon seit den Zeiten Ciceros immer wieder Streit. Sie waren ständig von Überschwemmungen bedroht, die im Fall Rietis durch den Rückstau an den Wasserfällen der Marmora bedingt waren, im Fall des flußabwärts liegenden Terni dagegen durch das Übermaß des über die Wasserfälle abfließenden Wassers. Schließlich führten die Teilung des Lago di Velino und das so entstandene Abflußbecken zu einer Lösung des Problems. Der Papst hatte bereits im Juni 1545 Bernardino Calini aus Pavia als Kommissar nach Rieti geschickt. Als aber die Situation sich immer mehr verschlechterte und die Bewohner der beiden Städte sich nicht kooperativ zeigten, schickte der Papst im September 1545 Antonio da Sangallo in die Region. Auch nach dem Besuch des Architekten kamen die Einwohner von Rieti den Anordnungen des Papstes nicht oder nur ungenügend nach, so daß sich die Beschwerdeschreiben in Rom stapelten. Mehrere Besuche Antonios in Rieti waren notwendig, bis die umfangreichen Maßnahmen schließlich durchgeführt waren. Kurz vor einem Besuch des Papstes starb Antonio da Sangallo, vermutlich an Fieber, in Rieti. Vasari nutzt diese historische Gegebenheit, die durch Archivquellen belegt ist, um in seiner Anekdote den Architekten einem Feldherrn anzunähern und seine Baukunst mit fürstlicher Herrschaft zu vergleichen. Die scheinbar endlose Feindschaft zwischen Städten in Latium, die noch jeden Kaiser und

Papst beschäftigt habe und der selbst Cicero nicht gewachsen gewesen sei, hätte allein durch die architektonische Kompetenz Antonio da Sangallos beigelegt werden können. Ein höheres Lob als der rühmende Vergleich mit Cicero und mit antiken Herrschern kann man sich nicht denken. Auf einer Zeichnung (Florenz, Uffizien, Gabinetto Disegni e Stampe, Inv.-Nr. U2091A) hat sich Antonio da Sangallo kurz vor seinem Tod eine antike Inschrift in der Nähe von Rieti notiert.

Bibl.: Sacchetti Sassetti 1958; Frommel/Adams 2000, S. 263–264 (Flavia Cantatore).

111 Zum Papstprojekt des Palazzo Farnese siehe Anm. 11.

112 Der Wettbewerb um das Kranzgesims des Palazzo Farnese fand tatsächlich statt. Ob aber Antonio da Sangallo zu diesem Zeitpunkt noch am Leben war, ist durchaus zweifelhaft. Im März 1547 begutachtete der Papst das 3,5 Meter lange Holzmodell Michelangelos für ein mächtiges Kranzgesims direkt am Palast. Michelangelo beabsichtigte, die Palastfassade beträchtlich zu erhöhen, damit sein monumentales Gesims eine entsprechende Wirkung erzielen und im Verhältnis zur Palastfassade wohlproportioniert wirken konnte. Von der ersten Präsentation muß der Papst nicht vollkommen überzeugt gewesen sein. Diese Situation nutzten einige ehemalige Mitarbeiter Sangallos aus, die sich durch die Intervention Michelangelos um einen lukrativen Auftrag aus dem Nachlaß des Meisters gebracht sahen. Giovanni Battista da Sangallo warf in einem Brief an Papst Paul III. Michelangelo mangelnde Kenntnisse der Antike und der Baustatik vor, da das Kranzgesims für den Bau zu wuchtig geraten und es nicht »nach den Regeln Vitruvs, sondern nach der barbarischen Bauweise« gemacht sei (Pagliara 1982, S. 29). Angesichts dessen erscheint Michelangelos harsche Kritik an dem Modell Sangallos für Sankt Peter als ›gotisch‹ wie eine nicht besonders originelle Retourkutsche. Wir wissen nicht genau, was Michelangelo an seinem Entwurf änderte. Jedenfalls wurde nach einer neuerlichen Begutachtung durch den Papst im Juli 1547 mit dessen Errichtung begonnen. Für Michelangelo, der auch die Bauleitung von Sankt Peter übernehmen sollte, mußte diese Kritik äußerst bedrohlich sein, da ihm so die Gunst des Papstes zu entgleiten drohte. Über die Angriffe auf seine Person setzte ihn ein Brief vom 14. Mai 1547 in Kenntnis, in dem als weiterer Kritiker des Meisters Nanni di Bacio Bigio genannt wird (Michelangelo, *Carteggio*, Nr. MLXXXIII, S. 267–268). Wie ernst Michelangelo die Sache nahm, bezeugt eine Abschrift des Briefes von Giovanni Battista da Sangallo (Michelangelo, *Carteggio*, Nr. MLXVI, S. 242–245).

Bibl.: Frommel 1973, Bd. I, S. 110f; Frommel 1981, S. 161; Burioni 2008, S. 152–155.

[113] Sebastiano Lucani, genannt Sebastiano del Piombo (*um 1485 Venedig – †1547 Rom)
[114] Michelangelo Buonarroti (*1475 Caprese – †1564 Rom)
[115] Giorgio Vasari (*1511 Arezzo – †1574 Florenz)
[116] Jacopo Meleghino (*ca. 1480 Ferrara – †17. November 1549 Rom) hatte Jurisprudenz studiert und stand ab 1520 als Schatzmeister in Diensten des Kardinals Alessandro Farnese. Als sein Dienstherr 1534 als Paul III. Papst wurde, machte er Meleghino zum Vorsteher des Belvedere und der Vatikanischen Antiken. Meleghino wurde vom Papst als Verwaltungsbeamter und Architekt beschäftigt und war am Umbau des Vatikans und am Bau von Sankt Peter beteiligt. Ab 1546 wurde er leitender Architekt der Befestigungen Roms. Er hat 1535–1544 die Villa des Papstes auf dem Kapitolshügel bei Ara Coeli gebaut und durch einen Gang mit dem Palazzo Venezia verbunden. Er entwarf einen Garten in der Nähe von San Rocco für Orazio Farnese, restaurierte die Vigna Carafa auf dem Quirinal und schuf für Kardinal Guido Ascanio Sforza einen Sommerpalast in Proceno bei Viterbo.

Bibl.: Hess 1961; Keller 1996.

[117] Diese in der zweiten Ausgabe hinzugefügte, vergnügliche Anekdote dient der Herabsetzung Antonio da Sangallos gegenüber Michelangelo. In der zweiten Ausgabe erscheint Antonio als bedauerlicher Tölpel, der nicht nur hinter Michelangelo zurückstehen muß, ja der noch verspottet wird, indem der Papst ihn auf eine Stufe mit Jacopo Meleghino stellt. Allerdings entbehrt diese Anekdote jeder historischen Wahrheit, da Antonio und Meleghino bei vielen Baustellen einvernehmlich zusammengearbeitet haben. Eine gewisse Konkurrenz läßt sich jedoch manchmal aus den Briefen Meleghinos an den Papst heraushören, wenn er zum Beispiel schreibt, er sei der Meinung, die von Antonio für den Bau der Cappella Paolina veranschlagte Summe sei viel zu gering angesetzt und es werde sich schon herausstellen, daß er mit der Schätzung des doppelten Betrags recht gehabt habe (Brief vom 14. Juni 1538, zitiert nach Frommel 1964, S. 4).
[118] Die von Giovanni Battista da Sangallo kommentierte und illustrierte Vitruv-Ausgabe hat sich in der Biblioteca Corsiniana in Rom erhalten und ist vor kurzem als Faksimile nachgedruckt worden. Es handelt sich dabei um ein Exemplar der 1486 in Rom gedruckten Ausgabe des Giovanni Sulpicio da Veroli, die Giovanni Battista mit sorgfältigen eigenhändigen Kommentaren und prächtigen Illustrationen versehen hat. Auf einer 1542 datierten Zeichnung hat sich Antonio da Sangallo ausführliche Erörterungen zur Theorie der Säulenordnungen und zu den optischen Korrekturen bei Vitruv notiert (Florenz, Uffizien, Gabinetto

Disegni e Stampe, Inv.-Nr. U827A). Dies zeigt, daß er vermutlich in Zusammenarbeit mit seinem Bruder Giovanni Battista an einer Vitruv-Ausgabe arbeitete. In diesen Zusammenhang gehört auch das auf den 1. März 1531 datierte Vorwort von Antonio da Sangallo zu dieser nie abgeschlossenen Edition (Biblioteca Nazionale di Firenze, cl. XVII, cod. 20; Giovannoni 1959, Bd. I, S. 394ff.; Barocchi, *Scritti*, Bd. III, S. 3028–3031).

Bibl.: Pagliara 1988; Frommel/Adams 2000, S. 154–156 (Paola Zampa); Rowland 2003.

119 Antonio da Sangallo starb am 29. September 1546. Quellen, die in Zusammenhang mit hydraulischen Arbeiten in Rieti entstanden, belegen dies (Sacchetti Sassetti 1958, S. 27). Das von den meisten Autoren und Lexikoneinträgen angeführte Datum 3. August kann leicht widerlegt werden, da Antonio da Sangallo noch am 18., 22. und 23. August sowie am 14. September Briefe schrieb, die erhalten sind (Sacchetti Sassetti 1958, S. 44–48). Am Abend des 28. September ordnete der Papst an, den schwerkranken Antonio nach Rom zurückbringen zu lassen. Jedoch findet sich im Tagebuch des Kanzlers von Rieti die Nachricht, daß Antonio da Sangallo am 29. September seiner Krankheit erlag. Da die Beisetzung von Antonio zweifelsfrei mit dem 3. Oktober datiert werden kann, ist der 29. September 1546 als Todesdatum höchst wahrscheinlich, da man den Leichnam des Künstlers wohl kaum länger als einige Tage hätte lagern können. Auch Karl Frey bestätigt mit dem Verweis auf die Bauakten von Sankt Peter und Ludwig Pastor mit dem Hinweis auf ein römisches Tagebuch den 29. September als richtiges Datum (Frey 1913, S. 90, Dok. 463; Pastor 1926–1939, Bd. V, S. 769).

Bibliographie zum Leben des Antonio da Sangallo des Jüngeren

AKL

Allgemeines Künstlerlexikon: Die bildenden Künstler aller Zeiten und Völker, München/Leipzig 1992–2009, 65 Bde.

Barocchi, *Scritti*

Barocchi, Paola (Hg.): *Scritti d'arte del Cinquecento*, Mailand 1971–1977, 3 Bde.

Bettarini/Barocchi, *Vite*

Bettarini, Rosanna/Barocchi, Paola (Hgg.): *Giorgio Vasari. Le vite de' più eccellenti pittori, scultori e architettori nelle redazioni del 1550 e 1568*, Florenz 1966–1987, 6 Bde.

DBI

Dizionario Biografico degli Italiani, hg. v. Istituto della Enciclopedia Italiana, Rom 1960–2009, 73 Bde.

Michelangelo, *Carteggio*

Barocchi, Paola/Ristori, Renzo (Hgg.): *Il carteggio di Michelangelo. Edizione postuma di Giovanni Poggi*, Florenz 1965–1983, 5 Bde.

Thieme/Becker

Thieme, Ulrich/Becker, Felix (Hgg.): *Allgemeines Lexikon der bildenden Künstler von der Antike bis zur Gegenwart*, Photom. Nachdr. der Aufl. Leipzig 1907–1950, Zwickau 1966, 37 Bde.

Turner

Turner, Jane (Hg.): *The Dictionary of Art*, London/New York 1996, 34 Bde.

Vasari, Ed. Milanesi

Le opere di Giorgio Vasari con nuove annotazioni e commenti di Gaetano Milanesi, Florenz 1973 (1906), 9 Bde. (Erstveröffentlichung 1878–1885).

Vasari, *Einführung in die Künste*
Giorgio Vasari. Einführung in die Künste der Architektur, Bildhauerei und Malerei. Die künstlerischen Techniken der Renaissance als Medien des 'disegno', hg. und kommentiert v. Matteo Burioni, Berlin 2006.
Vasari, *Perino*
Giorgio Vasari. Das Leben des Perino del Vaga, hg. und kommentiert v. Christina Irlenbusch, Berlin 2008.
Vasari, *Raffael*
Giorgio Vasari. Das Leben des Raffael, hg. und kommentiert v. Hana Gründler, Berlin 2004.
Vasari, *Raffael-Werkstatt*
Giorgio Vasari. Die Künstler der Raffael-Werkstatt, hg. und kommentiert v. Sabine Feser, Hana Gründler u. a., Berlin 2007.

Adorni 1986
Adorni, Bruno: ›Progetti e interventi di Pier Francesco da Viterbo, Antonio da Sangallo il Giovane e Baldassarre Peruzzi per le fortificazioni di Piacenza e di Parma‹, in: Gianfranco Spagnesi (Hg.): *Antonio da Sangallo il Giovane. La vita e l'opera*, Rom 1986, S. 349–372.
Antonucci 2004
Antonucci, Micaela: ›Un'opera di Antonio da Sangallo il Giovane fra Archittetura e Città. La Facciata della Zecca in Banchi a Roma‹, in: *Römische Historische Mitteilungen*, 2004, Bd. XLVI, S. 201–244.
Aurigemma 1996
Aurigemma, M. Giulia: ›Il fiammingo Adriano VI, le arti e la cultura‹, in: *Storia dell'arte*, 1996, Bd. LXXVIII, S. 321–333.
Baldini 1993
Baldini, Gianni: ›Di Antonio Labacco vercellese, architetto romano del secolo XVI‹, in: *Mitteilungen des Kunsthistorischen Institutes in Florenz*, 1993, Bd. XXXVI, S. 337–381.
Bellesi 2000
Bellesi, Sandro: ›Francesco Giamberti‹, in: DBI, 2000, Bd. LIV, S. 287–293.
Benedetti 1968
Benedetti, Sandro: *S. Maria di Loreto* (Le chiese di Roma illustrate, Bd. C), Rom 1968.

Boucher 1991
Boucher, Bruce: *The Sculpture of Jacopo Sansovino*, New Haven/London 1991, 2 Bde.
Bruschi 1969
Bruschi, Arnaldo: *Bramante architetto*, Bari 1969.
Bruschi 1983
Bruschi, Arnaldo: ›Cordini, Antonio [Antonio da Sangallo il Giovane]‹, in: DBI, 1983, Bd. XXIX, S. 3–23.
Burioni 2008
Burioni, Matteo: *Die Renaissance der Architekten. Profession und Souveränität des Baukünstlers in Giorgio Vasaris Viten*, Berlin 2008.
Busolini 1996
Busolini, D.: ›Bartolomeo Ferratini‹, in: DBI, 1996, Bd. XLVI, S. 774–775.
Cevelotto 1997
Cevelotto, A.: ›Niccolò Fieschi‹, in: DBI, 1997, Bd. XLVII, S. 503–506.
Cogotti/Gigli 1995
Cogotti, Marina/Gigli, Laura: *Palazzo Baldassini*, Rom 1995.
Colonna 2004
Colonna, F.: ›Antonio Labacco‹, in: DBI, 2004, Bd. LXII, S. 779–781.
Conforti 2001
Conforti, Claudia: ›Antonio da Sangallo il Giovane: il profilo vasariano‹, in: Eugenio Galdieri/Romualdo Luzi (Hgg.): *All'ombra di 'sa' gilio a celeri di farnesi'. Atti della Giornata di studio sul tema Committenze private o 'minori' affidate ad Antonio da Sangallo il Giovane e alla sua bottega architettonica*, Cellere 2001, S. 111–119.
Craveri 1963
Craveri, P.: ›Melchiorre Baldassini‹, in: DBI, 1963, Bd. V, S. 452.
D'Amelio/Marconi 2001
D'Amelio, Maria Grazia/Marconi, Nicoletta: ›Tecniche costruttive nell'architettura di Antonio da Sangallo il Giovane‹, in: Eugenio Galdieri/Romualdo Luzi (Hgg.): *All'ombra di 'sa' gilio a celeri di farnesi'. Atti della Giornata di studio sul tema Committenze private o 'minori' affidate ad Antonio da Sangallo il Giovane e alla sua bottega architettonica*, Cellere 2001, S. 147–162.
Davidson 1970
Davidson, Bernice: ›Pellegrino da Modena‹, in: *The Burlington Magazine*, 1970, Bd. CXII, S. 78–86.

De Caro 1962
De Caro, G.: ›Francesco Armellini Medici‹, in: DBI, 1962, Bd. IV, S. 234–237.
Elam 1996
Elam, Caroline: ›Sangallo da [Giamberti]‹, in: Turner 1996, Bd. XXVII, S. 732–733.
Fagiolo 1997
Fagiolo, Marcello (Hg.): *La Festa a Roma dal Rinascimento al 1870*, Turin 1997, 2 Bde.
Fagliara Zeni Buchicchio 1986
Fagliara Zeni Buchicchio, Fabiano: ›Contributo all'attività di Antonio da Sangallo il Giovane a Civitavecchia, Gradoli e Castro‹, in: Gianfranco Spagnesi (Hg.): *Antonio da Sangallo il Giovane. La vita e l'opera*, Rom 1986, S. 249–258.
Fagliara Zeni Buchicchio 1988
Fagliara Zeni Buchicchio, Fabiano: ›La Rocca del Bramante a Civitavecchia: il cantiere e le maestranze da Giulio II a Paolo III‹, in: *Römisches Jahrbuch für Kunstgeschichte*, 1988, Bd. XXIII/XXIV, S. 273–383.
Fiore 1986
Fiore, Francesco Paolo: ›Episodi salienti e fasi dell'architettura militare di Antonio da Sangallo il Giovane‹, in: Gianfranco Spagnesi (Hg.): *Antonio da Sangallo il Giovane. La vita e l'opera*, Rom 1986, S. 331–348.
Frey 1909
Frey, Karl: ›Studien zu Michelagniolo Buonarroti und zur Kunst seiner Zeit. Teil III‹, in: *Jahrbuch der Königlich Preußischen Kunstsammlungen*, 1909, Bd. XXX, Beiheft, S. 103–180.
Frey 1913
Frey, Karl: ›Zur Baugeschichte des St. Peter: Mitteilungen aus der Reverendissima Fabbrica di St. Pietro‹, in: *Jahrbuch der Königlich Preußischen Kunstsammlungen*, 1913, Bd. XXXIII, Beiheft, S. 1-153.
Frommel 1964
Frommel, Christoph Luitpold: ›Antonio da Sangallos Cappella Paolina: Ein Beitrag zur Baugeschichte des Vatikanischen Palastes. Franz Graf Wolff Metternich zum 70. Geburtstag in dankbarer Verehrung‹, in: *Zeitschrift für Kunstgeschichte*, 1964, Bd. XXVII, S. 1–42.
Frommel 1973
Frommel, Christoph Luitpold: *Der römische Palastbau der Hochrenaissance*, Tübingen 1973, 3 Bde.

Frommel 1981
Frommel, Christoph Luitpold: ›La construction et décoration du Palais Farnèse‹, in: École Française de Rome (Hg.): *Palais Farnèse*, Rom 1981, Bd. I,1, S. 125–174.
Frommel/Adams 1994
Frommel, Christoph L./Adams, Nicholas (Hgg.): *The Architectural Drawings of Antonio da Sangallo the Younger and His Circle.* Volume I: *Fortifications, Machines, and Festival Architecture*, New York 1994.
Frommel/Adams 2000
Frommel, Christoph L./Adams, Nicholas (Hgg.): *The Architectural Drawings of Antonio da Sangallo the Younger and His Circle.* Volume II: *Churches, Villas, the Pantheon, and Ancient Inscriptions*, New York 2000.
Galdieri 1975
Galdieri, Eugenio: ›Una malnota fabbrica sangallesca: il Palazzo Farnese di Gradoli‹, in: *Bollettino d'arte*, 1975, Bd. LX, S. 143–164.
Gianneschi/Sodini 1979
Gianneschi, Mauro/Sodini, Carla: ›Urbanistica e politica durante il principato di Alessandro de' Medici 1532–37‹, in: *Storia della città*, 1979, Bd. X, S. 5–34.
Giovannoni 1937
Giovannoni, Gustavo: ›Lo stato civile di Antonio da Sangallo il Giovane‹, in: *Palladio*, 1937, Bd. I, S. 173–179.
Giovannoni 1959
Giovannoni, Gustavo: *Antonio da Sangallo il Giovane*, Rom 1959, 2 Bde.
Grimaldi 1999
Grimaldi, Floriano (Hg.): *L'ornamento marmoreo della Santa Cappella di Loreto*, Loreto 1999.
Günther 2001
Günther, Hubertus: ›Die Planung von San Giovanni dei Fiorentini (Rom) im Wettstreit zwischen fürstlichen Mäzenen und bürgerlichen Auftraggebern‹, in: Klaus Bergdolt/Giorgio Bonsanti (Hgg.): *Opere e giorni. Studi su mille anni di arte europea dedicati a Max Seidel*, Venedig 2001, S. 451–464.
Hale 1968
Hale, John R.: ›The End of Florentine Liberty: The Fortezza da Basso‹, in: Nicolai Rubinstein (Hgg.): *Florentine Studies. Politics und Society in Renaissance Florence*, London 1968, S. 501–532.
Hess 1961
Hess, Jacob: ›Die päpstliche Villa bei Aracoeli: ein Beitrag zur Geschichte der kapitolinischen Bauten‹, in: *Miscellanea Bibliothecae Hertzianae: zu Ehren von Leo Bruhns, Franz Graf Wolff Metternich, Ludwig Schudt*, München 1961, S. 239–254.

Kat. Architekturmodelle 1995
Evers, Bernd (Hg.): *Architekturmodelle der Renaissance. Die Harmonie des Bauens von Alberti bis Michelangelo*, Ausst.-Kat. Kunstbibliothek Berlin, München/New York 1995.
Keller 1996
Keller, Fritz-Eugen: ›Jacopo Meleghino‹, in: Turner 1996, Bd. XXI, S. 79.
Kuntz 1997
Kuntz, Margaret: ›Antonio da Sangallo the Younger's Scala del Maresciallo: A Ceremonial Entrance to the Vatican Palace‹, in: Renate L. Colella/Meredith J. Gill (Hgg.): *Pratum Romanum: Richard Krautheimer zum 100. Geburtstag*, Wiesbaden 1997, S. 233–245.
Kuntz 2003
Kuntz, Margaret: ›Designed for Ceremony: The Cappella Paolina at the Vatican Palace‹, in: *The Journal of the Society of Architectural Historians*, 2003, Bd. LXII, S. 228–255.
Pagliara 1982
Pagliara, Pier Nicola: ›Alcune minute autografe di G. Battista da Sangallo‹, in: *Architettura Archivi – fonti e storia*, 1982, Bd. I, S. 25–52.
Pagliara 1983
Pagliara, Pier Nicola: ›Cordini, Giovanni Battista (Battista da Sangallo)‹, in: DBI, 1983, Bd. XXIX, S. 23–28.
Pagliara 1988
Pagliara, Pier Nicola: ›Studi e Pratica vitruviana di Antonio da Sangallo il Giovane e di suo fratello Giovanni Battista‹, in: Jean Guillaume (Hg.): *Les Traités d'architecture de la Renaissance*, Paris 1988, S. 179–206.
Pagliara 2005
Pagliara, Pier Nicola: ›Giuliano Leno‹, in: DBI, 2005, Bd. LXIV, S. 366–369.
Partsch 1998
Partsch, Susanna: ›Cioli, Simone di Michele‹, in: AKL, 1998, Bd. XIX, S. 255–256.
Pastor 1926–1939
Pastor, Ludwig von: *Geschichte der Päpste seit dem Ausgang des Mittelalters*, Freiburg 1926–1939, 16 Bde.
Patridge 1970
Patridge, Loren: ›Vignola and the Villa Farnese at Caprarola. Part I‹, in: *The Art Bulletin*, 1970, Bd. LII, S. 81–87.
Pietrangeli 1992
Pietrangeli, Carlo (Hg.): *Il Palazzo Apostolico Vaticano*, Florenz 1992.

Prosperi 1982
Prosperi, Adriano: ›Clemente VII‹, in: DBI, 1982, Bd. XXVI, S. 237–259.
Reiss 2005
Reiss, Sheryl E.: ›Adrian VI, Clement VII, and Art‹, in: Kenneth Gouwens/Sheryl E. Reiss (Hgg.): *The Pontificate of Clement VII. History, Politics, Culture*, Aldershot 2005, S. 339–362.
Reynolds 2005
Reynolds, Anne, ›The Papal Court in Exile: Clement VII in Orvieto, 1527–1528‹, in: Kenneth Gouwens/Sheryl E. Reiss (Hgg.): *The Pontificate of Clement VII. History, Politics, Culture*, Aldershot 2005, S. 143–164.
Riccetti 1998
Riccetti, Lucio: ›Antonio da Sangallo il Giovane in Orvieto. Una lettera ed altri documenti inediti‹, in: *Mitteilungen des Kunsthistorischen Institutes in Florenz*,1998, Bd. XLII, S. 67–100.
Rowland 2003
Rowland, Ingrid D. (Hg.): *Vitruvius. Ten Books of Architecture. The Corsini Incunabulum with the Annotations and Autograph Drawings of Giovanni Battista da Sangallo*, Rom 2003.
Saalman 1978
Saalman, Howard: ›Michelangelo at St. Peter's: The Arberino Correspondence‹, in: *The Art Bulletin*, 1978, Bd. LX, S. 483–493.
Sacchetti Sassetti 1958
Sacchetti Sassetti, Angelo: *Antonio da Sangallo e i lavori delle Marmore*, Rom 1958.
Spezzaferro/Tuttle 1981
Spezzaferro, Luigi/Tuttle, Richard: ›Place Farnèse: urbanisme et politique‹, in: École Française de Rome (Hg.): *Palais Farnèse*, Rom 1981, Bd. I,1, S. 85–123.
Thoenes 2005
Thoenes, Christof: ›Renaissance St. Peter's‹, in: William Tronzo (Hg.): *St. Peter's in the Vatican*, Cambridge 2005, S. 64–92.
Vaquero Piñeiro 1997
Vaquero Piñeiro, Manuel: ›Affari e architettura: Giuliano Leni nel cantiere del nuovo S. Pietro prima del 1530‹, in: Gianfranco Spagnesi (Hg.): *L'architettura della basilica di San Pietro: storia e costruzione* (Quaderni dell'Istituto di Storia dell'Architettura, Bd. XXV/XXX, 1995/1997), Rom 1997, S. 157–160.

Vigano 2004
Vigano, M.: ›Pier Francesco Florenzuoli‹, in: AKL, 2004, Bd. XLI, S. 312–313.
Weil-Garris 1977
Weil-Garris, Kathleen: *The Santa Casa di Loreto. Problems in Cinquecento Sculpture*, London 1977, 2 Bde.
Wolk-Simon 2002
Wolk-Simon, Linda: ›Two Early Fresco Cycles by Perino del Vaga: The Palazzo Baldassini and the Pucci Chapel‹, in: *Apollo*, 2002, Bd. CLV, S. 11–21.
Zapperi 1995
Zapperi, Roberto: ›Ranuccio Farnese‹, in: DBI, 1995, Bd. XLV, S. 147–148.
Zavatta 2008
Zavatta, Giulio: *1526: Antonio da Sangallo il Giovane in Romagna. Rilievi di fortificazioni e monumenti antichi romagnoli di Antonio da Sangallo il Giovane e della sua cerchia al Gabinetto Disegno e Stampe degli Uffizi*, Imola 2008.

Daten zu Leben und Werk Antonio da Sangallos des Jüngeren

12. April 1484	Antonio da Sangallo wird als Sohn von Bartolomeo di Meo Cordini (auch Cordiani) (*1447) und Smeralda Giamberti (*1459) in Florenz geboren.
1503	Nach eigener Aussage geht Antonio in diesem Jahr nach Rom.
4. Dez. 1508	Mit diesem Datum ist eine Bürgschaft versehen, die sein Onkel Giuliano für ihn ausstellt, damit er an Wettbewerben teilnehmen kann. Antonio war in Rom bei der *Confraternità di San Giuseppe dei Falegnami* als Schreiner eingeschrieben.
1508–09	Als Schreiner arbeitet Antonio da Sangallo im Castel Sant'Angelo.
Nov. 1510	Hölzerne Kuppel für die Torre Borgia im Vatikanischen Palast.
1510–12	Schreinerarbeiten in Sankt Peter und Kauf eines eigenen Hauses in San Rocco.
1513	Michele Sanmicheli kommt mit dem Modell der Fassade des Doms von Orvieto nach Rom, um die Meinung von »Magister Antonio da Sangallo« einzuholen. Antonio da Sangallo korrigiert eine Antikenzeichnung seines Bruders, Giovanni Battista.
1515	Baubeginn am Palazzo Farnese in Rom und am Palazzo Farnese in Gradoli.
1515–18	Planung und Errichtung des Palazzo Baldassini, Errichtung der Jakobskapelle in San Giacomo degli Spagnoli, heute Nostra Signora del Sacro Cuore.
1517–18	Planung und Errichtung des Palazzo Ferratini in Amelia und des Turms an der Piazza Navona für Kardinal del Monte in Rom; Entwurf von Santa Maria di Monserrato.
1. Dez. 1516	Ernennung zum Hilfsarchitekten von Sankt Peter unter Raffael. Gemeinsam mit Raffael Arbeiten an der Villa Madama und am Palazzo Pandolfini. Erneuerung der

	Rocca di Montefiascone und Erwerb eines Grundstücks an der Via Giulia.
Dez. 1518	Auftrag für die Kassettendecke von Santa Maria della Quercia in Viterbo. Antonio erhält Zahlungen für den Bau von Santa Maria di Monserrato in Rom.
1519	Entwürfe für San Marcello al Corso und um diese Zeit Errichtung von San Giacomo degli Incurabili in Rom zusammen mit Baldassarre Peruzzi.
30. Jan. 1521	Antonio da Sangallo stellt der Kongregation sein Modell für San Giovanni dei Fiorentini vor und beginnt mit den Bauarbeiten; Errichtung des Palazzo Fieschi.
1522–23	Entwurf eines Kamins für Hadrian VI., Umbaupläne für San Giacomo degli Spagnoli und Tabernakel der *Immagine di Ponte*. Annahme eines Entwurfs für den Dom von Foligno, der jedoch nie ausgeführt wurde.
1524	Hofprojekt des Cortile di San Damaso für Clemens VII. und Erwerb weiterer Gründstücke an der Via Giulia.
1526	Errichtung der päpstlichen Münze, heute Palazzo di Santo Spirito. Beginn der Befestigungsarbeiten in Parma und Piacenza. Antonio erwirbt ein Haus in Terenzano bei Lucca und heiratet die Florentiner Patriziertochter Isabella Deti.
1527	Abdeckung des Kirchendachs von Santa Maria di Loreto mit Blei.
1528	Geburt seines Sohnes Orazio.
1530	Bau des *Pozzo del Papa* und Planungen für den Palast von Raffaele Pucci in Orvieto.
1531	Beginn der Absicherung der Vierungspfeiler von Santa Maria di Loreto und Verkleidung der Casa Santa in Loreto. Planung einer Begräbniskapelle für Piero de' Medici in Montecassino. Antonio verfaßt einen Entwurf für ein Vorwort einer Vitruv-Ausgabe.
1532	Planung der Befestigung des Hafens von Ancona und Ausführung der Fassade des Domes von Orvieto.
1534	Planung der Fortezza da Basso, Planung für das Papstprojekt des Palazzo Farnese und für Sankt Peter; Errichtung seines Palazzo an der Via Giulia.
1536	Ernennung als Architekt aller päpstlichen Bauten durch Papst Paul III. und Entwurf und Ausführung der Triumphzüge für den Einzug Karls V. in Rom.

1537	Planung der Befestigung von Castro und Nepi und Erneuerung der Aurelianischen Mauern in Rom.
1538	Errichtung der Scala del Maresciallo, der Cappella Paolina und Erneuerung der Sala Regia im Vatikanischen Palast. Errichtung einer Trennwand in Alt-Sankt Peter. Antonio erkundigt sich in einem Brief an seine Mutter in Florenz nach ihrer Gesundheit.
1539	Beginn der Planung und Ausführung des Modells von Sankt Peter.
1540	Errichtung der Zwingburg von Perugia, der Rocca Paolina und der Festung von Ascoli.
1541–42	Mitgründung der Congregazione dei Virtuosi al Pantheon.
1542	Planung der Porta Santo Spirito in Rom und Erwerb eines Gründstückes sowie Errichtung eines größeren Palastes für seine Familie, des heutigen Palazzo Ricci-Sacchetti.
Sept.	Antonio wird erstmals nach Terni geschickt, um den Streit mit
1545	Rieti zu schlichten.
29. Sept. 1546	Antonio da Sangallo stirbt in Rieti und wird am 3. Oktober in Rom beigesetzt.

Die Angaben sind der Vita selbst oder den folgenden Publikationen entnommen: Pastor 1926–1939, Bd. V, S. 769; Giovannoni 1959; Bruschi 1983; Sacchetti Sassetti 1958.

Bedeutende Werke
Antonio da Sangallos des Jüngeren
in Rom und Umgebung

Rom
- Tabernakel der *Immagine di Ponte* (Ecke Via dei Coronari/Vicolo Domizio)
- Palazzo Farnese
- Palazzo Baldassini (Via delle Coppelle 35)
- Palazzo Fieschi (Via dei Banchi Vecchi 14)
- Päpstliche Münze, heute Palazzo di Santo Spirito (Borgo di S. Spirito 3)
- Porta Santo Spirito
- Palazzo Sangallo (Via Giulia)
- Palazzo Ricci-Sacchetti (Via Giulia 66)

Vatikan
- Sankt Peter, Museo Petriano, Holzmodell von Sankt Peter
- Cappella Paolina
- Tonnengewölbe der Sala Regia

Lago di Bolsena
- Isola Bisentina, Tempel

Bedeutende Werke
Antonio da Sangallos des Jüngeren
in Italien

Florenz
- Fortezza da Basso

Orvieto
- *Pozzo del Papa*, auch *Pozzo di San Patrizio*

Perugia
- Rocca Paolina

Anmerkungen zum Leben des Sebastiano genannt Aristotile da Sangallo

1 Cristoforo Vannucci, genannt Pietro Perugino (*um 1450 Città della Pieve – †1523 Fontignano)

2 Vasari erwähnt in mehreren Viten den im Jahre 1500 von den Serviten in Auftrag gegebenen und von Baccio d'Agnolo entworfenen neuen Hauptaltar von Santissima Annunziata, dem größten Altar des 16. Jahrhunderts in Florenz. Er war zweiseitig angelegt, um den Mönchschor vom öffentlichen Kirchenraum zu trennen. Filippino Lippi erhielt 1503 den Auftrag, die beiden zentralen Altarbilder und sechs weitere Tafeln mit Heiligen zu malen, konnte aber bis zu seinem plötzlichen Tod im April 1504 nur mit der für die Front zum Kirchenraum vorgesehenen *Kreuzabnahme Christi* (Öl auf Holz, 333 x 218 cm, fertiggestellt vor 1507, Florenz, Galleria dell'Accademia) beginnen. Pietro Perugino übernahm 1505 den Auftrag, vollendete die *Kreuzabnahme* und malte bis 1507 die *Anbetung der Jungfrau Maria* (Öl auf Holz, 333 x 218 cm, 1506–1507, Florenz, Santissima Annunziata) und die Heiligenbilder für die Chorseite des Altars. Im Jahre 1546 wurde im Zuge der Gegenreformation ein Triumphbogen an die Stelle der beiden Altarbilder eingefügt, in dem ein geschnitztes Ziborium aufgestellt wurde. 1566 wurde der Altar um 180 Grad gedreht und 1654 abgebrochen. Die Heiligenbilder wurden verkauft und sind heute auf verschiedene Museen verteilt.

Bibl.: Scarpellini 1984, S. 113–114; Antenucci Becherer 1997, S. 111–112; Bradshaw 1997, S. 290–291; Nelson 1997.

3 Giuliano da Sangallo (*um 1445 oder 1452 Florenz – †1516 ebenda), Onkel von Aristotile da Sangallo

4 Antonio da Sangallo der Ältere (*um 1460 Florenz – †1534 ebenda), Bruder von Giuliano da Sangallo, Onkel von Aristotile da Sangallo

5 Sebastiano da Sangallo, genannt Aristotile da Sangallo (*1481 Florenz – †31. Mai 1551 ebenda)

6 Gemeint ist der von Vasari vielfach erwähnte, schon im 16. Jahrhundert zerstörte Karton für die *Schlacht von Cascina*, den Michelangelo 1504 für das nicht ausgeführte Fresko im Ratssaal des Palazzo Vecchio angefertigt hatte.

7 Michelangelo Buonarroti (*1475 Caprese – †1564 Rom)

[8] Ridolfo Ghirlandaio (*1448/49 Florenz – †1494 ebenda)

[9] Für Sebastiano da Sangallos Kontakte zu anderen Künstlern wie auch dafür, daß er seinen Spitznamen Aristotile der Ernsthaftigkeit seiner Rede und einer Ähnlichkeit mit einer antiken Porträtbüste des Aristoteles verdankte, ist Vasaris Vita die einzige Quelle.

[10] Aristotiles Studie nach Michelangelos berühmtem Karton, die heute mit der seit 1808 in Holkam Hall, Norfolk, aufbewahrten Chiaroscuro-Kopie der *Schlacht von Cascina* identifiziert wird, entstand wohl zwischen 1505 und 1508 (Ölgrisaille auf Karton, 78,74 x 129,54 cm, 1542, Norfolk, Holkham Hall). Von Aristotiles Zeichnungen ist jedoch keine erhalten. Wie in vielen anderen Viten nutzt Vasari hier die Gelegenheit, auf die herausragende künstlerische Bedeutung des Kartons der *Schlacht von Cascina* zu verweisen, den er im Lebenslauf Michelangelos am ausführlichsten beschreibt (siehe Vasari, *Michelangelo*, S. 60–63).

Bibl.: Ghisetti Giavarina 1990, S. 17–20; Ghisetti Giavarina 1996, S. 740–741.

[11] Giorgio Vasari (*1511 Arezzo – †1574 Florenz)

[12] Paolo Giovio (*1483/86 Como – †1552 Florenz), Historiker, Physiker, Humanist und Kunstsammler, stand ab 1512 in päpstlichen und ab 1549 in florentinischen Diensten, wo er die besondere Gunst Herzog Cosimos I. genoß.

Bibl.: Price Zimmermann 2001.

[13] Franz I. (*1494 Cognac – †1547 Rambouillet), König von Frankreich ab 1515

Bibl.: Gould 1966; Ghisetti Giavarina 1990, S. 34.

[14] Giovanni Francesco da Sangallo (*1482/84 Florenz?– †1530 ebenda), Bruder von Aristotile da Sangallo

[15] Giuliano Leno (*1467–1478 Rom – †1530 ebenda), Architekt und Festungsbaumeister, war zwischen 1513 und 1525 Zahlmeister, später Generalinspektor von Sankt Peter.

[16] Aristotile da Sangallo war von 1508 bis 1509 einer der mindestens elf Gehilfen Michelangelos, die dieser zur Ausmalung der Sixtinischen Kapelle angestellt hatte. Offensichtlich war er dort mit der Anfertigung oder Übertragung der Kartons auf den Malgrund beschäftigt. Wir wissen aber sehr wenig über die konkreten Aufgaben der Mitarbeiter Michelangelos und die Dauer ihrer Beschäftigung. Das liegt zum Teil daran, daß Vasari den von Michelangelo verbreiteten Mythos, er habe die Decke der Sixtinischen Kapelle ohne die Hilfe von Mitarbeitern geschaffen, nicht zerstören wollte und entsprechend zurückhaltend mit Informationen über dessen Mitarbeiter war.

Bibl.: Mancinelli 1994, S. 108; Wallace 1994.

[17] Raffaello Santi (*1483 Urbino – †1520 Rom)
[18] Gianozzo Pandolfini (†1525), ab 1484 Bischof von Troia, war ein Freund Raffaels und enger Vertrauter Papst Leos X., der ihn zum Kastellan der Engelsburg ernannte.
[19] Der Palazzo Pandolfini steht in der Via San Gallo in Florenz. Er ist seit langem Objekt von Diskussionen, die vor allem die Chronologie seiner Entstehung und die Rekonstuktion der ursprünglichen Planung betreffen. Mit Sicherheit lag der Baubeginn vor dem in der Friesinschrift genannten Jahr 1520 (vermutlich um 1516–1517). Wahrscheinlich sah der ursprüngliche Entwurf Raffaels einen viel größeren Bau vor, dessen Mittelachse das Portal bilden sollte, das sich heute neben dem Palast befindet. Giovanni Francesco da Sangallo dürfte, als Vertreter Raffaels in Florenz, von Anfang an die Bauleitung innegehabt haben, während Aristotile da Sangallo wohl hauptsächlich an der Innenausstattung beteiligt war. Nach dem Tode Gianozzo Pandolfinis ging der Palast in den Besitz von dessen Neffen Ferdinando Pandolfini (†1560) über. Die Arbeiten am Palast wurden im Jahre 1532 abgeschlossen.
Bibl.: Ruschi 1984; Frommel 1987; Ruschi 1987; Ghisetti Giavarina 1990, S. 52.
[20] Der Humanist Luigi Alamanni (*1495 Florenz – †1556 Amboise), Freund von Zanobi Buondelmonti und Niccolò Machiavelli, war ein Mitglied der Gesellschaft der *Orti Oricellari*, die nach der Rückkehr der Medici zum Zentrum des republikanischen Widerstandes in Florenz wurde. Er war einer der Initiatoren des gescheiterten Attentats vom 19. Juni 1522 auf Kardinal Giuliano de' Medici. Zusammen mit Buondelmonti floh er daraufhin über Lucca und die Garfagnana, wo sie Gäste von Lodovico Ariost waren, nach Venedig und später nach Lyon. Dort traten sie in die Dienste Franz' I., der vielen Gegnern der Medici Zuflucht gewährt hatte. In seinem Auftrag unternahm Alamanni diplomatische Missionen in Norditalien und war schließlich auch am Italienfeldzug des französischen Königs beteiligt.
Bibl.: Weiss 1960.
[21] Der Humanist Zanobi Buondelmonti (*1491 Florenz – †1527 Barga, Garfagnana fiorentina ?) war wie Alamanni Mitglied der Gesellschaft der *Orti Oricellari*. Nach dem gescheiterten Attentat auf Kardinal Giuliano de' Medici fand er Zuflucht am Hofe Franz' I. 1527 kehrte er mit dem Heer der Exilanten nach Florenz zurück und übernahm eine wichtige Position in der neuen republikanischen Regierung. Zanobi starb im gleichen Jahr an der Pest.
Bibl.: De Caro 1972.
[22] Andrea del Sarto (*1486 Florenz – †1530 ebenda)

[23] Der Kauf eines Grundstücks am 12. Oktober 1520 in der Via Mandorlo in unmittelbarer Nachbarschaft des von Andrea del Sarto bewohnten Hauses ist dokumentiert (Archivio di Stato, Firenze, Notarile Antecos., Notarile Scipione Braccesi, n. 3347, fol. 96 v).
[24] Donato Bramante (*1443/44 Monte Asdrualdo, heute Fermignano/Marken – †1514 Rom)
[25] Aristotile da Sangallo malte die beiden Gemälde wohl um 1515. Sie sind verschollen.

Bibl.: Ghisetti Giavarina 1990, S. 36.
[26] Francesco Granacci (*1469 Villamagna – †1543 Florenz)
[27] Der Besuch Papst Leos X. in seiner Heimatstadt war ein Ereignis von größter politischer und symbolischer Bedeutung, hatte er doch die Herrschaft seiner Familie über Florenz wiederhergestellt. Für den prunkvollen Einzug des Papstes am 30. November 1515 wurden der Weg zur Piazza della Signoria und das Zentrum der Stadt verschwenderisch mit ephemeren Bauten und Dekorationen geschmückt, an deren Gestaltung nahezu alle Künstler der Stadt beteiligt waren. Francesco Granacci und Aristotile da Sangallo, die sich als Gehilfen Michelangelos in Rom kennengelernt hatten, gestalteten einen mit Malereien in *chiaroscuro* und Stuck dekorierten Triumphbogen, der die Straße auf der Höhe der Badia überspannte und die ›Treue‹ zum Thema hatte. Obwohl wir Dokumente und diverse Berichte von den Ereignissen besitzen und auch Vasari in mehreren Viten die Bauten ausführlich schildert, haben wir lediglich vage Vorstellungen von ihrem Aussehen, da nur wenige Entwurfszeichnungen erhalten sind (siehe Vasari, *Andrea del Sarto*, S. 35–36, und Bettarini/Barocchi, *Vite*, Bd. IV, S. 601–608).

Bibl.: Shearman 1975; Ciseri 1990; Ghisetti Giavarina 1990, S. 38–40.
[28] Lorenzo de' Medici (*1492 Florenz – †1519 ebenda), Sohn von Piero ›Lo sfortunato‹, Neffe von Leo X., der ihn 1512 zum Generalkapitän von Florenz und 1516 zum Herzog von Urbino ernannte, und Vater von Catarina de' Medici, die 1533 Heinrich II. von Frankreich heiratete. Sein von Michelangelo geschaffenes Grabmal befindet sich in der neuen Sakristei von San Lorenzo.
[29] Francesco di Cristofano Giudicis, genannt Franciabigio (*1484 Florenz – †1525 ebenda)
[30] Anläßlich der vom 7. bis 9. September 1518 dauernden Hochzeit von Lorenzo de' Medici und Madeleine de la Tour d'Auvergne wurden die Komödien *Mandragola* von Niccolò Machiavelli und vermutlich *Falargo*, die Machiavelli und Lorenzo di Filippo Strozzi zugeschrieben wird, sowie *Pisana* von Roberto Strozzi aufgeführt. Ridolfo Ghirlandaio, der

für die Dekorationen zuständig war, dürfte seinen Freund Aristotile da Sangallo zu den Arbeiten hinzugezogen haben. Vasari schreibt, daß Franciabigio zwei der Bühnenbilder in den Prunkräumen des Palastes entwarf, Aristotile da Sangallo könnte demnach das dritte entworfen haben. Möglicherweise war er auch nur mit der Anfertigung der Kulissen betraut (siehe die Viten von Ridolfo Ghirlandaio und Franciabigio in Bettarini/Barocchi, *Vite*, Bd. V, S. 475–498, und Bd. IV, S. 505–516).

Bibl.: Ghisetti Giavarina 1990, S. 40–41; Parronchi 1995; Klein 1998; Pallen 1999, S. 28; Hoeges 2000, S. 141–147.

31 Aristotiles Kopie der zwischen 1511 und 1513 entstandenen *Madonna von Loreto* von Raffael (Öl auf Holz, 120 x 90 cm, Chantilly, Musée Condé) ist nicht identifiziert. Aristotile da Sangallo könnte das Original vor 1515 im Hause Raffaels in Rom gesehen haben.

Bibl.: Beguin 1979; Gould 1980, S. 337–341; Ghisetti Giavarina 1990, S. 36; De Vecchi 2002, S. 256.

32 Filippo dell'Antella (*1513 Florenz – †1590 ebenda) bekleidete unter den Medici wichtige Ämter. 1534 wurde er von Herzog Alessandro als Schatzmeister nach Civitadipenne entsandt. Später war er Mitglied der *Otto di guardia* und der *balia*. Herzog Cosimo I., zu dessen wichtigsten Beratern in Finanzfragen er gehörte, ernannte ihn 1553 zum *commissario generale* für den sienesischen Krieg.

Bibl.: Vivoli 1989.

33 Vasari meint Ottavianos Söhne Bernardo und Alessandro (*1535 Florenz – †1605 Rom) – Papst Leo XI. – sowie seine Tochter Costanza. Ottaviano de' Medici (*1482 Florenz – †1546 ebenda) entstammte der jüngeren Linie der Medici und war mit Francesca Salviati verheiratet, der Tante Herzog Cosimos I. Er war Mitglied der Florentiner Regierung und Vormund von Ippolito und Alessandro de' Medici, später Berater Herzog Cosimos. Er unterhielt Kontakte zu Pietro Aretino, Tizian und Sebastiano del Piombo; mit Michelangelo verband ihn ein freundschaftliches Verhältnis. Auch Vasari war ihm zutiefst verbunden, weil er dessen erste Romreise finanziert hatte. Zu seiner Kunstsammlung gehörte eine Galerie mit Bildnissen der Medici, die zum Teil von Vasari stammten.

Bibl.: Bracciante 1984; Cox-Rearick 1984.

34 Raffael malte das Porträt von Lorenzo de' Medici, Herzog von Urbino (Öl auf Leinwand, 99 x 81 cm, New York), im Jahre 1518 anläßlich von dessen Vermählung mit Madeleine de la Tour d'Auvergne. Aristotile da Sangallo dürfte seine Kopien bald darauf angefertigt haben. Raffaels Gemälde befindet sich heute in der Sammlung Spanierman, die Kopie von Aristotile da Sangallo ist nicht eindeutig identifiziert.

Bibl.: Shearman 1983, S. 253; Ghisetti Giavarina 1990, S. 37.

35 Über die Bilder ist nichts bekannt.

36 Die Aussage ist insofern nicht korrekt, als Gianozzo Pandolfini bereits 1525 verstorben war. Erbe des Palazzos war sein Neffe Ferdinando Pandolfini, der die Arbeiten fortführen ließ (siehe Anm. 19).

37 Die *Compagnia della Cazzuola*, also die ›Bruderschaft von der Maurerkelle‹, war eine Scherzgesellschaft, deren Mitglieder sich ausschließlich zum Feiern trafen. Vasari berichtet von ihrer Gründung im Jahre 1512 in der Vita von Giovanfrancesco Rustici (Bettarini/Barocchi, *Vite*, Bd. V, S. 475–490). In ihr sollten jeweils zwölf Vertreter der hohen und niederen Künste vertreten sein. Andrea del Sarto und Bernardino di Giordano waren Mitglieder dieser Gesellschaft.

Bibl.: Ghisetti Giavarina 1990, S. 41.

38 Die *Compagnia della Cazzuola* richtete jedes Jahr am 30. November, dem Namenstag des Heiligen Andreas, ein großes Fest aus. 1525 fand dieses im Haus des Bernardino di Giordano (Lebensdaten unbekannt) am Canto Monteloro statt.

39 *Mandragola* stammt von Niccolò Machiavelli (*1469 Florenz – †1527 ebenda), der die Komödie vor 1518 schrieb. Das Stück war sehr bekannt und wurde häufig gespielt. Belegt sind unter anderem Aufführungen in Rom 1520, in Venedig 1522 und die hier erwähnte Aufführung in Florenz 1525.

Bibl.: Ghisetti Giavarina 1990, S. 41; Pallen 1999, S. 28; Hoeges 2000, S. 141–147; Garbero Zorzi 2001, S. 23.

40 Über das Bühnenbild ist nichts weiter bekannt.

41 Es kann sich nur um Machiavellis Komödie *Clizia* handeln. Sie wurde aufgeführt während des Karnevals 1526 im Haus des Jacopo Filippo Falconetti (Lebensdaten unbekannt), eines weiteren Mitglieds der *Compagnia della Cazzuola*. Über das Bühnenbild ist nichts bekannt.

Bibl.: Fabbri/Garbero Zorzi/Petrioli Tofani 1975, S. 74–75; Ghisetti Giavarina 1990, S. 42; Pallen 1999, S. 29; Hoeges 2000, S. 136–141.

42 Alessandro de' Medici (*1511? Florenz – †1537 ebenda), illegitimer Sohn von Clemens VII., offiziell Sohn von Lorenzo II. de' Medici, war von 1524 bis zur Vertreibung der Medici 1527 zusammen mit Ippolito de' Medici Regent von Florenz. 1530 kehrte er mit päpstlicher und kaiserlicher Hilfe nach Florenz zurück, wurde 1531 Herrscher über die florentinische Republik und 1532 Herzog der Toskana.

43 Ippolito de' Medici (*1511 Urbino – †1535 Itri), Sohn von Giuliano de' Medici und Neffe von Papst Leo X., Kardinal ab 1529

44 Silvio di Rosado Passerini (*1470 Cortona – †1529 Città di Castello), ab 1517 Kardinal von San Lorenzo in Lucina und ab 1521 Bischof von Cortona, war von Oktober 1519 bis Januar 1522 und im Jahre 1524, nach dem

Sturz der Florentiner Republik, Stellvertreter Kardinal Giulios de' Medici – des späteren Papstes Clemens VII. – in Florenz und Vormund von Alessandro und Ippolito de' Medici, in deren Namen er die Stadt regierte.

Bibl.: Paschini 1935.

45 Anders als Vasari dies darstellt, wurde die Vertreibung der Medici aus Florenz und die Schwächung des Medici-Papstes Clemens VII. durch den ›Sacco di Roma‹ von vielen republikanisch gesinnten Florentinern begrüßt.

46 Die *Compagnia de' Fanciulli della Purificazione di San Marco* war eine Laienbruderschaft, die bereits im 15. Jahrhundert existierte.

Bibl.: Ventrone 2003.

47 Über Giovanni Maria Primerani (Lebensdaten unbekannt) ist nahezu nichts bekannt.

48 Die Aufführung der Tragikomödie *La violazione di Tamar*, nach der biblischen Vorlage im zweiten Buch Samuel, Kapitel 13, fand wahrscheinlich 1531 statt. Vasari ist der einzige, der von diesem Stück berichtet.

Bibl.: Ghisetti Giavarina 1990, S. 42; Pallen 1999, S. 29.

49 Das Bühnenbild ist nicht dokumentiert.

50 Catarina de' Medici (*1519 Florenz – †1589 Blois), ab 1547 mit Heinrich II. von Frankreich verheiratet

51 Wahrscheinlich saß Primerani als Anhänger der Republik im Gefängnis und Vasari wollte auf diesen Punkt nicht allzu deutlich eingehen.

52 Das Bühnenbild zu *Giuseppe accusato* ist möglicherweise das erste von Aristotile da Sangallo, das Vasari selbst gesehen hat, weshalb er es auch genauer beschreibt. Aus seiner Beschreibung wird deutlich, daß es sich um einen für die Zeit typischen, architektonisch gestalteten Bühnenprospekt mit einer künstlich verstärkten Perspektive handelte, wie sie aus Zeichnungen und Holzschnitten in ähnlicher Form bekannt sind. Da Vasari mehrfach auf Aristotiles besondere Fähigkeiten in der Darstellung der Perspektive verweist, kann man daraus schließen, daß seine Bühnenbilder in diesem Punkt herausragten.

53 Primeranis Komödie über die Josephsgeschichte ist nicht erhalten. Sie wurde sehr wahrscheinlich zwischen dem 16. und 26. April 1533 anläßlich des Besuches von Margarete von Österreich, der Tochter Karls V. und Verlobten von Herzog Alessandro, im Hof des Palazzo Medici aufgeführt, fand aber auf jeden Fall vor der Hochzeit von Catarina de' Medici mit dem französischen Kronprinzen Heinrich von Orléans am 28. Oktober des gleichen Jahres statt.

Bibl.: Fabbri/Garbero Zorzi/Petrioli Tofani 1975, S. 81; Zorzi 1980, S. 309; Mamone 1981, S. 34; Ghisetti Giavarina 1990, S. 43; Pallen 1999, S. 29; Garbero Zorzi 2001, S. 24–25.

54 Margarete von Österreich (von Parma), Regentin der Niederlande (*1522 Oudenarde – †1586 Ortona), illegitime Tochter von Karl V. und Johanna van der Gheynst, Halbschwester von Philipp II., heiratete Herzog Alessandro de' Medici am 13. Juni 1536 und nach dessen Ermordung 1538 Ottavio Farnese, den späteren zweiten Herzog von Parma und Piacenza.

55 Lorenzo di Pierfrancesco, genannt Lorenzino de' Medici (*1514 Florenz – †1548 Venedig)

56 Gemeint sind Cembalos.

57 Vasari meint zweifellos keine Kirchenorgel, sondern ein Orgelclavizimbel oder Orgelklavier (italienisch: claviorgano), das eine Kombination aus einem Saiten- und Pfeifenwerk besitzt und im 16. Jahrhundert überaus beliebt war.

58 Vasari verweist mit seiner Unterstellung, Lorenzino de' Medici hätte mit Hilfe eines inszenierten Unfalls einen Anschlag auf Herzog Alessandro verüben wollen, auf die Verschlagenheit und Hinterhältigkeit, die dem ›kleinen Lorenzo‹ nachgesagt wurde (ein Diminutiv, der sich nicht auf seine Körpergröße, sondern seinen Charakter bezog). Die Existenz des Attentatsplans läßt sich jedoch durch nichts beweisen. Denkbar ist, daß es sich in Wirklichkeit nur um einen Streit über die Statik des Bühnenraumes handelte, den Vasari im nachhinein uminterpretierte, um seine eigene Rolle als Streitschlichter und vorausschauender Gefolgsmann der Medici hervorzukehren.

Bibl.: Ghisetti Giavarina 1990, S. 44–45; Pallen 1999, S. 30.

59 Das Bühnenbild zu *l'Aridosia* von Lorenzino de' Medici, aufgeführt am 13. Juni 1536, ist das einzige von Aristotile da Sangallo, dem mit einer gewissen Sicherheit eine Entwurfszeichnung zugeordnet werden kann (New York, Sammlung Oenslager, Maße nicht bekannt). Sie zeigt einen von Gebäuden gerahmten Platz, auf den sternförmig Straßen zulaufen. Dies stellt in der Tat sowohl in der perspektivischen Gestaltung wie auch in der Bespielbarkeit eine Neuerung gegenüber den bis dahin üblichen Bühnenbildern dar, die in der Regel nur einachsig waren. Vasari hätte also recht, wenn er von »Erfindungen« spricht. Der von ihm erwähnte Triumphbogen fehlt jedoch auf der New Yorker Zeichnung.

Bibl.: Ghisetti Giavarina 1990, S. 44–45; Klein 1998; Pallen 1999, S. 30.

60 Lorenzino de' Medici hatte das Interesse seines Vetters Herzog Alessandro de' Medici an seiner Tante Caterina Soderini ausgenutzt, um ihn in der Nacht des 5. Januar 1537, dem Epiphaniastag, als ganz Florenz durch die Feierlichkeiten abgelenkt war, in eine Falle zu locken und ihn mit Hilfe seines Komplizen Scoronconcolo zu ermorden. Obwohl Lorenzino für diese Tat von den Exilanten als neuer Brutus geehrt wurde,

ist fraglich, ob Lorenzino dazu von anderen Motiven als Neid und Mißgunst getrieben wurde. Nach dem Anschlag mußte er aus Florenz fliehen und verbrachte den Rest seines Lebens im Exil. Die Agenten stellten Herzog Cosimos schließlich in Venedig und ermordeten ihn, als er auf dem Weg zum Haus seiner Geliebten Elena Barozzi war.

Bibl.: Brion 1969, S. 188–191.

61 Cosimo I. de' Medici (*1519? Florenz – †1574 Castello), Sohn von Giovanni delle Bande Nere und Maria Salviati, ab 1537 Herzog der Toskana, ab 1569 Großherzog

62 Die Jahreszahl 1536 ist kein Fehler Vasaris, sondern auf die alte florentinische Zeitrechnung zurückzuführen, in der der Jahreswechsel nicht an Silvester stattfand, sondern zu Ostern.

63 Eleonora de' Medici, eigentlich Eleonora oder Leonor de Toledo (*1522 Spanien oder Neapel – †1562 Pisa)

64 Die Festlichkeiten anläßlich der Hochzeit von Cosimo I. und Eleonora von Toledo am 27. Juni 1539 sind wesentlich besser dokumentiert als die anderen in der Vita erwähnten Feste. Durch Pierfrancesco Giambullaris *Apparato et feste nelle nozze del Illustrissimo Signor Duca di Firenze, et della Duchessa sua consorte*, einer Beschreibung der Hochzeitsfeierlichkeiten, die 1539 in Florenz im Druck erschien, besitzen wir eine Quelle, die zweifellos auch Vasari nutzte. In mehreren Viten geht er auf das Ereignis ein (siehe z. B. Vasari, *Tribolo*, S. 54–55). Neben vielen anderen Dekorationen schuf Aristotile auch die Kostüme für die Zwischenspiele. In Giambullaris Bericht offenbart sich eine neue Qualität politischer Propaganda, die ohne Vorbilder war. Er hat die Form eines fiktiven Briefes an Giovanni Bandini, den Botschafter Herzog Cosimos bei Kaiser Karl V., und schildert nicht nur die Reise der Herzogin von Neapel und ihren Einzug in Florenz, sondern enthält auch den Text der Komödie *Il commodo* von Antonio Landi und die Verse der Zwischenspiele von Giovanni Battista Strozzi.

Aristotile da Sangallo hatte für die Theateraufführung im zweiten Hof des Palazzo Medici ein den Beschreibungen Vitruvs nachempfundenes Theater errichten lassen. Es war mit einem Velum überdacht und von Tribünen gerahmt. Die Kulisse zeigte eine Ansicht des kürzlich eroberten Pisa. Eine neuartige raffinierte Bühnenmaschinerie erlaubte es, verschiedene Tageszeiten darzustellen, mit denen sich, der antiken Dramentheorie entsprechend, das Voranschreiten der Handlung zwischen Tagesanbruch und Einbrechen der Nacht veranschaulichen ließ. Diesem Zweck dienten auch die sieben Zwischenspiele, die die jeweiligen Tageszeiten symbolisierten und die Handlung strukturierten. Die von bedeutenden Künstlern geschaffene bildliche Dekoration des Theaterraumes stellte den Triumph der Medici und wichtige Ereignisse aus dem Leben Cosimos dar.

Bibl.: Kaufmann 1970; Mitchell 1975; Ghisetti Giavarina 1990, S. 45–47; Strong 1991, S. 39–77; Klein 1998, S. 232–243; Simoncelli 2003, S. 300.

65 Antonio Landi (*1506 Florenz – †1569 ebenda) war ein führendes Mitglied der Accademia degli Umidi.

66 Der für seine Madrigale und Zwischenspiele bekannte Dichter Giovanni Battista Strozzi (*1504 Florenz – †1571 ebenda) schrieb zwar die Texte der Zwischenspiele zu Antonio Landis *Commodo*, komponierte aber nicht ihre Musik. Sie stammte von Francesco Corteccia (*1504 Arezzo – †1571 Florenz), der seit 1531 Organist und Kanonikus von San Lorenzo war und 1539 Kapellmeister Cosimos I. wurde.

Bibl.: Mamone 1981, S. 34.

67 Vasari bezieht sich auf Pierfrancesco Giambullaris *Apparato et feste nelle nozze del Illustrissimo Signor Duca di Firenze, et della Duchessa sua consorte*, Florenz 1539 (vgl. Anm. 64).

68 Francesco Ubertini, genannt Bacchiacca (*1494 Florenz – †1537 ebenda)

69 Zur Reise Lorenzo de' Medicis nach Neapel siehe S. 119 dieses Bandes, Anm. 11.

70 Pier Francesco di Jacopo di Sandro Foschi (*1502 Florenz – †1567 ebenda)

71 Vgl. Anm. 27.

72 Dargestellt war die Einnahme von Abbiategrasso bei Mailand durch Cosimos Vater Giovanni delle Bande Nere (*1498 Forlì – †1526 Mantua) im Jahre 1521.

73 Clemens VII. (*1478 Florenz – †1534 Rom), weltlich Giuliano de' Medici, Papst ab 1523

74 Karl V. (*1500 Gent – †1558 beim Kloster San Jerónimo de Yuste, Extremadura) wurde am 24. Februar 1530 in Bologna von Papst Clemens VII. zum Kaiser des Heiligen Römischen Reiches Deutscher Nation gekrönt.

75 Domenico Conti (Lebensdaten unbekannt), Schüler von Andrea del Sarto, dessen Zeichnungen er erbte, war ab 1535 Mitglied der Lukasgilde.

76 Agniolo di Cosimo di Mariano Tori, genannt Agnolo Bronzino (*1503 Monticelli bei Florenz – †1572 Florenz)

77 Im Jahre 1535 empfing Karl V., der sich auf dem Rückmarsch von seinem Tunisfeldzug befand, die Vertreter der florentinischen Exilanten und Alessandro de' Medici zu einem Disput in Neapel. Obwohl die Vertreter der Medici falsche Beschuldigungen gegen die Exilanten vor-

brachten, ergriff Karl V. Partei für Alessandro de' Medici und entschied sich, ihm seine natürliche Tochter Margarete zur Frau zu geben. Im Gegenzug sollte dieser den Exilanten eine Rückkehr, die Rückgabe ihrer Güter und Straffreiheit gewähren. Die Mehrheit der Exilanten lehnte diesen Kompromiß jedoch ab.

Bibl.: Simoncelli 2003, S. 290–293.

78 Cosimo I. wurde am 28. Februar 1537 von Karl V. zum erblichen Herzog ernannt, nachdem er sich bereits von den Truppen seines Condottiere Alessandro Vitelli zum Herzog hatte ausrufen lassen und den Stadtrat von Florenz zur Zustimmung gezwungen hatte.

Bibl.: Brion 1969, S. 191.

79 Francesco de' Rossi, genannt Francesco (oder Cecchino) Salviati (*1510 Florenz – †1563 Rom)

80 Carlo Portelli da Loro (*vor 1510 Loro Ciuffenna – †1574 Florenz)

81 Titus Livius (*59 v. Chr. Patavium [Padua] – †17 n. Chr. ebenda)

82 Das 20. Buch von *Ab urbe condita* des Titus Livius ist nicht erhalten. Überliefert sind nur die Bücher eins bis zehn und einunzwanzig bis fünfundvierzig, die die römische Geschichte von der Gründung bis 293 und von 218 bis 167 vor Christus behandeln. Vasari meint zweifellos das fünfte Kapitel des dreiundzwanzigsten Buches, in dem die Forderungen der capuanischen Gesandten vor dem römischen Senat während des zweiten Punischen Krieges geschildert werden.

83 Die Darstellung bezog sich auf die Interventionsversuche der Kardinäle Salviati, Ridolfi und Gaddi bei Kaiser Karl V. im Vorfeld des Disputes zwischen Herzog Alessandro und den Exilanten.

Bibl.: Simoncelli 2003, S. 290.

84 Nach der Ermordung von Herzog Alessandro hatten die Exilanten hastig ein Heer von 6000 Infanteristen und 300 Reitern aufgestellt. Ihr Vormarsch auf Florenz wurde jedoch von den Condottieren der Medici, Alessandro Vitelli und Piero Colonna, in der Nacht vom 31. Juli auf den 1. August 1537 in der Schlacht von Montemurlo gestoppt. Dabei wurden einige der wichtigsten Führer der Exilanten getötet oder gerieten in Gefangenschaft. Dieser Sieg sicherte den Medici endgültig ihre Herrschaft über Florenz.

Bibl.: Simoncelli 2003, S. 299.

85 Antonio di Donnino di Domenico Mazzieri (*um 1490 – †1547 wahrscheinlich Florenz)

86 Battista Franco, genannt ›Il Semolei‹ (*um 1510 Venedig – †1561 ebd.)

87 Was hier allegorisch zu verstehen ist und der Bekräftigung des Herrschaftsanspruches dient.

88 Dargestellt war die Stellvertreterhochzeit zwischen den Repräsen-

tanten Herzog Cosimos (der nicht nach Neapel gekommen war, die Trauung aber möglichst schnell vollziehen wollte, weil es noch andere Bewerber gab), Luigi Ridolfi und Jacopo de' Medici und Eleonora, die zur Besieglung des Ehevertrages am 29. März 1539 in Neapel stattfand.

89 Don Pedro Alvarez de Toledo, Markgraf von Francavilla (*1480 in Spanien – †1553 Florenz), Vizekönig von Neapel ab 1532, Vater von Eleonora de Toledo

90 Antonio da Sangallo der Jüngere (*1484 Florenz – †1546 Terni)

91 Paul III. (*1468 Canino bei Viterbo – †1549 Rom), weltlich Alessandro Farnese, Papst ab 1534

92 Vasari erwähnt zwar, daß Aristotile da Sangallo um 1543 die Bauarbeiten an den Befestigungsanlagen von Castro leitete, jedoch nicht, daß er dort im Palast der Farnese auch eine drehbare Bühnenkonstruktion errichtete. Sie war vermutlich für den Besuch von Papst Paul III. im Januar des Jahres 1543 vorgesehen. Im gleichen Zeitraum war Aristotile da Sangallo auch für Bauarbeiten an der Rocca Paolina in Perugia zuständig.

Bibl.: Ghisetti Giavarina 1990, S. 47–49; Pallen 1999, S. 33.

93 Roberto Strozzi (†1566 Rom) war der Sohn von Filippo Strozzi, dem Anführer der Medici-Gegner, und dessen Gemahlin Clarice, der Tante Catarina de' Medicis. Nach dem Tode seines Vaters, der 1537 bei der Schlacht von Montemurlo in Gefangenschaft geriet und wenig später in der Fortezza da Basso unter unkgeklärten Umständen starb, gingen Roberto und seine drei Brüder ins Exil an den französischen Königshof, wo sie ihrer Cousine Catarina dienten. Roberto, der später nach Rom übersiedelte, war eng mit Michelangelo befreundet, der ihm, wie Vasari in dessen Vita (Vasari, *Michelangelo*, S. 65) berichtet, jene zwei unvollendeten Sklaven schenkte, die ursprünglich für das Juliusgrabmal gedacht waren (Paris, Musée du Louvre).

Bibl.: Goldthwaite 1968; Bullard 1980.

94 Zu diesem Bühnenbild gibt es keine weiteren Informationen. Möglicherweise ist es auf 1546 zu datieren.

Bibl.: Ghisetti Giavarina 1990, S. 49–50; Pallen 1999, S. 33.

95 Alessandro Farnese (*1520 Valentano – †1589 Rom), Enkel Pauls III., Bischof von Parma und Kardinal ab 1534

96 Die wahrscheinlich im folgenden Jahr (1547) fertiggestellte Bühneninstallation war das erste dauerhafte Theater in Rom. Im 18. Jahrhundert wurde es durch ein neues Theater nach Plänen von Filippo Juvara ersetzt.

97 Curzio Frangipane (Lebensdaten unbekannt) war Schatzmeister von Kardinal Alessandro Farnese.

98 Pietro Buonaccorsi, genannt Perino oder Perin del Vaga (*1501 Carmignano ? – †1547 Rom)

[99] Gemeint ist die Sala dei Cento Giorni in der ersten Etage des Palazzo della Cancelleria, die Vasari im Sommer 1546 mit der Hilfe zahlreicher Mitarbeiter innerhalb von hundert Tagen freskierte.

Bibl.: Vasari, *Mein Leben*, S. 123, Anm. 148.

[100] Dieser Textabschnitt ist in mehrfacher Hinsicht bemerkenswert. Zum einen ergreift Vasari hier wie schon im Streit mit Lorenzino de' Medici die Partei Aristotile da Sangallos, und mehr noch, er stellt sich als denjenigen dar, der ihm zu seinem Recht verhilft. Zum anderen verweist er nachdrücklich auf den Neid und den Konkurrenzkampf zwischen den Künstlern, denen Aristotile mit seiner vertrauensvollen und ehrlichen Art scheinbar hilflos ausgeliefert zu sein scheint. Vor allem äußert er sich zur Stellung des Künstlers, dessen Arbeit nach seiner kreativen Leistung und nicht wie die eines einfachen Handwerkers zu bewerten sei. Der Künstler sei also auch nicht diesen zuzurechnen, sondern nehme in der Hierarchie einen höheren Rang ein.

[101] Gemeint ist die Chiaroscuro-Kopie der *Schlacht von Cascina*.

[102] Aristotile da Sangallos Todesdatum, der 31. Mai 1551, ist in den Einwohnerregistern der Stadt Florenz dokumentiert (Archivio di Stato di Firenze, Capitani di parte, n. neri, 9, fol. 133v).

[103] Das in den *Vite* häufig erwähnte *Libro dei disegni* war eine umfangreiche Sammlung von Zeichnungen verschiedener Künstler, die Vasari in Ergänzung zu den biographischen Informationen angelegt hatte. Neben seiner Funktion als Studienobjekt und Modellrepertoire diente das *Libro dei disegni* auch der *memoria* der in ihm vertretenen Künstler und sollte ihre Leistungen dokumentieren. In ihm finden sich auch Porträtzeichnungen von Künstlern, die als Vorlagen für die Abbildungen in den *Vite* dienten, und eigene Zeichnungen Vasaris. Ursprünglich umfaßte es wohl acht bis zwölf Bände mit jeweils mehr als hundert Blättern, die heute auf zahlreiche Sammlungen verstreut sind. Von den Zeichnungen Aristotiles kann keine identifiziert werden.

Bibl.: Collobi Ragghianti 1974, Bd. I, S. 138/139; Caliandro 1999.

[104] Antonio Particini (* vor 1534 – † 1588)

[105] Jacopo di Giovanni di Francesco, genannt Jacone (* 1495 Florenz – † 1554 ebenda), war ein Schüler und Mitarbeiter von Andrea del Sarto und Pontormo.

[106] Die Gemälde sind nicht identifiziert.

[107] Das Gemälde mit der *Trinität, Maria und vier Heiligen* (Öl auf Holz, Maße unbekannt) befindet sich noch heute in der Kirche Santa Lucia de' Magnoli in Florenz (um 1523).

Bibl.: Pinelli 1988, S. 10.

[108] Lodovico di Gino Capponi (* 1482 – † 1534) war Bankier und ein be-

deutendes Mitglied der Florentiner Gemeinde in Rom. Daneben trat er als Auftraggeber von Fra Bartolomeo, Jacopo Pontormo und Guillaume de Marcillat in Erscheinung. Kurz nach dem Tod Leos X. kehrte Capponi 1521 nach Florenz zurück, wo er sich in der Zeit der letzten Republik an der Regierung beteiligte.

Bibl.: Angiolini 1976, S. 63–64.

109 Die Fresken an Lodovico Capponis Villa in Montici sind zerstört.

110 Das Gemälde ist nicht mehr erhalten.

111 Polidoro Caldara (*um 1499 Caravaggio bei Bergamo – †1543 Messina). Seine Lebensdaten basieren auf Angaben Vasaris und wurden häufig angezweifelt. Den Nachnamen Caldara dokumentierte zuerst Gian Paolo Lomazzo in seinem *Trattato dell'arte della pittura, scoltura et architettura*, Mailand 1584, S. 695.

Bibl.: Chelazzi Dini/Ciardi Dupré Dal Pogetto 1973; Gnann 1997.

112 Maturino (*1490 Florenz oder Rom – †1527/28 bei Rom)

113 Die Fassade von Zanobi Buondelmontis Haus in Rom wurde gegen Ende des 18. Jahrhunderts zerstört.

114 Auch wenn Vasari in seinen *Vite* vielfach Kritik am unmoralischen und lotterhaften Lebensstil anderer Künstler übt, gibt es in ihnen kaum eine andere Stelle, an der Vasari sein Mißfallen in ähnlich schroffer Weise äußert – eine Kritik, die er noch einmal in der Schilderung seines Streites mit Jacone wiederholt. Ohne jeden Zweifel stehen Jacone und sein Kreis mit ihrem bohemienhaften Lebensstil exemplarisch für ein Gegenbild zu Vasaris eigenen Idealen. Für Vasari, der seine Ziele mit Beharrlichkeit, Fleiß und Ehrgeiz verfolgte und so eine wichtige Stellung am florentinischen Hof erlangt hatte, war Jacones Auftreten eine Schande für alle Künstler und gefährdete ihr Ansehen und ihre Stellung in der Gesellschaft. In einem verbalen Schlagabtausch führt Vasari die Überlegenheit seiner Lebensführung und den Sieg seiner Ideale im Kontrast zum Scheitern Jacones vor. Damit verleiht er dem Streit eine moralische Aussage, die weit über die Ursachen der persönlichen Feindschaft zwischen den beiden hinausgeht.

Bibl.: Pinelli 1988, S. 6; Pinelli 1993, S. 18–23; Faietti 2006, S. 119.

115 Die *Compagnia dell'Orciuolo* war eine der zahlreichen Karnevalsgesellschaften, die es in Florenz gab.

116 Piero da Sesto (Lebensdaten unbekannt) kam aus einer Kunstschnitzer- und Schreinerfamilie, die über mehrere Generationen in Florenz und anderen Orten tätig war.

117 Die Festdekorationen sind nicht erhalten.

118 Die 1408 in Bologna gegründeten ›Scopetini‹, eigentlich ›Canonici

Regolari della Congregazione del Santissimo Salvatore‹, waren eine Observantenkongregation der Augustiner.

[119] Das Bildnis der *Madonna mit dem Christuskind und den Heiligen Johannes dem Evangelisten, Rochus, Johannes dem Täufer und Thomas von Canterbury* (Öl auf Holz, Maße unbekannt) – nicht Augustinus, wie Vasari glaubt – befindet sich noch am ursprünglichen Aufstellungsort in der Kirche Santa Maria delle Grazie al Calcinaio bei Cortona.

Bibl.: Pinelli 1988, S. 11.

[120] Das Gemälde ist nicht erhalten, im Museo dell'Accademia Etrusca in Cortona befinden sich jedoch zwei ca. 20 x 20 Zentimeter große Tafeln mit einer *betenden Madonna* und *dem Heiligen Johannes dem Täufer* und *der Heiligen Magdalena*, die zu seiner Predella gehört haben könnten.

Bibl.: Pinelli 1988, S. 11.

[121] Bongianni Capponi (Lebensdaten unbekannt)

[122] Die Dekorationen sind nicht mehr erhalten.

[123] Jacopo Carucci, genannt Jacopo da Pontormo (*1494 Pontormo bei Empoli – †1556 Florenz)

[124] 1534 erbte Alessandro de' Medici von Clemens VII. die Villa Careggi, die er von Pontormo mit Freskenzyklen ausmalen ließ. Nach der Ermordung Herzog Alessandros blieben sie unvollendet und wurden später zerstört (siehe Vasari, *Pontormo*, S. 55).

[125] Giovanni di Baldassarre, genannt il Piloto (†1536 Florenz), galt als der beste Goldschmied in Florenz und war auch als Bildhauer tätig. Er war ein Freund Perino del Vagas und Michelangelos und wird auch in den Novellen von Anton Francesco Grazzini, genannt ›Il Lasca‹, mehrfach erwähnt und dort als notorischer Spaßvogel beschrieben.

[126] Der Holzschnitzer und Intarsienkünstler Battista (Giovanni Battista) Tasso (*1500 Florenz ? – †1555 ebenda ?) war 1519 mit Benvenuto Cellini nach Rom gegangen, jedoch bald darauf nach Florenz zurückgekehrt. Um 1540 kam es zu einem Wendepunkt in Tassos Karriere, als er Kunstwerke zu schaffen begann, die bei seinen Zeitgenossen große Beachtung fanden. Ihm wird unter anderem das Marmorgrabmal für Kardinal Luigi de' Rossi (Florenz, Santa Felicita) zugeschrieben. Darüber hinaus war er als Architekt und Militäringenieur tätig. 1545 errichtete er für Cellini eine Werkstatt, in der dieser später seinen berühmten *Perseus* goß. Tasso gehörte neben Cellini, Tribolo und anderen zu jenen Künstlern, die 1547 von Benedetto Varchi gebeten wurden, darüber zu befinden, ob der Malerei oder der Skulptur in der Kunst der Vorrang gebühre.

Bibl.: Barletti 1990; Collareta 1990, S. 299–302; Nova 2000, S. 1582.

[127] Don Miniato Pitti (Lebensdaten unbekannt) war Olivetanermönch

und ein enger Freund Vasaris, mit dem er eine umfangreiche Korrespondenz führte.

[128] Vasari meint die drei Tafeln der Predella zu Giovanni Antonio Soglianis (*1492 Florenz – †1544 ebenda) Altarbild *Die Marter des Heiligen Arkadius* von 1521, die sich seit 1866 in den Uffizien befinden.

[129] Pierfrancesco Borgherini (*1480 Florenz – †1558 ebenda), Bankier und Freund Michelangelos

[130] Das in der Tat in den *Vite* sehr häufig erwähnte und damals in ganz Florenz berühmte Hochzeitsgemach Pierfrancesco Borgherinis wurde von dessen Vater Salvi Borgherini 1515 zur Hochzeit seines Sohnes mit Margherita Acciaiuoli in Auftrag gegeben. An seiner Ausstattung hatten neben Bacchiacca auch Baccio d'Agnolo, Andrea del Sarto, Pontormo, Francesco Granacci und Benedetto da Rovezzano mitgewirkt. Bacciaccas Tafeln *Joseph empfängt seine Brüder bei ihrer zweiten Reise nach Ägypten*, befindet sich heute in der Londoner National Gallery und *Joseph vergibt seinen Brüdern*, befindet sich heute in der Galleria Borghese in Rom (jeweils Öl auf Holz, 36 x 142 cm).

Bibl.: Braham 1979.

[131] Giovanni Maria Benintendi (*1491 Florenz – †um 1560) hatte 1517 Bartolomea di Bivigliano d'Alamanno geheiratet, die einer Seitenlinie der Medici entstammte. 1520 wurde Benintendi Mitglied der Geldwechslerzunft (*arte del cambio*) und bekleidete in der Folge bedeutende öffentliche Ämter. 1524 war er einer der zwölf *buonuomini* und 1527 wurde er erneut, wie bereits 1519, Prior. Zu den Kunden seiner Bank gehörte auch Michelangelo.

Bibl.: Cecchi 1986.

[132] Durch die Stanza Borgherini inspiriert, ließ sich Giovanmaria Benintendi 1523 ebenfalls einen Raum seines Hauses von den angesehensten Künstlern seiner Zeit dekorieren. Die *Taufe Christi* befindet sich heute im Besitz der Nationalgalerie in Berlin.

Bibl.: McKillop 1974, S. 168–169.

[133] Die in Öl und nicht als Fresko ausgeführten Wandgemälde des kleinen Schreibzimmers von Cosimo I. im Mezzanin des Palazzo Vecchio befinden sich in sehr schlechtem Zustand. Sie entstanden in den späten vierziger und frühen fünfziger Jahren des 16. Jahrhunderts – Zahlungen sind zwischen 1548 und 1552 belegt. Sie stellen Tiere und in der Toskana heimische Pflanzen dar, die zum Teil äußerst genau und naturalistisch wiedergegeben sind und vermutlich mit der Naturaliensammlung Cosimos I. und der gleichzeitigen Einrichtung botanischer Gärten durch Luca Ghini in Zusammenhang stehen. Daß sie sich darüber hinaus auf die Antike (Plinius, Sueton) und den Neuplatonismus Mar-

silio Ficinos beziehen, ist sehr wahrscheinlich, aber nicht zweifelsfrei belegbar.

Bibl.: Allegri/Cecchi 1980, S. 141; Signorini 1993; Vossilla 1993.

[134] Die acht Gobelins nach Ubertinis Kartons befinden sich heute in den Uffizien und entstanden zwischen 1546 und 1553. Vier von ihnen zeigen Groteskenschmuck, die anderen vier die zwölf Monatsbilder.

[135] Marco Rosto oder Marc Rost (Lebensdaten unbekannt)

[136] Giovanni Rosto oder Jean Baptiste Rost (*? Brüssel – †1564 Florenz) war ein sehr bedeutender Tapisserienwirker, der zunächst am Hof von Ferrara tätig war (1536–1545), bevor ihn Herzog Cosimo I. kurz nach 1545 nach Florenz rief.

Bibl.: Adelson 1990.

[137] Diese Grotte ist nicht mehr erhalten.

[138] Antonio Ubertini (*1499 Florenz – †1572 ebenda)

[139] Der Vorhang ist nicht mehr erhalten.

[140] Francesco de' Medici (*1541 Florenz – †1587 ebenda), Großherzog der Toskana ab 1574

[141] Johanna von Habsburg, Erzherzogin von Österreich (*1547 Prag – †1578 Florenz), Schwester Maximilians II., heiratete Francesco de' Medici am 21. März 1565.

Bibliographie zum Leben des Sebastiano genannt Aristotile da Sangallo

AKL

Allgemeines Künstlerlexikon: Die bildenden Künstler aller Zeiten und Völker, München/Leipzig 1992–2009, 65 Bde.

Bettarini/Barocchi, *Vite*

Bettarini, Rosanna/Barocchi, Paola (Hgg.): *Giorgio Vasari. Le vite de' più eccellenti pittori, scultori e architettori nelle redazioni del 1550 e 1568*, Florenz 1966–1987, 6 Bde.

DBI

Dizionario Biografico degli Italiani, hg. v. Istituto della Enciclopedia Italiana, Rom 1960–2009, 73 Bde.

Turner 1996

Turner, Jane (Hg.): *The Dictionary of Art*, London/New York 1996, 34 Bde.

Vasari, *Andrea del Sarto*

Giorgio Vasari. Das Leben des Andrea del Sarto, hg. und kommentiert v. Sabine Feser, Berlin 2005.

Vasari, *Mein Leben*

Giorgio Vasari. Mein Leben, hg. und kommentiert v. Sabine Feser, Berlin 2005.

Vasari, *Michelangelo*

Giorgio Vasari. Das Leben des Michelangelo, hg. und kommentiert v. Caroline Gabbert, Berlin 2009.

Vasari, *Pontormo*

Giorgio Vasari. Das Leben des Pontormo, hg. und kommentiert v. Katja Burzer, Berlin 2004.

Vasari, *Tribolo*

Giorgio Vasari. Das Leben des Tribolo und des Pierino da Vinci, hg. und kommentiert v. Sabine Feser, Berlin 2010.

Adelson 1985
Adelson, Candace: ›Documents for the Foundation of Tapestry Weaving under Cosimo I de' Medici‹, in: Andrew Morrogh/Fiorella Superbi Gioffredi/Piero Morselli/Eve Borsook (Hgg.): *Renaissance Studies in Honor of Craig Hugh Smyth*, Florenz 1985, S. 3–17.

Adelson 1990
Adelson, Candace: *The tapestry patronage of Cosimo I de' Medici: 1545-1553*, New York 1990

Allegri/Cecchi 1980
Allegri, Ettore/Cecchi, Alessandro: *Palazzo Vecchio e i Medici*, Florenz 1980.

Angiolini 1976
Angiolini, Franco: ›Lodovico Capponi‹, in: DBI, 1976, Bd. XIX, S. 62–64.

Antenucci Becherer 1997
Antenucci Becherer, Joseph: ›Perugino in America: Masterpieces, Myths, and Mistaken Identities‹, in: Joseph Antenucci Becherer (Hg.): *Pietro Perugino: Master of the Italian Renaissance*, Ausst.-Kat. Grand Rapids, Michigan 1997, S. 101–125.

Barletti 1990
Barletti, Emanuele: ›Ipotesi di lavoro su Giovan Battista del Tasso‹, in: *Critica d'arte*, 1990, Bd. LV, S. 55–61.

Beguin 1979
Beguin, Sylvie: ›Raphaël: la Madone de Lorette; Musée Condé, Chantilly 16. octobre 1979-15. janvier 1980‹, in: *Revue du Louvre,* 29.1979, S. 329

Bracciante 1984
Bracciante, Anna Maria: *Ottaviano de' Medici e gli artisti*, Florenz 1984.

Bradshaw 1997
Bradshaw, Marilyn: ›Pietro Perugino: An Annotated Chronicle‹, in: Joseph Antenucci Becherer (Hg.): *Pietro Perugino: Master of the Italian Renaissance*, Ausst.-Kat. Grand Rapids, Michigan 1997, S. 251–303.

Braham 1979
Braham, Allan: ›The Bed of Pierfrancesco Borgherini‹, in: *The Burlington Magazine*, 1979, Bd. CXXI, S. 754–765.

Brion 1969
Brion, Marcel: *Die Medici: Eine Florentiner Familie*, Wiesbaden 1969.

Bucci 1973
Bucci, Mario: ›Palazzo Pandolfini‹, in: Mario Bucci: *Palazzi di Firenze*, Bd. III: *Quartiere di Santa Maria Novella*, Florenz 1973, S. 77–87.

Bullard 1980
Bullard, Melissa: *Filippo Strozzi and the Medici: Favor and Finance in Sixteenth-Century Florence and Rome*, Cambridge 1980.
Caliandro 1999
Caliandro, Stéfania: *Le libro de' disegni de Giorgio Vasari*, Limoges 1999.
Cecchi 1986
Cecchi, Alessandro: ›Andrea del Sarto: San Giovanni Battista‹, in: Marco Chiarini (Hg.): *Andrea del Sarto 1486–1530. Dipinti e disegni a Firenze*, Ausst.-Kat. Florenz/Palazzo Pitti 1986/87, Mailand 1986, S. 126–128.
Chelazzi Dini/Ciardi Dupré Dal Pogetto 1973
Chelazzi Dini, Giulietta/Ciardi Dupré Dal Pogetto, Maria G.: ›Polidoro Caldara‹, in: DBI, 1973, Bd. XVI, S. 570–575.
Ciseri 1990
Ciseri, Ilaria: *L'ingresso trionfale di Leone X in Firenze nel 1515*, Florenz 1990.
Colbert 1996
Colbert, Charles: ›Bacchiacca‹, in: Turner 1996, Bd. III, S. 13–14.
Collareta 1990
Collareta, Marco: ›Tasso, Marco del‹, in: DBI, 1990, Bd. XXXVIII, S. 299–302.
Collobi Ragghianti 1974
Collobi Ragghianti, Licia: *Il libro de' disegni del Vasari*, Florenz 1974, 2 Bde.
Costamagna/Fabre 1991
Costamagna, Philippe/Fabre, Anne: ›Di alcuni problemi della Bottega di Andrea del Sarto‹, in: *Paragone*, 1991, Bd. XLII, S. 15–28.
Cox-Rearick 1984
Cox-Rearick, Janet: *Dynasty and Destiny in Medici Art: Pontormo, Leo X and the Two Cosimos*, Princeton 1984.
De Caro 1972
De Caro, Gaspare: ›Zanobi Buondelmonti‹, in: DBI, 1972, Bd. XV, S. 226–230.
De Vecchi 2002
De Vecchi, Pierluigi: *Raffael*, München 2002.
Eisenbichler 2004
Eisenbichler, Konrad: ›Introduction‹, in: Konrad Eisenbichler (Hg.): *The Cultural World of Eleonora di Toledo: Duchess of Florence and Siena*, Aldershot/Burlington 2004, S. 1–17.

Fabbri/Garbero Zorzi/Petrioli Tofani 1975
Fabbri, Mario/Garbero Zorzi, Elvira/Petrioli Tofani, Anna Maria (Hgg.): *Il Luogo teatrale a Firenze: Brunelleschi, Vasari, Buontalenti, Parigi*, Ausst.-Kat. Florenz 1975, Mailand 1975.

Faietti 2006
Faietti, Marzia: ›Jacone, disegnatore fiero e »fantastico«, in: Elam, - Caroline (Hg.): *Michelangelo e il disegno di architettura*, Venedig 2006, S. 118–127.

Frommel 1987
Frommel, Christoph Luitpold: ›Palazzo Pandolfini: Problemi di datazione e di ricostruzione‹/›Postscriptum‹, in: Micaela Sambuco Hamoud/Maria Letizia Strocchi (Hgg.): *Studi su Raffaello*, Atti del congresso internazionale di studi, Urbino-Firenze, 1984, Urbino 1987, S. 197–204 und S. 211–212.

Gaeta Bertelà/Petrioli Tofani 1969
Gaeta Bertelà, Giovanna/Petrioli Tofani, Annamaria: *Feste e Apparati Medicei: da Cosimo I a Cosimo II, Mostra di disegni e incisioni*, Ausst.-Kat. Florenz 1969, Florenz 1969.

Garbero Zorzi 2001
Garbero Zorzi, Elvira: ›I modelli dei luoghi teatrali a Firenze: introduzione a una riproposta‹, in: Elvira Garbero Zorzi/Mario Sperenzi (Hgg.): *Theatro e spettacolo nella Firenze dei Medici, Modelli dei luoghi teatrali*, Ausst.-Kat. Florenz 2001, Florenz 2001, S. 17–38.

Ghisetti Giavarina 1990
Ghisetti Giavarina, Adriano: *Aristotile da Sangallo. Architettura, scenografia e pittura tra Roma e Firenze nella prima metà del Cinquecento*, Rom 1990.

Ghisetti Giavarina 1996
Ghisetti Giavarina, Adriano: ›Bastiano [Aristotile] da Sangallo‹/›Giovan Francesco da Sangallo‹, in: Turner 1996, Bd. XXVII, S. 740–741 und S. 746.

Giuliani 2001
Giuliani, Tiziana: ›Francesco Salviati e gli spettacoli di corte‹, in: Catherine Monbeig Goguel/Philippe Costamagna/Michel Hochmann (Hgg.): *Francesco Salviati et la bella maniera: actes des colloques de Rome et Paris 1998*, Rom 2001, S. 171–193.

Gnann 1997
Gnann, Achim: ›Polidoro Caldara‹, in: AKL, 1997, Bd. XV, S. 558–561.

Goldthwaite 1968
Goldthwaite, Richard: *Private Wealth in Renaissance Florence: A Study of Four Families*, Princeton 1968.

Gould 1966
Gould, Cecil: ›Michelangelo: Battle of Cascina, Charlton Lectures on Art delivered at the University of Newcastle upon Tyne, 1966‹, Reprint in: William E. Wallace (Hg.): *Michelangelo, Selected Scolarship in English,* New York/London 1995, Bd. I, S. 505–523.
Gould 1980
Gould, Cecil: ›Afterthoughts on Raphael's so-called Loreto-Madonna‹, in: *The Burlington Magazine,* 122, 1980, S. 337-341
Hoeges 2000
Hoeges, Dirk: *Niccolò Machiavelli: die Macht und der Schein,* München 2000.
Kaufmann 1970
Kaufmann, Henry W.: ›Art for the Wedding of Cosimo de' Medici and Eleonora di Toledo 1539‹, in: *Paragone,* 1970, Bd. XXI, S. 52–67.
Klein 1998
Klein, Annette: *Die Hochzeitsfeste der Medici in Florenz von 1515 bis 1608,* Diss. Berlin 1998.
Mamone 1981
Mamone, Sara: *Il teatro nella Firenze medicea,* Mailand 1981.
Mancinelli 1994
Mancinelli, Fabrizio: ›Il problema degli aiuti di Michelangelo‹, in: Kathleen Weil-Garris Brandt (Hg.): *Michelangelo: La Cappella Sistina,* Atti del convegno internazionale di studi, Rom 1990, Rom 1994, S. 107–114.
McKillop 1974
McKillop, Susan Regan: *Franciabigio,* Berkeley 1974.
Minor/Mitchell 1968
Minor, Andrew C./Mitchell, Bonner: *A Renaissance Entertainment: Festivities for the Marriage of Cosimo I, Duke of Florence, in 1539,* Columbia 1968.
Mitchell 1975
Mitchell, Bonner: ›Les intermédes au service de l'état‹, in: Jean Jacquot/Elie Konigson (Hgg.): *Les fêtes de la Renaissance,* Paris 1975, Bd. III, S. 117–131.
Nelson 1997
Nelson, Jonathan: ›The High Altar-piece of Santissima Annunziata in Florence: History, Form, and Function‹, in: *The Burlington Magazine,* 1997, CXXXIX, S. 84–93.
Nova 2000
Nova, Alessandro: ›Giovanni Battista Tasso‹, in: Jane Turner (Hg.): *Encyclopedia of Italian Renaissance & Mannerist Art,* London/New York 2000, Bd. II, S. 1582.

Pallen 1999
Pallen, Thomas A.: *Vasari on Theater*, Carbondale 1999.
Parronchi 1995
Parronchi, Alessandro: *La prima rappresentazione de Mandragola*, Florenz 1995.
Paschini 1935
Paschini, Pio: ›Silvio Passerino‹, in: *Enciclopedia Italiana*, Rom 1935, Bd. XXVI, S. 463.
Pinelli 1988
Pinelli, Antonio: ›Vivere 'alla filosofica' o vestire di velluto? Storia di Jacone fiorentino e della sua 'masnada' antivasariana‹, in: *Ricerche di storia dell' arte*, 1988, Bd. XXXIV, S. 5–34.
Pinelli 1993
Pinelli, Antonio: *La Bella Maniera*, Turin 1993.
Price Zimmermann 2001
Price Zimmermann, T. C.: ›Paolo Giovio‹, in: DBI, 2001, Bd. LVI, S. 430–440.
Ruschi 1984
Ruschi, Pietro: ›Vicende costruttive del Palazzo Pandolfini nell'Arco del Cinquecento‹, in: *Raffaello e l'architettura a Firenze nella prima metà del Cinquecento*, Ausst.-Kat. Florenz, 11.1.–29.4.1984, Florenz 1984, S. 27–49.
Ruschi 1987
Ruschi, Pietro: ›Ancora su Palazzo Pandolfini‹, in: Micaela Sambucco Hamoud/Maria Letizia Strocchi (Hgg.): *Studi su Raffaello*, Atti del congresso internazionale di studi, Urbino-Firenze 1984, Urbino 1987, Bd. I, S. 205–209.
Scarpellini 1984
Scarpellini, Pietro: *Perugino*, Mailand 1984.
Shearman 1975
Shearman, John: ›The Florentine *Entrata* of Leo X. 1515‹, in: *Journal of the Warburg and Courtauld Institutes*, 1975, Bd. XXXVIII, S. 136–154.
Shearman 1983
Shearman, John: *Funzione e illusione: Raffaello, Pontormo, Correggio*, Mailand 1983.
Signorini 1993
Signorini, Maria Adele: ›Sulle piante dipinte dal Bachiacca nello scrittoio di Cosimo I a Palazzo Vecchio‹, in: *Mitteilungen des Kunsthistorischen Institutes in Florenz*, 1993, Bd. XXXVII, S. 386–407.

Simoncelli 2003
Simoncelli, Paolo: ›Florentine Fuorusciti at the Time of Bindo Altoviti‹, in: Alan Chong/ Donatella Pegazzano/ Dimitrios Zikos (Hgg.): *Raphael, Cellini & A Renaissance Banker, The Patronage of Bindo Altoviti*, Ausst.-Kat. Boston/Florenz 2003/2004, Mailand 2003, S. 285–328.

Strong 1991
Strong, Roy: *Feste der Renaissance 1450–1650. Kunst als Instrument der Macht*, Freiburg/Würzburg 1991 (Originaltitel: *Art and power*, 1973).

Ventrone 2003
Ventrone, Paola: ›La sacra rappresentazione fiorentina, ovvero la predicazione in forma di teatro‹, in: Ginetta Auzzas/Giovanni Beffetti/Carlo Delcarno (Hgg.): *Letteratura in forma di semone. I rapporti tra predicazione e letteratura nei secoli XIII–XVI*, Florenz 2003, S. 255–280.

Vivoli 1989
Vivoli, Cesare: ›Filippo dell'Antella‹, in: DBI, 1989, Bd. XXXVII, S. 115–117.

Vossilla 1993
Vossilla, Francesco: ›Cosimo I, lo scrittoio del Bachiacca, una carcassa di Capodolio e la filosofia naturale‹, in: *Mitteilungen des Kunsthistorischen Institutes in Florenz*, 1993, Bd. XXXVII, S. 381–395.

Wallace 1994
Wallace, William E.: ›Nota sugli aiuti‹, in: Kathleen Weil-Garris Brandt (Hg.): *Michelangelo: La Cappella Sistina,* Atti del convegno internazionale di studi, Rom 1990, Rom 1994, S. 119.

Watt 2004
Watt, Mary A.: ›Veni, sposa. Love and Politics at the Wedding of Eleonora di Toledo‹, in: Konrad Eisenbichler (Hg.): *The Cultural World of Eleonora di Toledo: Duchess of Florence and Siena*, Aldershot/ Burlington 2004, S. 18–39.

Weiss 1960
Weiss, Robert: ›Luigi Alamanni‹, in: DBI, 1960, Bd. I, S. 568–569.

Zorzi 1980
Zorzi, Ludovico: *Il teatro e la città: Saggi sulla scena italiana*, 2. Auflage, Turin 1980 (Erstausgabe 1977).

Daten zu Leben und Werk Sebastianos genannt Aristotile da Sangallo

1481	Sebastiano, genannt Aristotile da Sangallo wird in Florenz geboren.
1504–07	Als Mitarbeiter von Peruginos Werkstatt ist Aristotile an der Ausführung des Hauptaltars von Santissima Annunziata beteiligt.
1508	Aufenthalt in Rom. Als Assistent von Michelangelo hat er die Aufgabe, Kartons auf die Decke der Sixtinischen Kapelle zu übertragen.
um 1515	Rückkehr nach Florenz
1515	In Zusammenarbeit mit Francesco Granacci fertigt er einen der Triumphbögen für den Einzug von Papst Leo X. in Florenz.
1518	Für die Feierlichkeiten vom 7. bis 9. September anläßlich der Hochzeit von Lorenzo de' Medici mit Madeleine de la Tour d'Auvergne fertigt Aristotile da Sangallo ein Bühnenbild für eine Theateraufführung, die aber nicht eindeutig identifiziert werden kann.
1525	In Zusammenarbeit mit Andrea del Sarto entwirft und fertigt er ein Bühnenbild für eine Aufführung von Niccolò Machiavellis Komödie *Mandragola.*
1526	Er entwirft das Bühnenbild für eine Aufführung der Komödie *Clizia* von Niccolò Machiavelli.
1530–32	Nach dem Tod seines Bruders Giovan Francesco übernimmt Aristotile da Sangallo die Bauleitung des Palazzo Pandolfini, an dessen Ausstattung er schon vorher beteiligt war. Im gleichen Zeitraum entwirft er die Bühnenbilder für die Tragikomödie *La violazione di Tamar* und für *Giuseppe accusato* von Primerani.
1533	Anläßlich des Besuches der Verlobten Alessandro de' Medicis, Margarete von Österreich, in Florenz entwirft Aristotile da Sangallo ein Bühnenbild für eine Komödie Primeranis, die nicht überliefert ist.

1535 Aristotile ist an der Planung und Ausführung der Fortezza Alessandra (heute Fortezza da Basso) beteiligt, die zwischen 1533 und 1536 errichtet wird.

1536 Zur Hochzeit von Alessandro de' Medici mit Margarete von Österreich entwirft er das Bühnenbild zur Komödie *l'Aridosia* von Lorenzino de' Medici, die am 13. Juni aufgeführt wird.

1539 Für die Festlichkeiten anläßlich der Hochzeit von Cosimo I. und Eleonora von Toledo am 27. Juni entwirft er das Bühnenbild für die Komödie *Il commodo* von Antonio Landi mit Zwischenspielen von Giovanni Battista Strozzi sowie weitere Festdekorationen.

1540–43 Er assistiert seinem Cousin Antonio da Sangallo dem Jüngeren in Rom und Perugia, wo er zweiter Architekt der Rocca Paolina wird, und in Castro, wo Pierluigi Farnese eine neue Stadt bauen läßt. In Castro errichtet er auch eine drehbare Bühne.

1546 Für Kardinal Alessandro Farnese konstruiert er eine fest installierte Bühne im Palazzo della Cancelleria, die bis ins 18. Jahrhundert erhalten bleibt. Möglicherweise beaufsichtigt er stellvertretend für Michelangelo die Bauarbeiten am Kapitol.

1547 Aristotile da Sangallo kehrt nach Florenz zurück, wo er als Ingenieur für die Stadt arbeitet.

1551 Er stirbt am 31. Mai in Florenz.

Die Daten sind folgenden Werken entnommen: Ghisetti Giavarina 1990 und Ghisetti Giavarina 1996.